U0059733

回憶在滿大人、海賊與「獵頭番」間的激盪歲月

歷險福爾摩沙

PIONEERING IN FORMOSA

Recollections of Adventures among Mandarins,
Wreckers, & Head-hunting Savages

W. A. Pickering (必麒麟) 著

陳逸君 譯述

劉還月 導讀

前衛出版
AVANGUARD

必麒麟 W. A. Pickering (1840-1907)

本書作者，19世紀最著名的中國通之一

感念

台灣經典寶庫5
《歷險福爾摩沙》
承旅美台灣鄉親
P.C. Ng
認養贊助出版

永誌感謝與讚美

年輕時代的必麒麟 (1869)

原序

我的一生，
大部分時間是在漢人社會中度過的，
我不僅通曉他們的幾種語言，
也熟悉其風俗習慣和思想模式。

我開始撰寫這本書時，遠東地區陸續發生了一連串遽變。

清廷的潰敗，使台灣因〈馬關條約〉（the Treaty of Shimonoseki）的關係，讓日本人在離去三百年後，再次占領這座島嶼。

毫無疑問地，這一次政權的轉變，最終將使日本人、台灣的居民，甚至其他文明世界獲益良多，不過，迄今占領者尚未能有重大的成果。

熟悉內情者，對這件事的發展並不會太感意外。滿清政府雖治理台灣的部分區域，也僅是為了官員私利著眼。事實上，在過去的幾個世代裡，很多清廷轄下的地區都是處於無政府狀態。

儘管台灣居民在清國暴政的壓迫下，民不聊生，但他們絕不會順從外來政權——即使是公正的好政府，更何況這些新統治者是他們向來所鄙視的「倭奴」❶。

北京當局對此次割讓台灣頗感屈辱，一定會在台灣平原區的兩、三百萬漢人裡，從事顛覆的陰謀活動。而世居丘陵地帶的客家人，向來不對政府當局屈服，這時更樂於以「愛國」精神和效忠「天子」的口實，積極地進行反抗工作。日方將發現，半開化和山地原住民比較容易管理，而那些所謂的文明

❶
原註：福建話稱"Oe-lo"，官話稱"Ainu"。「倭奴」這個稱呼一定是遠古時代的遺留物，那時日本當前的居民（可能是來自南方）尚未遷移過來。【譯按：中國沿海的漢人，從元朝末期便深受倭寇之害，對日本人的印象非常不好。】

▲十九世紀，由於西方列強在東方大肆掠奪，迫使台灣也被捲入風
暴之中。（圖為昔日的淡水港）

❷
譯註：海峽殖民地（Str-
aits Settlements），指
英國昔日在東南亞的殖
民地，其範圍包括檳城
（Penang）、Dinding 群
島、麻六甲、新加坡、
Labuan 群島、Christmas
群島及 Cocos Keeling 群
島等地。一八二六年至
一八五八年間，這些地區
隸屬英國東印度公司管
轄，一八六七年起，則成
為英國的殖民地，並以新
加坡為行政中心，直至
一九四六年，Labuan 歸
入英屬北婆羅洲，檳城和
麻六甲併入馬來西亞聯邦
（今馬來西亞前身），唯
新加坡獨自成為英國的殖
民地，直至一九五九年獨
立為止。必麒麟曾任職海
峽殖民地政府的華語翻譯
官和華人護民官。

民族——漢人，事實上最頑固不化，他們常成為治
理上的阻力。

　　大英帝國本可以不陷入危機之中。從一八六○年
起，她曾有幾次併吞台灣的機會，卻因不可原宥的
遲疑，錯失這一座肥沃的島嶼，以及澎湖群島可提
供給其艦隊的極佳戰略位置。

　　逝者已矣，後悔也無濟於事，重要的是如何對目
前中國的局勢提高警覺。英國人民在中國、遠東地
區，有著巨大的利害關係，而且，今日大英帝國正
遭遇到法、俄兩國的強力敵對，以及德國的忌妒，
已不復一八六○年代那般，對北京當局擁有近乎獨
占的影響力。

　　每天的報章雜誌上都刊登了消息，說明當我們為
人民的重大利益而從事帝國擴展的活動時，卻受到
法、俄兩國百般阻撓。滿清政府早已病入膏肓，遭

列強瓜分是遲早的事情。除非英國分配到應得的領土，否則，不僅會喪失那些大英聯合王國人民賴以生存的市場，且將危害香港、海峽殖民地 ❷，以及在緬甸和馬來半島屬地的安全。在這些地區，漢人是人口的主幹，同時也是財源和繁榮的主因。據保守估計，在海峽殖民地、馬來群島和香港的漢人，約有七十五萬成年人，其中大部分的眷屬仍留在中國，這些人可說是處於統治中國的列強的掌握之中。如果英國未能善盡職責，容許法、俄兩國在北京取得最重要的地位，那麼一旦發生戰爭，英國各殖民地的漢人不是為甜言蜜語所迷惑，就是擔心家中眷屬受到懲罰，因而受人操縱，起兵叛亂，使我們疲於奔命，一方面忙於平定內亂，同時更要防禦外來者攻擊各補給站和極寶貴的殖民地區。

基於這些意見，我急切地想出版這本書，目的在使國人關切遠東的情勢，特別是在這危急的關鍵時刻。我的一生，大部分時間是在漢人社會中度過的，我不僅通曉他們的幾種語言，也熟悉其風俗習慣和思想模式。多年來被視為中國政府與歐洲關係代言人的羅勃‧赫德爵士 ❸（Sir Robert Hart），可證明我這些特殊的經歷。

雖然現任海關總稅務司對滿清政府極為忠誠，對於清廷免於崩解厥功甚偉，但我可以大膽地指稱，羅勃‧赫德爵士維持英國威望的功績，超過任何一位駐北京的大使。然而，由於羅勃‧赫德爵士日益老邁，再加上法、俄兩國的猜忌，羅勃‧赫德爵士的任期想必無法持久，屆時情勢必定岌岌可危了。

如果現在錯過可維護英國在中國有利地位的機會，日後將難再有更好的契機。英國的外交官，從來就沒有應付中國政治家的策略和計謀。一旦赫德

❸
譯註：羅勃‧赫德（1835-1911），北愛爾蘭人，擔任清朝海關總稅務司達四十五年（1863-1908），死後清廷追授他為太子太保。

爵士退休後，除了總理衙門那些詭計多端的官員外，還有法、俄兩國的公使會把他們當做傀儡一般操縱，以破壞英國在清廷十八個資源豐富的省份進行的商業利益，屆時，除了藉砲艦的威力外，我們將一籌莫展。

時機一去不復返，我們現在必須改弦易轍，不要再派那些宣稱「絕不容許二千九百萬人民的利益，超過三萬萬人民之利益」的官吏，而選拔能力強、有愛國心的人員駐守北京，並且，派遣一支強大的海軍做為後盾，一旦在外交上失利，便可用武力來維護我們在遠東的勢力。優越勢力是我們應得的，以報償我們費盡千辛萬苦，替全世界打開中國的門戶。

關於條約的權益，以及仍在北京政府控制下的各地巨大的利益（那些利益對於英國工人階級是極為重要的），全然仰賴我們自己的意願和能力來維持。至於英國在俄、德、法的勢力圈內的商業發展，則會受到這些國家意志的影響。

我認為，由於杜威上將（Admiral Dewey）在菲律賓的成功，上天正提供我們一個大好的機會，如果能與美、日兩國就遠東問題達成友好協議，或許比挽回我們在中國失去的威望和商業影響更為重要。

對於熟悉中國情況的老手來說，看見我們的英國同胞漠視這些重大問題，真是備感遺憾。英國人不能推說自己不知情，事實上，過去十年裡，不乏經驗最豐富的旅行家和才學洋溢的批評家提出建言，如柯勒門先生（Colquhoun）、米奇先生（Michie）、道格拉斯先生（Douglas）、挪曼先生（Norman）、《泰晤士報》（Times）通訊記者奇羅先生（Chirol）等，他們撰寫書籍、文章和提出警

告，揭櫫遠東眞實情形，並分析一旦疏於確保自己
正當的權益，將招致的各種危險。

我也竭盡個人棉薄之力完成此書，並在書後的附
錄裡，重印我過去幾年間所提出的種種警告與預
言，希望這一切心血不致白費。

最後，我非常感謝我的合作者馬克・沙樂先生
（Mark Sale）鼎力協助，使這本書得以美好的面
目，呈現在親愛的讀者之前。

W. A. Pickering
May 12, 1898

充滿驚異的台灣之旅

為了瞭解本島居民，

必麒麟學習漢語，研讀四書五經；

為了打入常民生活，他與各階層人物往來；

為了認識平埔族人，

他不惜任何代價，前往各處拜訪。

　　一九九二年初夏，我第一次閱讀《Pioneering in Formosa》其中的一章——必麒麟在嘉義城的奇遇，被他幽默的筆觸逗笑得不可遏止，進而對書中所描繪古老台灣的風土人物感到濃厚的興趣，乃決定自不量力地負起翻譯的工作，希望能夠透過這位外國探險家在台的親身經歷，讓更多的台灣人瞭解早年先民們的生活史。只是工作尚未完成，便赴英攻讀人類學，翻譯工作整整中斷了一年，直到一九九三年夏才譯完全書。

　　二十二歲的英格蘭水手必麒麟，在緬甸、暹羅、中國和馬來群島航行了六、七年後，深深為東方的神秘與不可探究著迷，便決定在遠東大展鴻圖。必麒麟有著商人的機巧和冒險家勇於犯難的性格，一八六二年得到的中國海關檢查員職位，成為他日後晉升打狗海關官員、安平海關負責人及英國行天利行（Messrs. James & Neil McPhail）和怡記洋行（Messrs. Elles & Co.）台灣府分店店長的踏腳石。必麒麟在台灣有七年之久，從一八六四年到一八七〇年，所旅行的範圍之廣、見識的人之多，恐非一般旅行家所能比擬。

　　除卻資本家和殖民者的野心與眼光不談，必麒麟實有多處優點值得大家學習：為瞭解本島居民，必麒麟學習漢語，研讀四書五經；為打入常民生活，也學了福佬話，並與各階層人物往來；為了認識平埔族人，一再麻煩道明會神父代為安排，不惜任何代價，前往各處拜訪平埔族；為了一探「山地原住民長著尾巴」的究竟，跋山涉水，到達玉山附近、恆春海濱，終於親眼見到布農族、魯凱族、南鄒族、斯卡羅族和排灣族，與他們把酒言歡。比起終日伏案書房、倚靠書籍研究的學者，必麒麟親身行千萬里路，應叫那些學者汗顏！

　　因樟腦事件和健康因素，必麒麟被迫離開他心愛的台灣，一生卻對這座海島念念不忘，即使在離台二十八年後，憑著仍是鮮活的記憶，將在台灣的所見所聞，寫成這本《PIONEERING IN FORMOSA, Recollections of Adventures among Mandarins, Wreckers, & Head-hunting Savages》。為了譯名的簡略與通順，也希望引導更多的讀者進入這本書的世界，我曾經將書名改成《發現老台灣》。現在得到機會重新出版，我趁機加強校訂、考證的部分，並在每一章內加上一些關鍵人物或地點的介紹，藉此做今昔之別，或深入一點的解說，因而書名也改為《歷險福爾摩沙》，以與早先的譯本做為區分，也使譯書名與原書名和內容更為貼近。此外，各章的標題也並非依照原文直譯，而是參考該章節描寫的內容，重新訂定一個簡單易懂的章名，每章內的小標題，也是新添加的，這所有的自作主張，希望還不致離題太遠。至於書中關於原住民的稱呼，我照原文直譯為「野蠻人」，是希望能突顯當時外國人和漢人對原住民的基本看法和態

▲必麒麟深深地被東方世界的神秘所吸引,因此決定在遠東一展鴻圖。(引自《從地面到天空 台灣在飛躍之中》)

度，絕對沒有絲毫不尊敬之意，還希望原住民朋友們多包涵。

這本譯書原本是採用一九七二年成文出版社翻印，一八九八年由倫敦 Hurst and Blackett 出版社出版的版本，而這次校訂則採用一九九三年南天書局所出版較清晰的版本。原書的附錄部分，是必麒麟在一八八三至一八八四年間於英國各報章雜誌上探討英國在遠東的利益問題，和本文並沒有直接的關係，故省略不譯。

最後，感謝楊南郡先生，在本書邊譯邊發表期間，毫不吝惜地指出一些譯名的錯誤或不清楚之處，使得書中的地名、族名有了更清晰的面貌。另外也要特別謝謝旅法攻讀人類學的李國銘，鉅細靡遺地指正許多誤植或漏譯的地方，使這本譯書的錯誤減低不少。還要謝謝劉還月先生的督促，以及精采的導讀，讓這本書更具可讀性。圖片方面，由於原版圖片甚爲模糊，除了盡可能地予以使用外，更商請收藏文史資料甚豐的台灣常民文化田野工作室參考文章的內容，重新配圖，希望有助於朋友們更深入書中的世界，若有不妥之處，責任應當由譯者承擔，特此說明。最後，要謝謝父親陳玉榮老師爲我謄稿和校訂。

譯者限於才智，一些人名、地名和族名多有疏漏，尚請大家不吝指正。

目
錄

1/ 冒險的水手

I ENTER THE CHINESE IMPERIAL MARITIME CUSTOMS

十九世紀的台灣，雖然大部分的地方都已由漢人開發，然而，這個孤懸在東太平洋邊的翠綠之島，對於大多數的西方人士而言，仍是一個充滿神秘與傳奇的處女地。

進進出出台灣的外籍人士中，以傳教士和商人居多，當然也有許多身負特殊任務的探險家以及一心向神秘挑戰的冒險者。來自英國的必麒麟（W. A. Pickering）當屬其中最特殊的一位，這個集水手、海關職員、洋行分店負責人，以及冒險家身分於一身的英格蘭人，在台灣雖僅短短幾年，卻經歷過許多的傳奇事蹟，更重要的是，他像一把開山的刀，不斷開發出許許多多老台灣不為人知的一面。

老台灣的確收藏了無盡的寶藏，值得我們探索發覺，更多朋友有興趣的是，必麒麟到底是怎麼樣的一個人，是什麼因緣，促使他來到台灣，又是什麼力量，讓他瘋狂似地拚命往台灣的內山探險，留下一頁又一頁與原住民接觸、交易……的寶貴經驗？

本書的第一章，正好就是必麒麟的自述：他如何從一個追求浪漫與自由的水手，到進入中國海關服務，然後轉赴台灣，展開一連串充滿挑戰與驚異的探險之旅……

【導讀】

意外的旅客

一八六二年，我二十二歲，在一艘利物浦茶船上擔任三副，當時那艘船正停靠在閩江（River Min）的塔島（Pagoda Island），於福州城往南約九哩之處。我於一八五六年簽訂學徒契約 ❶，往後四年中，一個戰戰兢兢的小夥子，就被交付予東印度公司某艘航行於英國與印度間的老商船。從那時候起，我一直生活在海洋上。

現今二十出頭的年輕小夥子，總是對自己充滿樂觀與自信，認為自己可以在任何行業中出人頭地；但是我在二十二歲時，便體認到當一個水手，即使在最好的情形下，一生都將過著艱困的日子，加上我在緬甸、暹羅、中國和馬來群島航行了六、七年後，已被東方的魔力深深迷住，渴望有個機會，在遠東大展鴻運。所以，當船停泊在福州河（Foochow River），一位海關職員登船檢驗，而我認出他是學徒時代的同事時，我便知道時機已成熟了。往後的事實也證明，這次意外的聚會，果真是我生命的轉捩點。

可憐的老約翰斯頓（Johnston）天資聰穎，就是因為貪好杯中之物，終生一事無成。他過去在「老麥唐納夫人號」（Lady McDonald）上，極受學徒的愛戴，為人精明，又受過良好教育，是「親切的蘇格蘭人」的典型代表。老約翰斯頓是位老式的水手，一如他常常對我說的，他的父母期望他「在講台上搖頭晃腦」，但因好酒成性，只好屈居水手，

▲必麒麟的半身肖像
（原書卷首插圖）

❶
原註：我很高興地從著名的 Messrs. Gellatley, Hankey & Co. 船運公司的創始人處得知，當初負責見證我簽訂學徒契約的那位職員，至今仍活著。他那時因為行為仁慈，得到所有學徒的敬愛。

不然以他的能力，當有統率全船的資格。老約翰斯頓幾乎跑遍整個世界，經歷過無窮無盡的事件，例如在南洋食人族區域的冒險、南美洲的革命，或是加里福尼亞自衛隊所執行的嚴刑峻罰等各種事蹟，我們這些「半甲板」的小夥子們，總是屏氣凝神，靜靜聆聽他的冒險故事。

我過去的老夥伴中，一位在主持「城堡郵船」（Castle Liner）的時候死去，另一位則於學徒期滿後離開海洋，目前已在倫敦經商致富。而我，在賢明政府的照顧下，經歷異鄉的危難和奇遇後，終於得以回國享受安適的餘年。

曾助我一臂之力的老約翰斯頓，則在海關檢查員任內，意外死於離蘇格蘭萬里之遙的異鄉，安葬在荒涼的中國海岸。

記得一八六二年，老約翰斯頓機緣湊巧地進入新成立的中國海關——這是最能促使新中國躋身國際社會的新設機關之一。當時，他熱烈地向我說明海關工作的好處及優厚待遇，還鼓勵我說：「你一定要到這裡工作，憑你的語言天份、適應能力，只要嫻熟中國的語言，必定可以平步青雲。像你這樣有為的青年，居然甘於過著船上困苦生活，實在是一種罪孽。在這裡，你的智慧得以充分發揮。老弟，放棄那些硬繃繃的鹹牛肉和發霉的餅乾，來吃最鮮美的魚、肉和家禽！遠離開航時在午夜召喚『到橫翼換班』或『收上桅帆』的淒涼生涯，快來享受溫暖閒適的徹夜安寧。我的生活哲學就是順應天命，柏拉圖也不見得比我高明。只要你願意來工作，一切包在我身上。」

這番話深具誘惑力，我已對海上傳奇的生活失去新鮮感，逐漸將興趣轉移到奇異的中國人身上——

這群人似乎活在過去，沉湎在老祖宗的智慧和教訓之中。他們語言的困難度也吸引著我，此地氣候也正合我意，我便向船長提出辭呈。由於船長與我的交情甚篤，他不但准我離職，還親自與海關當局交涉，並給我一份有利的證書。於是，我轉行去吃「皇帝的俸祿」，月薪高達十五英鎊，教我樂不可支，深深感覺世上一切都是美好的，我便以輕鬆愉快的心情開始服務。

一八六〇年左右，在歐洲列強的大使們同意之下，所有的條約通商口岸的海關，都由中國政府付薪的歐洲人監督管理。中國地方當局和歐洲商人，均對此部門大感嫌惡。因為中國地方當局再也不能私吞公款發大財，而是眼睜睜地看著進出口稅，被歐洲人老老實實地徵收，存入銀行裡，並把確實的收益上繳北京政府。歐洲商人也不能向中國官員重金賄賂，遂將一艘艘船駛離港口，逃避應繳納的關稅。歐洲人監管海關後，一艘駁船的茶或綢所繳納的稅金，差不多等於過去一整船所繳納的數額。

▼掌管中國海關五十年的赫德爵士（引自http://www.qub.ac.uk/home/Alumni/SupportQueens/Thankyou/DonorRoll/EarlyBenefactorProfiles/SirRobertHart/）

中國海關在能幹的愛爾蘭厄斯特人（Ulster）羅勃・赫德爵士（Sir Robert Hart）主持下，成為世界上最優秀的公務部門之一。就進出口稅收而言，它可稱為中國的柱石，同時也是維持中國與西方列強間和平的主要工具。中國海關已在中國沿岸各地，豎立不少輝煌的燈塔，由於它的保證，中國不僅有能力與他國談判，還可以按時償還向歐洲各國借款的利息。

皇帝的俸祿

　　當時塔島中國海關的官舍，是設在停泊於閩江上的一艘舊船「斯巴達號」（Spartan）上，從衛生和安全的觀點來看，這幢官舍比岸上的房屋還要好。

　　我們這批人員簡直是奇異的世界縮影，幾乎每個國家都有代表人物，雖然代表的程度並不十分恰當。其中有當今已組成德意志帝國的各邦人民，有容易激動的西班牙人和葡萄牙人，有滿口洋涇濱英語的中國人，有曾經高喊「皇帝萬歲」，卻在一八七○年後以相同的熱情高唱〈馬賽曲〉的法國人，還有祖籍愛爾蘭的美國人，這些愛爾蘭芬尼成員們 ❷（Fenians）總在晚上攤開「不幸的國家」的地圖，試圖重新劃分國界，並且研習蓋爾語（Gaelic）——這種種的準備，無非是為了將篡奪者驅逐出去後，回國成為那些農民和豬群的合法統治者。

　　一有商船停靠在閩江上時，我們這些海關檢驗員就會登船查驗進出口貨物。大部分的船長都十分慇勤地對待我們，但也有少數對我們嚴加抵制。

　　我一有空暇時間便努力學習中國話。首先我學習當地人常用的俗語：「你們叫這個什麼？那個叫什麼？」我經常向中國人提出問題，直到可以用方言與當地人閒聊。他們很驚訝地輕拍我的肩膀，恭維我「不再是蠻子，而是一個人」。接下來我開始學習文字，茶葉包和貨箱側面的文字就是我的拼字書。我學習的熱情隨困難度而增加，並且盼望一切努力能獲得肯定。

　　幸運之神終於降臨了！有一日，海關副總稅務司（Assistant Inspector-General）赫德先生前來視察海

❷
譯註：主張愛爾蘭脫離英國統治以獨立的政治組織。

關,當他的船到達時,我立刻走上前去。赫德先生正設法吩咐一名中國水手將行李拿到「斯巴達號」上,但那名水手不太瞭解他的意思。

當時我在甲板上,聽見他們講話的聲音,當赫德先生開始失去耐性時,我便走過去,脫帽行禮示意之後,用方言將赫德先生的指示轉告給那名迷惘的中國人。於是,赫德先生上下打量我,鋒利地問道:

「你是誰?」

「一名海關檢查員,願聽候您的差遣。」我回答說。

「你的中國話是誰教的?」

「我在進入海關服務後自學而成的。」

「你什麼時候進海關工作?」

「五個月以前。」

「嗯,五個月!」他掏出記事本,寫下我的名字。我相信他回到總部後,不會忘記我這個人的。

我頗為得意,一個才二十二歲的人,就能使人念念不忘其特殊長處。然而不論本地的方言如何管用,如果想真正獲得上級的賞識,我還必須學

▲這種大帆船,日本人稱之為「戎克船」。(引自《台灣懷舊》)

會中國的官話。此後,我便花薪水的四分之一,延請一位中國教師來個別指導。我加倍努力地學習,甚至睡夢中也在講北京話。

　　有一天，幾位夥伴要試驗我的北京話是否道地，領我闖進閩江城（Min-ngan）的衙門。還好衙門的官員對於我學來的那些客套話大為開心，熱情地招待我們，不然以我們這種魯莽的行為，後果是不堪設想的。

　　那些芬尼弟兄們卻採不信任的態度，認為這種向可詛咒的當權者奉承的作為，大大與他們的信條不合，因而將我打入壓迫者和暴君的行列。

　　日子一天一天過去，總部卻沒有一點消息傳來。我終於提起勇氣，寫了一封中文信給海關稅務司美理登男爵（Baron de Meritens），男爵對我的學習很感興趣，而赫德先生也證實我的能力，因此特准由公家支付我的教師費用，並親切地鼓勵我盡全力研習中國語文。

　　次年底，台灣稅務司馬威廉先生（Maxwell）打算在該島南部各港口設立海關，因而遴選我同行，當時的我正急著想運用這項新知識，自然樂意接受此一職務。

　　一八六三年，淡水、基隆和打狗各港口陸續設立海關機構。在此之前，怡和洋行與甸德洋行（Jardine and Dent）已在打狗成立，慘澹地經營貿易。

　　我被分派到打狗擔任海關檢驗員，漸漸嫻熟台灣當地方言。一八六五年時，我被派往台灣首府台灣府（Taiwanfoo，今台南市），主持安平的海關。

　　我一抵達打狗，便得到不少機會到內地探訪野蠻人的部落，而在台灣府處理公務時，則結識了很多中國官員。

　　一八六七年，我接受一項極有前途的聘任，負責經營英國的麥克菲爾公司（Messrs. McPhail & Co.，

▲必麒麟服務
的怡記洋行
位於打狗的
倉庫（原書
第28頁）

中文名稱爲天利行）──這家公司當時接管了怡和
洋行與甸德洋行的業務，不過後來被怡記洋行
（Messrs. Elles & Co.）所接收──在台灣府的分店。
我很高興能直接受雇於英國同胞，從此以後不必再
替中國政府做事了。

　　我於是在台灣定居下來，註定要在詭計多端和性
格多變的漢人中探索。在這裡，我的漢語幫助我應
付各種奇異的狀況。我在近七年的時間裡，多次經
由陸路或海路探險，過著冒險犯難的日子。

　　新雇主提供幾匹馬和幾位僕人讓我使用，鼓勵我
深入內地，到漢人移民和野蠻人的部落旅行，探查
當地的資源，以利貿易的擴展。因此，我對當地居
民的語言和習慣日漸瞭解，又有機會去探訪許多地
區，結識不少漢人、熟番及從未與歐洲人接觸的野
蠻人。

　　我一直待在台灣，直到一八七〇年底，因病返國
休養爲止。我在居留英國期間，意外地得到出任海
峽殖民地政府華語翻譯官的機會。一八七七年，我

轉升爲該殖民地的華人護民官，然後在一八九○年
領養老金退休。

　　講完這些前情提要後，接下來我將開始敘述這座
有趣但鮮爲人知的島嶼，及其歷史、居民和宗教，
與我在台灣的冒險故事。

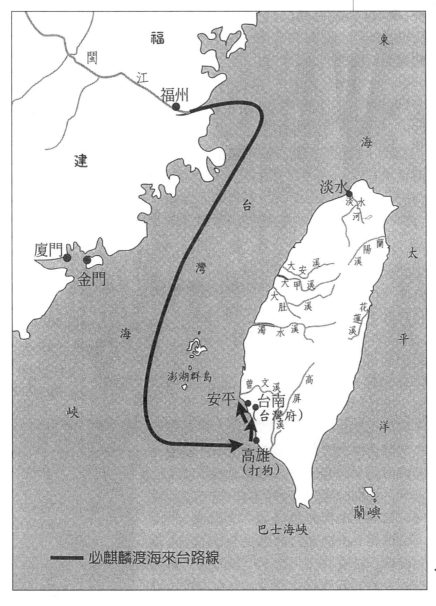

—— 必麒麟渡海來台路線

◀必麒麟渡海
　來台路線圖

必麒麟在台小史

時間	年齡	任職	大事記
一八四〇年			・出生於英格蘭諾丁漢郡（Nottinghamshire, England）。
一八五六年	十六歲	・簽訂學徒契約。	・成為水手。
一八六二年	二十二歲	・利物浦茶船三副。 ・入中國海關，吃「皇帝的俸祿」。	・生活在往來於歐、亞洲的老商船上。 ・中國閩江、福州沿海一帶緝私。 ・學習中文，研讀四書五經。
一八六三年	二十三歲	・年底隨稅務司馬威廉來打狗，任海關檢驗員。	・住打狗。 ・習台灣當地語言。
一八六四年	二十四歲		・訪天主教道明會總部所在的漢人村莊。 ・訪萬金庄，會見原住民。
一八六五年	二十五歲	・新年後轉往台灣府，主持安平海關業務。	・秋天時與馬雅各醫師前往木柵平埔部落。 ・十一月訪新港。
一八六六年	二十六歲	・二月入天利行，主持其台灣府分店。	・與友Gue探險嘉義。 ・十二月到六龜考察茶葉、肉桂樹……的產量。 ・訪芒仔社（逗留三日）。 ・在六龜見識當地平埔尪姨作法。 ・訪萬斗籠社。
一八六七年	二十七歲	・五月入怡記洋行。	・年初自萬斗籠社歸回。 ・八月因「遊歷者號」（Rover）事件到南岬，隨李善德訪卓杞篤。
一八六九年	二十九歲		・二月十四日與李善德再訪卓杞篤（但必麒麟並未記載）。 ・十一月起怡記開始經營樟腦業務，台灣道台梁元桂百般阻撓，必麒麟奉命前往梧棲調查。
一八七〇～一八七九年	三十～三十九歲	・一八七〇年八月左右經法國返國休養。 ・受聘為海峽殖民地政府的華語翻譯官。 ・一八七七年升任海峽殖民地護民官。	・怡記將樟腦業務轉往大甲，再至後龍。在大甲與清朝地方官起衝突而被迫逃亡。 ・與派先生前往後龍勘查樟腦地區，乘坐的小船因風雨擱淺布袋嘴。之後北上經艋舺到淡水。 ・到布袋嘴調查被搶的樟腦，引起訴訟。
一八九〇～一八九九年	五十～五十九歲	・一八九〇年退休。 ・一八九八年出版本書。	
一九〇七年	六十七歲		・逝於義大利聖雷莫（San Remo, Italy）。

2/「水星號」緝私船

LIFE AND ADVENTURE AT FOOCHOW

【導讀】

　　一生充滿冒險和傳奇的英國水手兼冒險家必麒麟，和台灣結下不解之緣，他所寫的《歷險福爾摩沙》甚至成為現今研究老台灣最重要的西文文獻之一，主要的觸媒是他在福州進入清廷政府海關工作的關係。

　　在這本書中，斷斷續續提過一些他跟中國官員接觸的經驗以及清廷許多對外事務的態度，其中談得最多的是書中的第二章，必麒麟花了相當大的篇幅，寫下了他任職海關時，在「水星號」緝私船上的工作經驗，主要的敘述雖著重於他如何和德國籍船長「廈門商輪」鬥智、角力的情形，但也概略描述了清中葉對外國貿易船隻的態度以及與外國往來的關係；同樣的，也可以從當時世界各國海權的強大，映照出中國的封閉與保守。

　　〈「水星號」緝私船〉可以說是必麒麟來到中國之後的第一次冒險經驗，而在這個事件之後，他終於有機會正式來到台灣，為這個島嶼開啟一面豐富的人文之窗——雖然有偏見、有無知，卻也有太多值得我們省思的世界。

▲年輕浪漫的必麒麟,雖存有帝國主義的優越感,卻十分崇敬台灣原住民。(原書第232頁,日期註明為1869年)

一八六三年中葉,馬威廉先生奉任為台灣海關稅務司長,隸屬福州稅務司。

當時,美理登男爵希望馬威廉先生在上任前,徹底搜尋福州和寧波之間的港口和小灣,緝查所有歐洲船隻,因為海關單位知道有人違背條約,秘密從事非法貿易。

於是,海關租了一艘小型汽船「水星號」(Mercury),以利執行緝查的工作。該船的噸位雖小,卻曾有航行好望角的光榮紀錄。海關檢查長率領一隊愛爾蘭籍的美國專員,奉命支援馬威廉先生,我因通曉當地語言,也參加此次的巡查活動,負責與沿海漁民聯繫,探問違法船隻的消息。

出師不利

某個晴朗的早晨,我們動身前往閩江以北約七十哩的南寬(Nam-Kuan)和山沙(Samsa)灣。船長對這艘船懷有絕對的信心,而我們這群年輕人,十分高興參與此次的巡查工作,一方面可以打破單調的生活,另一方面因天氣晴朗,我們都期待這會是一次愉快的旅遊,更何況還有掠取沒收物品的機會。

然而事與願違!我們才駛出河口,突然刮起一陣強風,天空頓時晦暗下來,這艘脆弱的小船便在大風大浪中飄搖。在危險的關頭上,某個機器竟然發生故障,於是小小的「水星號」便在波浪上浮沉,完全失去控制。

我們一行人全躲到船艙底,並將艙口封死。這實在不是一個愉快的經驗,感覺好像是籠中鼠,毫無逃命的機會。

波濤愈發兇猛,前途一片渺茫,還好水手們設法

展開一張帆，順著風勢，沿著某個島嶼的背風處行駛。風浪稍減時，我們立刻修理機器，使小船暫能駛回福州。

我們花了一、兩個星期，將汽船大肆整修後，再度出勤。

前往溫州港，查緝走私船

有一次，沒有意外的災害，天氣也不錯，我們搜查了兩個港口，但是沒有查到走私的船。我們登上一些漁船，船員紛紛主動提供消息，說有幾艘蠻子的船停泊在北邊的溫州（Wen-Chou）港內。

檢查長當下決定駛往溫州。一到達溫州港，果真發現有四艘船。我們才拋下錨，那四艘船的船長立刻跳上「水星號」來。

馬威廉先生鎮定地升起清廷海關旗幟，表明他的身分及職權，並告訴那些受驚的船長，說他們已觸犯天津條約，海關將收押這幾艘船。海關檢查員隨即接管那四艘船，將船上的國旗拉下來，換上清廷的海關旗子。這四艘船分別是：英籍雙桅帆船「日本號」（Japan），俄籍縱帆船「羅莎卡號」（Russalka），丹麥雙桅帆船「克勒里斯號」（Chloris），以及普魯士籍的「廈門商輪」（Amoy Trader）。

當時跟隨我們出巡的，還有溫州當局的一支護衛隊，他們雖不情願，但礙於福州巡撫的命令，不得不來支援我們。那四艘船全是中國商人所租用，在岸上的貨物管理員已被清廷官吏拘留為人質，以防範各船的船長掀起暴動。

我奉命跟隨美籍上司艾斯特（East）前往「廈門商輪」上查驗。艾斯特身高六呎，面貌不俗。

我們登上「廈門商輪」，表明了身分與來意，便展開偵察。該船的船長是位德國人，身材高大，性情乖戾，他正為此次意外的查驗憤怒不已。多年來，他在溫州和其他未開放的港口間從事非法貿易，攢聚了不少財富，這次必定是最後一次的冒險，倘若一切進行順利，他準備返回但澤（Danzig）的老家，安享餘年。船長夫人是一位溫和柔順、身材嬌小的女人，唯一的任務似乎是不時安撫丈夫暴躁的脾氣。

我們當然是最不受歡迎的客人。該船的船長在「水星號」與馬威廉先生會談後，一返回船上，馬上大發雷霆，用德國北方方言破口大罵，可憐的船長夫人和副船長合力安撫他，以免他在瘋狂的狀態下傷害了自己。

船上當然不可能提供任何餐食，我們只好設法請人送些飯菜，還好當晚天氣乾爽，可以在艙頂上鋪床睡覺。

那一晚，另外三位不幸的船長都到這艘船上來，狂飲松子酒和櫻桃酒，互相慰藉一番。徹夜的喧囂，不但令人難以入眠，我們還得忍受他們對海關及一切與海關相關之事物的辱罵。他們雖然使用另一種語言，但因與英國中部的撒克遜方言相似，聽了著實讓我惱怒不已。不過，大喊、高歌、狂飲也有精疲力竭的時候，那些人最後總算各自回到自己的船上，我們終於得以安眠。

第二天是星期日，我們一早便被召喚到「水星號」上，長官要我們用這艘小汽船將「廈門商輪」拖往福州。若無意外，將可以在當天晚間或次日清晨到達。馬威廉先生特別指示注意監視那位德國船長，並說：海關檢查長將從福州調來一艘更好的汽

◀清末福州外籍人
　士的住宅區。

船，也把其他的船隻拖回去。

　　我們一夥人都很年輕，充滿自信，每個人都佩帶一枝連發的手槍，無畏地向馬威廉先生保證，一定會盡最大的努力。

　　當「廈門商輪」的船長得知此一消息，更加震怒，經抗議無效後，整個人陰沉下來。他原本以為罰鍰便可了事，現在這種情況，倘若船隻被沒收，他必定破產無疑，他黯然地回到艙房，身材嬌小的船長夫人淚眼婆娑，緊緊跟隨並安慰船長。

沒收船隻，返回福州

　　我們已開始行動。七點鐘左右，「廈門商輪」已被拖到河口的島嶼之間。一駛入大海，我們便鬆了一口氣，面對這難堪的處境，大家只希望趕緊到達福州，快快卸下這份不愜意的責任。不幸地，事與願違了。

　　海上無風，氣候十分酷熱，海面上的熱氣讓人感到難受。笨重的縱帆船掀起的每一顛簸，都將小小

的「水星號」往後牽拉，阻礙了航行的速度。經一、兩小時的努力無效後，拖繩鬆弛了，小汽船脫離了「廈門商輪」。

檢查長跳到船上來，帶來一小瓶的 Martell 白蘭地、一包餅乾和幾隻雪茄，用命令的口吻對艾斯特說：「這樣下去不是辦法，你來掌管這艘船，儘快駛往福州，我們走在前面，看能否找艘大汽船來。『水星號』的船長說，海面即將起風，只要得到風的助力，等我們一進閩江，你們大概隨後就會到達了。」由於我們對這段海岸線不甚瞭解，又沒有海圖可供指引，當然斷然拒絕這個提議。

檢查長只好將那位不友善的船長召來，要他來負責這隻船，只要平安到達福州，稅務司絕對不會虧待他的。

那位船長一聽之下大為震怒，但待情緒平靜之後，還是答應了這項任務。於是，小小的「水星號」無牽無掛地駛走了，留下在微風中不斷掙扎的我們。

船長一等小汽船的煙霧消失在眼前，便雙手插入衣袋，發出略略的笑聲，面露邪惡的神情，用破英語說：「我不駕駛這艘縱帆船，哈哈！看你們怎麼辦？」

我們假裝不在意地回答：「無所謂，我們不會麻煩你的。只要你將海圖拿出來，我們可以自己想辦法。」

「哈哈！」他惡毒地叫囂著：「我絕不拿海圖出來。你們既然有本事讓我陷入這種困境，當然也有辦法帶我們脫離難關。」

我們趕緊找副船長商量，只要他幫忙行船的事宜和指揮那些馬來水手，我們願意給他一筆

優厚的報酬。副船長是一位丹麥的什列斯威人（Schleswig），十分不欣賞那位德國船長，還表示船長十分魯莽，是船長夫人和全船人的暴君。就這樣我們立即達成協議。

帆船以全速前進，不料一陣南風撲來，阻礙船的航行。大夥兒施展操舟本領，企圖越過海峽，努力朝那兩座島嶼的中間前進。雖然海岸就在眼前，但是大家十分緊張，因為我們不曉得前方有什麼危險，大夥兒所能做的只是盡力前進。

副船長愛莫能助，這是他第一次在「廈門商輪」上航行，而且從未到過溫州，他只告訴我們，船長和船長夫人對這條海岸線「無所不知，無所不曉」。

不入虎穴，焉得虎子！我們勇敢地在洶湧的波濤中向前行。當船首發出巨大聲響時，大家判斷船應該要轉向了，因為岩礁就在眼前。

此時，船長盛怒地衝上甲板上來，大聲喝道：「老天啊！你們在做什麼？你們會讓船觸礁！這樣不但害死我的太太！害死我！還要害死大家呀！」

艾斯特冷靜地回答：「嗯！船長，大夥兒不過在盡最大的努力。既然你不動手，我們只好自己來了。」

水手們趕緊將帆船轉到另一個方向。

這時，船長夫人也走過來，膽怯地請船長識時務，負起駕駛的責任。但當船一脫離險境，順風行駛，船長又恢復了頑固、陰沉的態度。

我趨前說道：「船長，您說得對，這隻老船遲早會觸礁的。這條海岸我們不熟悉，又沒有海圖，遇到海難也是必然的。不過，我們沒有船，沒有財產，也沒有老婆，船若觸礁，所損失的不過是身上

的衣服，工資仍可照領，而且我們年輕、靈活，善於游泳，又能說本地方言，觸礁後，我們的遭遇一定比你好多了。」

那位小婦人趁機附和，再次請求她的丈夫要識時務。

船長終於軟化了，說：「好吧！你們走開，讓我來掌舵，帶大家脫離險境吧！」

大夥兒鬆了一口氣，高興地到船艙下吃餅乾，嚐嚐白蘭地，悠閒地抽口煙。

整整一天一夜，我們都在設法離開那些島嶼。風勢終於減弱，船隨著潮流向北方、東方漂浮著。

除了船長夫人對我們一貫地親切友好外，船長的態度大有改善，還請我們與他們共餐，吃些奇奇怪怪的德國菜，有豬肉煮馬鈴薯、加醋的甜湯，及一些條頓人口味的食物，還有不少荷蘭杜松子酒、漢堡雪利酒和雪茄煙。

我們經過兩天漫無目的的漂流，陸地已完全消失。有一天，船長在吃飯的時候提出一項建議，計畫趁著強勁的西南季風，駛向黑龍江（Amur River）去，在海參威（Vladivostok）將這艘縱帆船和船上的貨物賣給俄國人，然後賣得的錢由大家均分。

大家張口結舌，久久不能言語，船長便繼續談論這項妙計。最後，我以半開玩笑的態度回覆：「嗯！船長，這項計畫聽起來很不錯。但是，你如果可以賣掉這艘縱帆船，恐怕也會把大夥兒一起出賣了吧？我們既不會說俄語，又不懂德語。這不成！我還是只想到福州去，只要我的手槍在手，我絕不容許任何人把我帶到其他地方去！」

我們沒有進一步的對話。但我發現，船長之後對

▲清代的中國船員。

待我就不如以前那樣大方了。

我們雖設法再往陸地行駛，但風向老是和我們作對。

意見不合，海上起風波

第四天，那位足智多謀的船長又有了新的計畫——把船開到香港。只要我們答應一起逃走，將得到不少的報酬。他還辯稱這時是颱風季節，如果繼續在海上漂流，極可能會遇上颱風，屆時船上所有的人將同歸於盡。

艾斯特頗為心動，看他猶豫不決的樣子，我便大罵：「你這個傻瓜！那個無恥的荷蘭人要我們背棄職責，等我們沒有利用價值時，一定會毫不猶豫地出賣我們。到時候，工作丟了，又失去信用，沒有人會同情我們的，因為這是我們自作自受。我在岸上已有不錯的職位，我不該再到海上來，而且我也不想對上司不忠實，你明白我的意思吧，你高興怎麼做就怎麼做！我絕對堅持回福州，即使與你作對也在所不惜。」

我匆匆離開餐桌，躺在甲板上消消怒氣。後來我去找副船長商談，他以玩世不恭的態度表示，將站在條件最好的一邊。我又找艾斯特大吵一架，充分說明問題的嚴重性。我想他似乎已察覺，參加船長那個鋌而走險的計畫是愚蠢的。

從那時候起，我的生活開始「不幸福」了。再也沒有人提供荷蘭杜松子酒或煙草，而我手邊些微的存貨也已耗盡，使我對這些奢侈品感到十分渴望。更糟糕的是，我發現飲水桶的水已攙入了鹹水，這種水不論單獨喝或泡茶，都讓人難以下嚥。

艾斯特仍然像過去一樣，受到殷勤的招待，船長

還特別用瓶子裝一些淡水，供他們在艙房裡飲用。這種種的不便，使我更加決心反抗，用任何可能的方法到達福州。

星期日，船停靠在一個可能叫東引（Tong-ying）的島嶼旁。一陣微風自東北方吹來，將帆船向前推進，風力逐漸增強，我相信在日落以前，必可到達福州河口附近。然而讓我困惑不解的是，風向雖對，船卻不是往陸地的方向前進。

自從船長提出香港之行的計畫後，艾斯特與我之間便產生嫌隙，他整天都在甲板上，或到艙房中，跟船長和船長夫人閒談，我已將副船長和船員們爭取過來，承諾他們，只要到達福州，我一定請稅務司為他們正直的行為給予優厚的報酬。

風勢持續增強，令人憂心忡忡。在西南季風時期，這方向吹來的風，通常都是颱風的預兆。我爬到前桅上面，清楚地看出右舷前方是閩江口的白犬群島（White Dogs Islands）。我們應該趁著暴風雨未來之前趕往白犬群島，然而船長卻企圖越過福州，情況看起來十分險惡。

我立刻返回臥舖，打算取出藏在枕頭底下的手槍。但手槍不見了！我趕忙到船首拿一根小鐵棒，轉身跑到船尾的艙房，船長、夫人和艾斯特正在那裡用點心、抽煙。

「船長！」我上氣不接下氣地說：「船右舷那邊是白犬群島，你為什麼不趁暴風雨來之前到那裡躲避？倘若你不這樣做，我們只好自己動手改變航路了。」

船長從容地取下煙斗，以嘲弄的態度回答：「年輕人！不要吵！我們不去福州。」

我憤憤地回答：「不！我們絕對要前往福州。」

船長奸笑起來：「你想怎麼樣？也不看看手槍在哪裡？」

「沒有關係。」我很冷靜地回答：「這個東西一樣管用！」然後猛力敲打木梃，敲得瓶子、玻璃杯散落一地，還一邊大聲教訓變節的艾斯特，責罵他的愚蠢和怯懦。

「如果你聽從那個卑鄙的荷蘭人，便毀了你自己的一生。他一心只想帶著那些骯髒錢回到自己的家鄉，哪曉得什麼責任。你看，副船長和全船的水手都服從我。現在回頭還來得及！我的父親一向教訓我盡忠職守，我一直銘記在心。讓我們一個美國人和一個英國人並肩作戰，對付那個不誠實的老荷蘭人和他的太太吧！」我懇切地對艾斯特說。

船長對這一大段激昂慷慨的言論，雖未盡聽懂，但仍能猜出一二來。狂怒中，他用拳頭猛打一隻銅槍的槍托，肘關節因此劃傷。他還不斷用任何想得出的德語和英語字眼，來辱罵所有的英國人。

他咆哮著：「你這個天該殺的英國人，開口閉口都是責任、責任、責任！我的責任是什麼？就是賺錢、賺錢！」

我那段訴諸高貴本性的話，讓艾斯特頗為感動，船長見苗頭不對，生氣地離開了，戰戰兢兢的船長夫人緊隨在後。

我將艾斯特半推半拉地拖到船首，並召喚副船長和全體船員過來，當面問他們要奉那個為主人？那些馬來人都說要服從我們，副船長說只要有優厚的報酬，也願意效勞。

艾斯特終於同意這個計畫。於是我們張開船帆，朝向白犬群島前進。不一會兒功夫，天色暗了，我們趕緊調整船帆，以防在天亮之前太接近陸地，畢

竟這是隻舊船，而不是一艘快艇。

船長終於覺悟了，靜靜地讓可憐的船長夫人替他包紮傷口。

自從他的計畫宣告失敗後，整個人都消沉下來，他不但將手槍還給我，還自動報告颱風快要來的消息。

的確，天候就像颱風要來的前兆，還好東北風持續不斷地吹來。我估計船長一定也希望趕快駛進福州躲避暴風雨。然而，他倔強地拒絕負起駕駛的責任，他說他這一輩子全毀了，過去的種種努力都變成禍源，再也翻不了身。現在，這隻船及船上的一切會有怎樣的結局，他全然不在乎。

這下可好了！我們不敢貿然前行，所能做的只是讓帆船盡可能地緩緩前進，一切等天亮後再說。

當天色終於破曉時，我們發現此時已靠近港口，但不見任何一個領港員，也沒有任何一艘漁船，大家都躲避颱風去了。船長仍是那副頑強的態度，好像我們全淹死也與他無關。

正當大夥兒茫然之際，突然聽到那位嬌小的德國太太對著她的丈夫喊道：「我可以像你一樣，將船領進港去，我要領它入港！」

於是這位勇敢的小女人掌穩舵盤，我們這些昂然的男子漢都聽從她的指揮。這時，船後刮起一陣強風，趁著海底一股潮流，我們以汽船的速度駛過危險的入口，沿著河向 Kuantao 前進。湊巧有一位中國領港員看見我們，立刻引領我們到塔島停泊港。我們才一靠岸，只見剛剛那陣旋風，正以雷霆萬鈞之勢撲了過來。

正當中國領港員前來執行任務時，那位可憐的小女英雄帶著她的丈夫，哀聲請求我們不要洩露他想

逃跑的計畫。她雙眼淚汪汪地說：「他這一輩子都完了！過去努力經營的事業全毀了，內心裡才會充滿憤怒和失望。請憐憫我們吧！」

我深深為這女人的賢淑所感動，她的勇氣和敏捷的操舟本領也拯救了大家的性命，因此艾斯特和我

延伸閱讀　英國領事館

一八六○年，天津條約批准後，英國第一任領事郇和（R. Swinhoe，為副領事）於次年搭乘英國砲艇「金龜子號」（Cockchafer）抵達台灣府。在台

▲英國首任駐台領事、著名博物學家
　——郇和（引自http://en.wikipedia.
　org/wiki/File:Swinhoe_Robert_
　1836-1877.png）

灣對外開放期間，英國是唯一在台設有長駐領事館的國家，其他國家如法、德、美、西班牙、葡萄牙、丹麥……等，不時托英國在台領事館處理該國事務。

由於人員缺乏，常有調度上的問題，因此時常有商人代辦領事的現象。例如，天利行負責人尼爾·麥克菲爾（Neil McPhail）曾代理英國淡水領事的職務，而法國也曾請他擔任法國駐台副領事。天利行另一位負責人詹姆斯·麥克菲爾（James McPhail）也受打狗領事郇和之託，代為處理事務，英商陶德（John Dodd）一度成為美國的淡水副領事。這些事情雖未經合法程序，卻是十分普遍的現象，弊病便由此叢生。

在台灣府城設立的在台第一個領事館，位於一棟租來的中國閩南式二層樓建築中，但因英僑數目極少，無業務可辦，設置三個月後，郇和致函英國駐華公使阿禮國（Sir R. Alcock），表示北部發展潛力不小，建議將副領事館北遷至淡水。

都答應不洩露他的企圖，甚至還會向稅務司講些好話。

　　船長另外提出特別的請求：讓他在駛近停泊港的時候，將自己的國旗懸掛在桅杆上。他在福州營業多年，人人都認識他、尊敬他，如果撤下那面「翔

　　一八六一年十二月十八日，公使決定將英國駐台副領事館改設於淡水，管轄淡水、基隆兩港。但似乎到一八六五年才成為正式的名稱，另外在打狗的台灣領事館派駐一名領事。一八七八年淡水副領事館升格為領事館，一直駐紮到一九七二年英國撤離為止。

　　淡水的英國領事館，是清末向清廷租用的，原建築是荷蘭人重建西班牙人在一六二九年所建的聖多明哥城（San Domingo），因為荷人所建，故被稱為「紅毛城」，現在是國家一級古蹟。主堡東側有英人在一八九一年加建的館舍，做為領事及僕役的住所。

　　打狗的英國領事館位於高雄哨船頭山丘上（現址是高雄市鼓山區蓮海路十八號後方的山頭上，十八王公廟的隔壁），該處為必麒麟曾服務過的天利行原址，其設置是為了管理南部通商口岸之業務。這棟殖民地式二樓紅磚洋樓原本殘破不堪，經過修復後，已被評定為國家二級古蹟，是目前台灣最古老、保存最完整的洋樓。

▼淡水紅毛城（引自《台灣回想》）

鷹」的國旗，掛上海關的旗幟，會令他十分丟臉。

艾斯特也答應了這項請求。只是，當船駛近港口時，我發現只有一面中國旗幟飄揚在桅杆上，其他三艘船早已到達，並且都是直接從溫州拖來的。

能夠平平安安地回到「斯巴達號」上，又可以享用一餐好幾天沒得吃的好飯菜，我感到十分高興，內心充滿感謝。

那些船隻都被宣佈充公，各國領事不表任何意見。除「廈門商輪」外，我相信其餘的船隻都可以用一筆鉅額罰金贖回去。那位不幸的船長和他的太太被趕到岸上，僅僅攜帶個人的財物，靠著其他船長的救濟，才找到一處臨時棲身之所。

艾斯特奉命提出書面報告給稅務司。我始終無緣看到這篇報告，但我相信，那位副船長和全體馬來水手們都應該得到優厚的報酬。

海關派檢查員駐守在每艘船上，直至案情宣判為止。當「廈門商輪」船長和他的太太上船來收拾財物時，我正好在那艘船上。我原本以為會遭到一頓辱罵，沒想到他們竟走到我的面前，憂傷地表示：「你是正直的英國人，遵守你的諾言，什麼都沒有透露，而那位美國人卻寫了報告給福州的稅務司，將整個事情都揭發了。」

後來，我才知道艾斯特將所有功勞全攬在自己身上，獲得了不少的酬勞──但我從未因此而羨慕他。

至於我，仍默默地從事我的研究和學習工作，漸漸地受到馬威廉先生的賞識，第二年他遴選我和他一起到台灣工作。

3/ 認識老台灣

DESCRIPTION OF THE ISLAND OF FORMOSA

　　做為一個台灣人，認識台灣，應該是一份起碼的責任，然而，在國民黨長期扭曲的統治下，台灣竟然一直是個禁忌，年輕的台灣子弟，自幼被抽離父祖的經驗與土地的情感，即使有心，也無從認識台灣。

　　百餘年前，必麒麟的台灣冒險之旅，初訪台灣的第一步，便是認識這塊土地，本書第三章便完整而清楚地介紹台灣的地理位置、自然環境、民俗人文、產業經濟……。以他本身所代表的經濟侵略者的身分，加上他所到過的地區以台灣西南沿海地區為主，自然無法準確地描繪出台灣的全貌，卻八九不離十地寫盡了台灣的種種。

　　今天重看本章〈認識老台灣〉，也許有許多事件我們都非常熟悉，然而必麒麟落筆的角度與精要的敘述，卻最適合有心認識台灣的朋友閱讀。此外，文中有許多敘述清代的官府、城市的段落，都是認識老台灣最好的第一手資料，至於討論到生態環境的部分，原作者豐富而生動的描繪，更值得我們這一代漢人感到汗顏與自省。

【導讀】

FORMOSA 美麗之島──台灣

這座島嶼，葡萄牙人稱爲「Ilha Formosa」，中國人則叫「台灣」，是東海上的最大島嶼之一。位於北緯二十二度至二十六度之內，東經一百二十度到一百二十二度之間，與中國隔著一百哩寬的海峽。它在一八九五年之前是中國的屬地，但在甲午戰爭後，割讓給日本人。

從俄屬的阿拉斯加（Russian America）西部往南延伸，有一連串的島嶼，彷彿是一條長項圈，裝飾著亞洲大陸的東部海岸，台灣正是這串島嶼的盡頭，同時也是日本群島、琉球（Loochoos）和宮古群島（Meiaco-Sima）這一連線的終點。

▼必麒麟繪製的台灣地圖
（原書第24頁）

這座地理位置重要的島嶼，長約二百三十五哩，最寬的部分爲七十到九十哩。島上有一座林木蓊鬱的壯偉山脈，縱橫南北，形成一個巨大的脊椎，最高峰莫里遜山（Mount Morrison，即今玉山）高達一萬二千呎以上。島形爲長橢圓形，東北西南的走向，它的周長約有四百五十哩。

十六世紀，葡萄牙人初抵台灣，大大地讚歎其熱帶風貌，因此取名爲「Ilha Formosa」，意即美麗之島。這名稱的確和台灣的壯麗風光相符合。

　　沿著島嶼鮮為人知的東岸航行，可將壯偉秀麗的山景盡收眼底。遠處縹緲的山峰，是海拔一萬二千呎的中央山脈，其下的海岸山脈，高度至少是那條山脈的一半。圓崗、渦形岩、懸崖及峭壁，目不暇給。山上植物繁茂，瀑布從山頂飛瀉而下，在熱帶陽光的照耀下，彷彿是鎔化了的銀液。

　　急峻高山以陡峭的坡度突然降入湛藍的太平洋中，黑潮（或日本灣流）約以每天五十哩的速度向東北流去，因此這裡看不見西部沿岸常見的沖積物。十二月至三月之間，最高的山脈常見飄雪，將山色妝綴得分外美麗。

　　層巒疊嶂中，偶爾會在深深的峽谷內出現朦朧的村莊輪廓，那是野蠻人的部落，他們躲避漢人的入侵，固守在叢林峭壁中。

　　繼續南行，便可到達南岬（South Cape，即今屏東鵝鑾鼻），只見兩座高聳的山丘 Nansha 和 Ma-ke-tou❶在雲深不知處。

　　當地流傳著一則中國神話：從前有兩個神仙，他們假扮成人，一名身著朱紅色衣裳，另一名則著白衣，他們倆常常在那兩座山上下棋。關於這則神話，現在除了有一塊平坦的大石頭，外表頗像棋盤的樣子之外，再也沒有其他的證據了。

　　這段海岸線十分崎嶇難行，對於遭遇船難的水手們，此地是斷腸之地。因為這裡有野蠻人龜仔律 ❷（Ku-a-lut）的部落，為了取得人的頭蓋骨當戰利品，他們常常將船難的倖存者殺死。關於這些搶劫船難的野蠻人，以及他們對船難倖存者的處理方式，我在後文將有詳細的敘述。

　　台灣的西部沿岸是漢人來台的門戶。從這面看去，高山的坡度和緩下降，山谷交錯其間，並且逐

❶
譯註：應為大尖石山和大山母山。

❷
譯註：今墾丁社頂附近，屬排灣族龜仔角社。

漸消失在從北向南擴成一片起伏的平原上——這裡是漢人的定居處。對於早期的荷蘭人而言，台灣的西南沿岸顯然有一股莫大的吸引力，因為從船上看過來，這片土地很像他們摯愛的故鄉。但最大的不同點是：這個海岸線上的陸地，正不斷地向海洋擴展。

一六二四年，荷蘭才剛獨立不久，便從爪哇派來一艘軍艦，占領了台灣西岸，居住在現在的台灣府所在地，並在海邊建造一座堡壘，命名為普羅民遮城（Provintia，即今赤崁樓），船艦就停在堡壘外海上，另外又在附近的島嶼上建立了一座更大的城堡——熱蘭遮城（Zeelandia，即今安平古堡）。普羅民遮城現在位於台灣府城內，距海四哩遠。熱蘭遮城即今日的安平村落，隔著一片約三哩寬、十哩長的平原，與府城相望。

我曾看過一幅荷蘭古畫，描述一艘艘荷蘭東印度公司的大船，裝滿貨物，吃水很深，停泊在熱蘭遮城的海岸。不過後來陸地不斷上升、擴展，當年那些戰艦停泊的地方，如今竟成了英國領事館的所在地，在當地居民的記憶裡，從前砲艇停泊之處，現在是一個淺洲，距海有半哩遠，而陸地至今仍在上升當中。

陸地之所以如此迅速地侵蝕海岸，有幾種原因，其中最主要的原因是，每年六月到十月西南

▼熱蘭遮城遺址（原書第31頁）

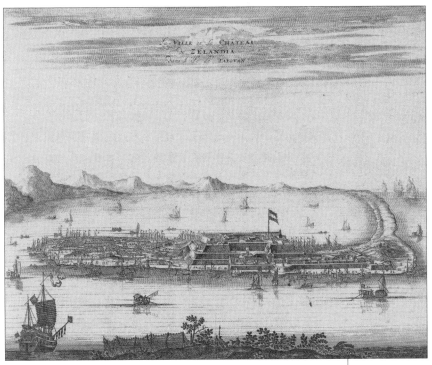

▲承平時期的熱蘭遮
城與大員市鎮（引
自《製作福爾摩
沙》）

季風期間，一連串颱風所造成的災害。強烈颱風的
狂暴程度，是令人難以置信的：大雨傾盆而下，河
流暴漲，山洪暴發，雨水挾帶著大量的泥沙沖積到
海岸，強橫的西南風卻阻擋了這些沖積物流入海
中，因此在海岸附近形成了廣大的三角洲。颱風很
少能橫越台灣海峽，根據以往的紀錄，只有一次曾
經到達廈門，而吹到台灣以北的情形也很少見。但
在台灣的東邊，颱風威力之猛烈，可達小笠原群島
（Bonin Islands），有時甚至筆直地穿越太平洋。

　　另一個原因則是持續性的火山震動。過去，台灣
可能是中國沿岸的一部分，由於遠古時期的某次地
震，使得它與中國陸地分離。現在，這座島嶼有和
中國重新結合的跡象，只是行動十分緩慢。

　　台灣西部的泥岸地層，不能和東海岸那種荒涼壯

美又鮮少人煙的地形相比。在淺水灘與泥沙岸交錯之間，有一片肥沃的沖積平原，長約一百八十哩，寬平均有三十哩。平原上散立著孤立的小山——不久之前，這些還是小島嶼呢！在平地之外，是看起來很像一座座高台的山地，漢人稱此島為「台灣」，大概就是這個緣故吧！

有好幾條河流流經這個平原。那些河流流程極短，加上從山上沖下來的大量沖積物堆積在出海口，形成沙洲或淺灘，因此妨礙了船隻的航行。好幾條河流的河床寬達三哩，但在乾燥的季節只剩中央一條細流，雨季期間卻都變成了澎湃的洪水；許多河床似乎是由破碎的岩層構成，河水從上游將岩層沖下，被沖下的石塊最後在倒灌的海水沖刷之下，被磨成了鵝卵石。

「打狗」城與「猴山」

台灣西部最南端的港口是打狗（Takao，即今高雄）。海港甚淺，因風沙填滿這個礁湖，又被潮水沖積到入口處，所以船隻停泊的部分日益縮小。越過淺灘，必須經過一條寬七十五碼的斷層，才能到達港口的入口。北方有一座由石灰岩構成的峭壁巉巖，再往裡邊則是「猴山」（Ape's Hill，即今壽山）——約一千八百呎高的嶙峋禿山，據說山名的由來，是因為有一群大猴子活躍在山上而得名。南邊是一處一百八十呎高的小岬，名叫「撒拉森山頭」❸（Saracen's Head，即今旗後山），南北邊以一條深陷的斷層為界，中間有一個小小的綠色堤岸，和「猴山」隔著一個陷層，與另一個山岬則隔了一條約六十碼寬的深水道——即內港的入口。這個堤岸長約七、八哩，最寬的部分為二、三哩，是一個

❸ 譯註：一八四八年，英艦「撒拉森號」（Saracen）以測量台灣島沿岸為目的，行經旗津進入打狗港時，艦長以其艦所命名。

平靜的礁湖。北端接連著一個富饒的平原，上面遍
植印度榕樹和林投樹，並種番薯。南端是低淺的沙
岸，屬於從「撒拉森山頭」延展出來的平原，而這
裡正是「打狗」市鎮的所在地。

　　內港裡可以看見形形色色漢人捕魚用的怪異漁
船，歐洲人稱之為「竹筏」。那是用幾根堅固的
竹子綁在一起的大筏，有時是靠槳划行，有時則
會揚起一張大竹帆來推動它前進。船的周圍有小
欄杆，中央有個大槽，供乘客乘坐。當波浪不斷
地衝擊竹筏時，這種船看起來似乎十分
脆弱、不堅固，可是，實際上它們
是最安全的交通工具，可以抵
擋海上的大風浪。這種船外
表看起來很像巴西培那伯哥
（Pernambuco）常用的竹筏
或軟木筏。

　　打狗呈現出普通漢人城市
慣有的那種令人嫌惡的特點。
這座城市主要由漁民組成，偶爾
可看見外國人的半歐式住宅。此地

到處都是竹林和印度榕樹林，即使在荒蕪的沙地上也不例外，這些樹林點綴著這座城市，使它不致顯得呆板無趣。

「猴山」是一座古老而龐大的珊瑚岩山，山上有一些奇異的洞穴和縫隙，塞滿了貝殼和魚骨，由猴山的山頂望去，是一片壯麗的景象。走過一個小海灣，便見一池硫磺泉，若沿著海岬蜿蜒而上的小徑前進，爬過峭壁後，眼前立即呈現出一片輝煌的美景，使你頓生不虛此行之感。一陣陣雪白的狂浪，發出如雷的怒號，衝擊著岸邊，好像對侵占它的敵人——陸地，發出無所宣洩的怒氣。河邊有一些熱帶植物：林投樹、棕櫚、含羞草……等，以各種富於變化的色彩與姿態，呈現在人們眼前。再往裡邊走，出現一片肥沃的平原，種植著翠綠的稻子和纖細的甘蔗，還有一叢叢的翠竹點綴其間，偶爾遇見一個小村莊，從遠處看來，景致如詩如畫。最遠的邊界是一條低矮的山脈，在晴朗的日子，特別是日出時分，遙望東邊，可看見山上紫色的熹微——真是一幅神聖的圖畫。

打狗附近的城鎮不多，其中最大的是埤頭（Pi-t'au，即今高雄縣鳳山市）。前往埤頭，要先乘坐小船到苓雅寮（Ling-a-liau，即今高雄市苓雅區）小村，再騎馬或乘轎子走七哩遠的路，沿途盡是富饒的田園。另有一座城鎮位於打狗北方五、六哩處，它曾經是這一帶的首府，但目前部分地區業已荒廢。一群強盜在城鎮附近的小山上，建立一個難以攻破的山寨，從那裡可以俯瞰整個城鎮，所以官吏們很明智地將機關遷移到埤頭去了。

打狗附近低濕的河流地帶，不僅是獵鷸的好地方，同時也是最佳的漁場。

安平港與台灣府

　　從西部沿岸北上，便可到達安平港，台灣的首府台灣府就在往內三哩之處。安平港是個沒有築港的碇泊處，有一個六噚深的停泊場，及綿延數哩的沙岸，暴風雨時，巨浪猛烈地拍擊那片沙岸，將它和低淺的泥礁湖分開。安平村就在那些泥、沙岸上面，圍集在當年荷蘭人所建造的老台灣堡壘廢墟四周，如今在堡壘北邊的大門上，仍可辨識出這樣的文字──TE CASTEL ZELAND, GEBOWED ANNO 1630。

▲熱蘭遮城城門（引自《從地面到天空 台灣在飛躍之中》）

　　堡壘中央是個人造小丘，有一座每邊長為六十碼的稜堡，砲台就安置在上面。往北一百碼，一座沿著海岸線修築的牆，將砲台包圍起來。這些牆壁雖是中空的，卻異常厚實，它是用特地從巴達維亞城（Batavia，即今印尼雅加達）運來的磚頭建成的，牆上處處設有槍眼，以備戰時所需。

　　這座曾是牢不可破的老堡壘，因年代湮遠和地震的襲擊，已日漸破損。中央稜堡早已傾頹，牆面也破裂不堪，只有一棵城牆上的大榕樹，以繁密的枝葉，不斷地演奏著安靈彌撒，悼念著熱蘭遮城昔日風光。古老堡壘目前的功能，只不過是做為駛往安平港船隻的指標罷了。

　　乘坐竹筏從安平港出發，經過淺灘上的狂浪，便可在砲台附近的灘頭登陸，越過四周髒亂貧窮的小漁村後，便來到一大片沖積平原。這平原顯然是最近才形成的，每當西南季風時期，它總有部分地區

被海水淹沒。平原上有幾條小運河，可通往三哩外的台灣府。

台灣府方圓約五哩，四面修築高大的中國式城垛，有四個城門，每個城門上設有瞭望樓。整座城的形式，完全仿效北京的萬里長城，不過縮小許多。城牆高約二十呎，以磚舖造，表面上塗灰泥。這座城牆早無防禦功能，因暴雨和地震的關係，牆面不僅破損不堪，也有多處缺口，敵軍可以輕易地從缺口處攻進城內。

沿著城牆散步，卻十分有趣。越過城牆朝海面望去，可看見一大片城郊，商市就在那裡，這片地區就像所有漢人的城鎮一樣，吵雜、貧窮又污穢。若將視線轉向城區內部，會驚奇地發現令人愉悅的濃蔭、綠色的小徑，以及像公園一般空曠的原野。碧綠的小竹林和繁茂的老榕樹，為這座城市增色不少。鮮翠的樹叢間，可以瞥見政府官吏和重要人物的房舍，還有漢人的三大宗教——儒教、佛教和道

▼台灣府城景（原書第33頁）

教的廟宇。幾間房屋在屋前的竹籬和仙人掌叢的襯托下，呈現出一種田園隱遁的況味。府城唯一的大街上，擁有數家可觀的店鋪，這是從西門通往道台衙門的重要街道。

道台衙門旁邊是一間大考場，內有花崗石板桌椅，足以容納一千名應考秀才的人。另外還有一間奇異的紅磚塔樓，塔高五十呎左右，是虔誠的漢人尊祀掌管文學之神——文昌帝君的廟殿。

城中心有一座方形小城堡，即荷蘭人建築的普羅民遮城，它的下場也跟它的姊妹堡熱蘭遮城一樣，由於年代久遠，乏人照顧，業已殘破不堪，現在僅是一處風景優美的廢墟罷了。

北門外，有一片約十五畝大的原野，空地上有兩座旗杆和一座像是廟宇的房屋。這片草地常引人產生悽愴之感，因為在第一次鴉片戰爭期間，此地正是許多遭遇船難的歐洲人被處死的刑場。

東門外是一大片果園和菜圃。這片平坦的田野，種植迎風搖擺的金黃色稻穀，更遠處則是高聳綿長的山脈。

一出南門，可以看見占地廣大的墓區，白色的墓碑淒涼地在荒沙漫野中閃爍。

另外在小南門城外，有一間華麗的廟宇，供奉著仁慈女神。也許是崇拜的熱情已消褪的緣故，在乏人問津之下，這座廟殿正迅速頹敗下來。

延伸閱讀　台灣府──台南市

▲台灣府大北門（引自《台灣回想》）

台南地區是台灣最早開發的區域，從荷蘭時期、明鄭時期到清光緒十三年（1887年）止，台南市一直是全台灣的政治、經濟、文化中心，也是最大的城市，所以當時才有「一府」、「二鹿」、「三艋舺」的稱號。

台南市原為西拉雅族新港社人赤崁部落的所在地，漢人移民將西拉雅人驅走，占墾該地。一六二四年，荷蘭人在安平建有一城，一六三一年時重建並改稱為熱蘭遮城（Zeelandia），四年後，又在赤崁築普羅民遮城（Provintia），即漢人口中的赤崁樓或紅毛樓，到荷領末期，漢人人數已逾萬人左右。

一六六一年，鄭成功由鹿耳門順潮流登陸，攻下普羅民遮城，成功地逐走荷蘭人，將普羅民遮城更名為承天府，一鯤鯓改為安平鎮（當時的安平是一個獨立的島），打算經營台灣為「反清復明」的基地，漢人人口於是急遽增加。清廷正式將台灣納入版圖後，將承天府改為台灣府，其下設台灣、諸羅和鳳山三縣，隸屬於福建省管理，當時的台南市是全台灣最繁華的地方，而安平是最忙碌的對外商港。後來在清光緒十一年（1885年），清廷設台灣為省，並將省治設在台北，原台灣府則改名為台南府，這便是台南的由來。

台江多淤塞，加上政治中心北移，台灣府逐漸失去昔日台灣首府的光輝。

台灣府是個典型的漢人城市，和中國各地的城市比較起來，相差無幾。府城的氣候相當好，乾燥、晴朗而舒爽，只是偶爾會颳起東北強風，空氣中佈滿塵沙，把屋子弄髒，使旅人感到掃興。

艋舺、淡水與基隆港

沿著西海岸北行，可到達淡水港。它可能會是一個前途似錦的港埠，因為它的港灣較易進入，便於貿易的往來。但停泊場是由浮沙所構成，地基並不穩固。淡水市鎮是位於其西南方的一座雙峰山（double-peaked hill，即今觀音山）和淡水山脈之間，前者高約一千七百呎，後者高約二千八百呎，並延伸進入內地。

一條從峽谷流出的小河，緩緩地注入淡水港內。這條河發源於艋舺城（Bangkah or Mangkia，即今台北市萬華區）附近——它是台灣島北部最大、最繁華的城市之一。

在淡水河右岸的小山上，有一座古老的荷蘭城堡 ❹，目前有一部分區域被挪用爲領事館。關於這座城堡的歷史，我找不到任何歐洲人的紀錄，而它本身也沒有任何文字記載。目前城堡的保存情形很好，雖然潮濕又無人居住，甚至有鬧鬼的傳說。這座城堡已成爲淡水港的指標。

台灣北部的雨量很豐沛，氣候因而顯得陰冷、潮濕。

艋舺居民完成了一項艱巨的工程。由於當地低窪潮溼，飲用的水略帶鹹味，不甚衛生，所以當地人計畫引山上溪水下來，供應平原區居民的飲水。他們在距離艋舺約八哩的內地，找到一條合適的溪流，但那地區當時（約六十年前）是屬於野蠻人的居住地，於是漢人開始攻擊野蠻人的部落，將他們趕到深山裡頭。漢人鑿開一個隧道，十六碼長、八呎寬、深度達十四呎，並將溪水引到水道裡。這項工程十分困難，工人們又常遭受野蠻人報復性的襲擊，完工之前，約有六十名工人被殺身亡。這條溪水甘甜清冽，由一條三、四呎深的水道，引到景尾村（Kieng-bay，即今景美）。景尾在艋舺之東 ❺，徒步約需兩小時，位於所引導之溪流的支流旁，所以有一個導水管從河面上通到彼岸去，長達三十呎。導水管是三邊的，用厚木板釘在一起，周圍另釘有木頭。水管裡塗著石灰泥，所以不透水。導水管深度約五呎，寬達八呎，還有四十七支拐杖般的支柱。

淡水山裡，種植大量的茶葉。茶葉的品質雖然稱不上頂級，但發展的潛力頗大。當時，在陶德先生（John Dodd）的努力經營下，使此地生產的台灣烏龍茶在市場上頗具聲譽。另外，淡水也輸出大批的

❹
譯註：今紅毛城。

❺
譯註：其正確位置是在艋舺的東南。

煤礦。

　　淡水的東北有基隆港，是台灣最北的港口。此地
原為西班牙的殖民地，後被荷蘭人占領，直至荷蘭
人被迫撤離台灣為止。這附近的風景遠比西部沿岸
優美，港口位於寬闊的海灣岸上，在富貴角和鼻頭
角之間，二角相距約二十二哩。海灣裡距港口兩哩
處，高聳著一座黑色岩礁，名為基隆嶼。

　　這裡的鄉村景致極為美麗，幾座滿佈林木的小山
延伸到遠方的山脈。這些變化多端的山崗輪廓，充
分顯示出當地地形深受地震和火山爆發的影響，形
成豐富的黃色沙石和一堆堆的珊瑚石灰岩。

　　基隆是一個大煤礦區。礦場位於歐洲人稱為「煤
港」的海灣裡面。以往煤礦都是按照漢人的方法橫
向開採，並大量出口煙煤。後來歐洲的企業採現代
的方法，以機器採礦，生產量大幅提升，使得滿清
當局終於注意到這片隱藏在台灣北部礦田中的重大
財源。目前這個地區有兩條鐵路，使得礦產的運送
更為便利。

　　台灣全島經常發生輕微的地震。在西南季風期
間，南部地區則常見颱風侵襲。

◀基隆一景（引自http://
academic.reed.edu/
formosa/gallery/
image_pages/Garnot/
ViewClement_S.html）

（臺灣八景ノ一） 日月潭
44 A view of Jitsugetsutan (one of the eight fomous sights), Formosa.
電力工事で有名な日月潭、自動車道路の完成と共に遊客益々多く、北岸の水社蕃特有の許音樂の衰調は誰でもホロリとさせられる

▲美麗的日月潭（引自《台灣回想》）

　　全台灣只有一個淡水湖，位在彰化東南方的群山萬壑之間，需花三天的路程才能到達。那是一片非常美麗的湖水，晴朗的日子裡，湖水在熱帶氣氛的綠色原野中，有如一片晶瑩剔透的玻璃，使驚艷的漢人大大地讚嘆，因而稱之為玻璃湖（Polisia，即今日月潭）！

　　甘為霖牧師（Rev. W. Campbell）曾於一八七三年探訪這座湖，也為它取了個名字，叫做干治士（Candidius）湖，以紀念那位一六二四年於本島熱心傳教的牧師。在最近的台灣地圖上，該湖均以「干治士」為名。

特異蓬勃的自然生態

　　台灣山區常見的動物，有黑熊、豹、犰狳、猴子、野豬和鹿（從野蠻人手中可以買到鹿茸）、野

狗、狼、長臂猿、短尾猿、獾和食蟻獸，而鼬、飛鼠、小野兔和麝香鼠，隨處可見。特別值得一提的，是一種背脊上長有粗硬短毛的豬和雜色豬。此外還有多種蛇類，大多都是無害的，但是曾有眼鏡蛇出現的紀錄。另外，也有形形色色的蜥蜴、有毒的水蛇，以及一種表面有明顯斑紋的毒海蛇。

雖然每當冬季和糖季 ❻ 來臨時，台灣府的居民會飽受成群跳蚤和蒼蠅的侵擾。但這裡是昆蟲學家的樂園：有飛甲蟲、蜈蚣、蚊子、螳螂和蝗蟲，還有許多色彩艷麗的蝴蝶與蛾。

溪流內漁產豐富，岸上還有水獺。十二月至一月期間，海上有大批烏魚、大灰鯔及一種形狀大小與大鱸魚相似的魚，魚皮頗像鰈魚，味道則如大比目魚。台灣居民總是熱切地期待這些魚群從日本海南下產卵，漁夫的魚網往往被魚撐破，滿載著漁獲回家。在岸邊，可以看見長鬚鯨的行蹤，而鯊魚（據說不會吃人）也很普遍。漢人將鯊魚的鰭精心調製為珍饈，輸出到海外去。

❻
譯註：糖季應指春季。

◀打狗的漁夫（引自《從地面到天空 台灣在飛躍之中》）

東北季風期間，在打狗和台灣府附近潮濕的蔗田或稻田裡，經常有歐洲人獵捕的雉、鷸和金斑鴴等，還有各種水禽成千上萬地聚集在海濱的沼澤區。當群鳥於清晨飛向海洋之前，當地人早已設下天羅地網，準備捕捉販售。

關於台灣地質的特點，我是沒資格發言的。但是我知道有一些大膽的漢人曾冒著生命危險，前往東部野蠻人居住區的溪流 ❼ 裡淘金，而北部的淘金工作一直持續地開採著。這種貴重的金屬，在瑯璚 ❽（Lung-Kiao，即今恆春）附近，打狗與台灣府之間也有發現。島上其他地方曾發現含金的石英，鉛、銀礦藏也不少。北部的煤、硫磺和石油很多，內地高山裡，泥板岩和石板是主要的特產。在基隆——處於暖流影響下的東北部，及打狗地區，則有珊瑚礁。另外，打狗附近海拔一千五百呎的猴山山頂，竟然發現珊瑚礁生長的地殼層。

這座島上也有無數罕見珍貴的植物，我相信范區先生（Veitch）和其他熱心的植物學家，已蒐集不少台灣的高貴蘭花和裝飾性植物，豐富了大英帝國的溫室。採集家仍有很大的收集範圍，因為本島最有趣的部分——即高山地帶，至今尚無人前去探查，只有南部當地的收集家略做採集，也有一、兩位歐洲人從淡水出發，從事短期的搜集工作。幾年前，甘為霖牧師曾經在台灣中部收集過一些植物，只可惜在橫越一條暴漲的溪水時，標本因浸水而受損。部分有價值的標本，現在都已陳列在大英博物館的植物標本館裡。

物產豐美的台灣島

台灣的水果產量豐富，各城鎮周圍的小徑上，隨

處可見漂亮肥美的鳳梨。西螺的桶柑、椪柑好吃又健康。芒果、龍眼、香蕉、軟漿果或蕃荔枝、朱欒、柿子和石榴，都是十分可口的水果。

　　台灣的商業產品種類繁多，並深具發展潛力，其中經濟價值最高的是稻米。台灣稻米產量多，品質又好，已贏得「中國穀倉」的美譽，這種產品的出口完全操在本地人的手中，大部分是運往澎湖。

　　茶葉在台灣內陸是野生植物，在淡水附近有大規模的栽植，並從淡水港大量輸出。較大部分輸往美國，另些部分則供海峽殖民地和荷屬東印度的中國人混加香料飲用。

　　甘蔗的種植也很普遍。我在台灣的時期，有一種精製的白糖大量運往日本和澳洲，但近年來，這個工業有衰頹的跡象。

靛藍 ❾（indigo）、鬱金 ❿（turmeric）、芝麻、苧麻和硬木的產量頗豐。在打狗、淡水附近和其他地區曾發現豐富的硫磺，事實上，整座島上還有無數的硫磺泉，有些是熱的，有些是涼的。在大料崁（Toa-Kho-ham，即今桃園縣大溪鎮）有一些石油井，值得善加利用。蓖麻是野生的，也有人工種植的。最優良的樟腦是從樟樹（內地、高山裡有這種樹）提煉出來的，並有買賣活動，以中國國內的生意最為活絡。

以上的簡述，當然無法完全將台灣的產品做完整的介紹。單看一八九三年整整一年當中，十二家歐洲商號在台灣所經營的生意，即高達四百五十萬英鎊，便不難想像這座尚未開發的處女地，擁有多麼豐富的植物及礦藏資源了！

❾
譯註：植物名，可做靛藍色染料。

❿
譯註：薑科植物，台灣人稱薑黃，地下莖可製成咖哩粉，也可做黃色染料。

4/ 台灣島的統治者
HISTORY OF THE ISLAND

【導讀】

　　有人說，台灣的命運，有如一個孤兒，甚至是無人理會的棄婦，或者像油麻菜籽……。無論怎麼形容，都顯示了這個島嶼，在歷史的變遷中，不斷遭受悲劇命運的作用。

　　許多人總認為，台灣的悲情來自一個又一個外來的統治者，但又只是把所謂的「外來統治者」，界定在西方人及日本人而已，卻把中國王朝的統治者排除在外，尤其對於鄭成功，漢人觀點的歷史中，不是把他當做仁義之師，就是民族英雄，然而，在這種民族情感的背後，又會是怎樣的一番風貌呢？

　　在這一章裡，必麒麟依舊以他的所知所聞，試圖為台灣島的歷史做一番描繪，他從荷西時期寫起，一直到日本時代為止，記敘雖然簡要，卻寫出了和我們熟知的歷史完全不同的史觀──尤其對明鄭及清廷兩個時期的統治者有許多的批評，他批評鄭成功「是當時一位聲名狼藉的海盜」，尤其是征服台灣後，「毫不留情地懲治，甚至到趕盡殺絕的地步」；而對日本當局的統治，卻是讚譽有加。

　　必麒麟的歷史觀，當然有他的主觀意識，不過也提供給我們一個省思：歷史的弔詭，往往在於解釋權的不同。

漢人自稱是台灣的發現者，時間是在一四三〇年某次船難事件時。其實，這種說法無論是真是假，都沒什麼好誇耀的，因為在晴朗的日子裡，站在中國海岸的高地，便可用肉眼辨識台灣突顯的山脈輪廓。

在東方，葡萄牙人是歐洲探險家中的先鋒，根據歷史記載，他們曾於一五九〇年到達台灣，但並未做長時間的居留。

荷西的統治時代

據說西班牙人在台灣北部建築了兩座城堡：一座在淡水，另一座則在基隆（Kilung）。至今，古堡遺跡仍可見到，但本地人卻不知道西班牙人占領的傳說。不過，某次我與一位老平埔族人聊起古老的年歲，他表示他祖父時代使用不同的數字，而那些數字竟然是西班牙語的一到十的訛用。

中國歷史記載，一六二〇年時，日本人曾企圖在台灣建立殖民地。在此之前，必定有大批漢人渡海來台，定居於原住民部落之間，所以當一六二四年荷蘭人占領台灣的時候，才會發現不少漢人的村莊，這些村莊數目眾多，為他們帶來不少的難題。

一六二四年，荷蘭才獲得獨立不久，便從爪哇派出一支艦隊，在攻擊澳門的葡萄牙人不成後，轉而占領澎湖群島。漢人經過百般威脅利誘，才勸服荷蘭人撤離澎湖群島，而將注意力轉移到台灣西部海岸。當時荷蘭人的定居處，便是現在台灣的首府——台灣府。荷蘭人並著手建築兩座大城堡，熱蘭遮城和普羅民遮城。他們盡最大的努力來教化平原上的平埔族人，促進產業發展，實施法律，同時，派遣官員到每個部落執行法律。

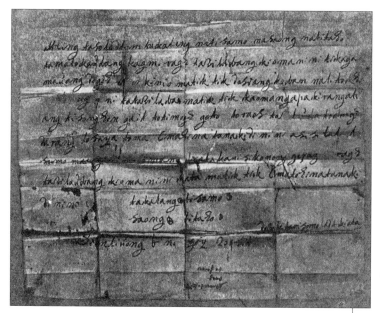

◀用平埔族語言所拼
寫的新港文書（原
書第41頁）

　另外，荷蘭傳教士的努力也有成果。教堂和學校
不斷增加，數千人篤信基督且受洗，傳教士們還將
一些平埔族語轉化成文字保存下來。這些殖民者還
開始與當地人通婚。只可惜當時荷蘭人正設法與日
本人建立商業關係，荷屬東印度政府擔心基督教會
引起日本天皇的反感，因而阻撓傳教士在台灣的努
力。

　由於感念荷蘭人的政績，一些平埔族人雖早已遺
忘母語，又混居在漢人之中，然而對荷蘭人仍然保
持著尊敬的態度。於是，他們將當年傳教士佈道的
文件當成傳家之寶，並且十分歡迎歐洲人，因為在
他們的觀念中，所有歐洲人都是荷蘭人的親戚。

　西班牙和葡萄牙的傳教士曾使不少日本人信仰基
督教，神父們得意忘形，彼此間產生內訌，並和當
地人密謀，企圖推翻日本天皇。日皇有效地制止這
項叛亂，處死或放逐那些傳教士，禁止基督教在日
本傳播，也不准歐洲人居住在日本，除非居住在

出島（Desima）上，每年只能派一、兩隻船前往日本，並且還得舉行踐踏十字架的儀式，以表明對基督教的憎恨。

日皇懲罰傳教士的方式雖然殘酷，但在那個年代，即使自稱信奉基督教的歐洲國家中，這種方式仍很普遍流行。一些傳教士以極大的容忍態度，勇敢地接受放逐或死刑的懲罰，而那些成千上萬的日本信徒，也表現出烈士的精神，寧願忍受再大的災難，都不願放棄基督教。即使是在日本的鎖國時期，日本信徒的後裔仍然秘密地信奉基督教，使得該教能存活下來。

只有荷蘭人同意接受那種屈辱的條件，居留在出島上，繼續和日本人從事雖有利益但卻日漸衰微的貿易，一直到一八五八年，培利海軍准將（Commodore Perry）率領美國艦隊敲開日本門戶，迫使日本與他國通商。

由於擔心影響與日本的貿易關係，荷屬東印度政府也禁止基督教在台灣傳播福音。三十年後，荷蘭人被漢人驅逐離台，正是他們當年懦弱的報應。

鄭成功領台與清朝專權時代

一六四〇年，有二百多年歷史的明朝正逐漸衰微。在孔孟思想的影響下，當皇帝或朝代已無正義公理可言時，中國的老百姓有權反抗頹敗的政府。這一次，中國藉助於滿洲韃靼人（the Manchu Tartars）的力量推翻明朝。然而這些盟友的野心不止於此，當征服了明朝十八個省份中的十六個省份時，他們便自立為「清」朝，統治整個中國。

新政府極為專權，人民稍有違抗，便處以死刑。他們不但強迫漢人採行韃靼人的生活方式，還要將

人民頭前的頭髮剃光，把後面其餘的頭髮編成一長辮，掛於後腦勺——這就是我們稱爲「馬尾巴」的樣式。

起初，漢人認爲這是奴化的標誌，但現在一般人漸漸地引以爲傲，視之爲有別於「外國蠻子」的特徵。不過，每次發生政治變亂時，叛徒們必定先將頭前的頭髮蓄長，藉以表示對清政府統治的憎恨。

至於那兩個滿洲人難以征服的省份：廣東和福建，頑強地反抗了好幾年，即使投降時，不少人寧可被砍頭，也不願將頭前方的頭髮剃光。就是現在，福建人仍終日戴著頭巾，以掩飾剃髮的恥辱。

漢人的長辮，對我們倒是有些好處，特別是在捕捉強盜或與漢人打仗，雙方短兵相接時，一片兵荒馬亂，難以辨識敵友之際，不少的漢人就是因爲這條辮子而喪命。

但是我有一位勇敢的屬下，卻是因爲髮辮而保全了性命。當時是叛亂期間，他被徵召爲國民軍，在某次戰鬥失利中，他不幸被俘虜，被叛徒拖著頭髮走，準備處以死刑，他十分鎮定地趁機奪取那人的腰刀，斬掉頭髮，即刻逃開了。

最後一位反抗韃靼的漢人是國姓爺（ Koshing or Koxinga ），是當時一個聲名狼藉的海盜，不時攻擊中國南部沿海，然而韃靼皇帝勢力無遠弗屆，迫使南部沿海各省居民向內陸撤退十哩，讓聚

▼ 戴著頭巾的福佬人
（原書第66頁）

▲ 中國畫卷裡的國姓爺（引
自《The Island of Formosa:
Past and Present》）

落成爲廢墟，使國姓爺得不到補給品。國姓爺不得
不轉移根據地，於是他開始注意台灣，進而決定進
攻荷蘭人在台灣府所建立的殖民地。

　　直到今日，台灣民間還是流傳著國姓爺的軼聞。
據說國姓爺曾在夢中看見熱蘭遮城砲台和周圍的環
境，並且顯示該地將是他一展鴻圖的地方。雖然夢
中並沒有明確的指示，但他猜測那必定是在巴達維
亞城的方向。不久，他又從夢中得到指示，便立刻
派遣一支船隊，秘密地遠征台灣。

　　那時候，由於爪哇的荷蘭政府和台灣總督的關係
並不和諧，當後者要求援助時，支援台灣的軍隊卻
被移防到中國沿海。國姓爺不但得到台灣漢人的支
持，不斷從中國逃出來的難民更加強他的勢力，國
姓爺封鎖了台灣海岸，切斷熱蘭遮城和普羅民遮城
間的交通，並且成功地攻占普羅民遮城砲台。雖然
台灣虔誠的基督教徒 ❶ 不斷地幫助荷蘭人，但在
圍困九個月後，一千八百人喪命，熱蘭遮城不得不
棄械投降，結束短短三十八年的荷蘭人領台史。

▶ 荷方代表向鄭成
功投降圖（引自
《製作福爾摩
沙》）

❶
譯註：大多數
爲平埔族人。

國姓爺對於曾經頑強抵抗的荷蘭傳教士和教師，以及忠誠的信徒們，毫不留情地懲治，甚至到趕盡殺絕的地步。待征服台灣整個西海岸後，國姓爺便自封爲王，一直到他懦弱的孫子被誘勸到北京——雖得到皇帝賜封的爵位 ❷，卻一輩子被軟禁在中國——爲止。這時，台灣和澎湖群島正式成爲大清帝國的一部分了。

英國與台灣的貿易接觸

一六六四年，英國人企圖與台灣建立貿易關係。那時的執政者是國姓爺的兒子，他對貿易一無所知，只在意各地船隻運來的奇珍異品，和對各種貨物課以重稅。當時，英國人和台灣訂立了頗爲有利的條約，不過一等台灣成爲中國的一部分，那些條約便遭廢棄，不久，英國停止對台灣的貿易。

在十八世紀，有一位名叫撒瑪納札（George Psalmanazar）的男子，自稱是來自台灣的日本籍基督徒，在倫敦大肆宣揚台灣的情形，並以拉丁文撰寫一篇虛構的故事，敘述台灣的模範政府，繁榮的市鎮，以及文明的人民。在他所虛構的奇文妙聞中，竟然說台灣的太陽可以直射到煙囪裡面。約翰生博士（Dr. Johnson）對撒瑪納札讚賞有加，甚至在某個俱樂部的場合上，當有位先生大膽地對撒瑪納札的故事提出質疑時，約翰生博士立刻嚴厲譴責他：「先生，你反駁撒瑪納札，就等於反駁一位主教！」

一八四二年，英國人第二度出現在台灣，是運輸船「那布達號」（Nerbudda）和鴉片船「安妮號」（Anne）在台灣西部海岸遭遇船難的事件。殘存的水手不是關在監牢裡，就是（有一百八十七名）被拖

❷ 原註：根據 Wells Williams 博士的說法，全中國只有國姓爺和孔子的後裔享有世襲的爵位。

▲ 這批英國海難者遭
斬首的刑場所在
（原書第46頁）

▶ 曾關過這批英國
船難者的穀倉
（原書第47頁）

❸
譯註：1873-74年來
台探險半年之久的美
國博物學家史蒂瑞
（J. B. Steere），在
其著作《福爾摩沙及
其住民》的第二部第
二章中，收錄了一位
「安妮號」成員的獄
中日記，詳細記錄這
批落難水手的種種經
歷及見聞。

去台灣府城郊的
刑場處決了。

　我初到台灣府
時，親眼看到當
年囚禁那批犯人
的穀倉。囚犯的
名字潦草地寫在
牆壁上，並有日
曆記載進度，這
種情形很像小學生塗鴉的日記，夢想著還剩下多少
日子才能放假一樣。**❸**

　不過，英國政府並沒有為這種種的暴行，向中國
提出賠償與譴責。自從荷蘭人離台後，中國官員和
人民劫掠、虐待船難水手的事件，就多得不勝枚
舉。

　根據一八六〇年中英訂立的天津條約，台灣必須
對外開放貿易，開闢四個通商港口，北有淡水、基
隆，南部是台灣府和打狗。英國派來一名領事掌管
全島外交、商務等業務，並且制定合法輸出輸入品
的關稅稅則，也就是說，商品繳過關稅後，不必再
繳交其他的稅。這項稅則，是經由中英雙方政府擬

定、核可而後實施的。同時，經歐洲列強的同意，中國各通商口岸均設置海關，不過，所有的海關職員，都是由中國政府所雇用的歐洲人來擔任。

一八七一年，約有五十四名琉球籍的水手，在中國政府管轄外的台灣東海岸罹難。由於日本政府向中國要求賠償未果，便於一八七四年自行派遣軍隊登陸台灣，占領南岬附近的瑯璚。

此次中日糾紛，在當時英國駐北京公使威妥瑪爵士（Sir Thomas Wade）斡旋下，日本人終於同意撤離台灣。經過這次教訓，中國終於將台灣東部蠻荒之地劃入大清版圖。

中法戰爭與劉銘傳

一八八三至八四年的中法戰爭期間，台灣遭法軍封鎖，淡水和基隆相繼失陷，澎湖群島也被占領。戰事一結束，法軍便也撤離。法國人在台灣本島並

▼《點石齋畫報》內所刊載的中法戰爭戰況

無斬獲，但在占領澎湖期間，軍隊因染患霍亂而大受折損。

法國戰艦砲轟淡水、基隆時，台灣出現一名相當傑出的人物——劉銘傳。他負責指揮台灣防衛事務，而後奉命為台灣第一任巡撫，只可惜北京政府昏瞶無能，未能讓這種人才大展身手。

目前台灣各行政區的劃分，即出自劉銘傳之手。他在一八八五年將台澎區分為四個府，再細分為十一個縣和五個廳。五個廳之中，東部占了二個廳，整座澎湖群島規劃為一個廳。

延伸閱讀　撒瑪納札的偽台灣論

必麒麟大肆批評的撒瑪納札（George Psalmanazar 或作 George Psalmanaazaar），真實姓名不詳，也不知是何國人，生於一六七九年左右，卒於一七六三年。有人猜測他是法國或瑞士人，也有人說他是自幼在法國成長的阿拉伯人，總之眾說紛紜。當這位傳奇人物在英國倫敦出現時，自稱是來自台灣的日籍基督徒，並以台灣權威自居。

十八世紀初，他在倫敦出版《台灣的地理與歷史》（A Historical and Geographical Description of Formosa, an Island Subject to the Emperor of Japan）（1704 年），和《日台間的對話》（Dialogue between a Japanese and a Formosan）（1707 年），這些著作還被譯成其他歐洲語文。因其研究成果，使他獲准進入牛津大

▲撒瑪納札（引自《福爾摩沙變形記》）

日本時代的來臨

一八九五年，日本人強占台灣和澎湖，中國政府求助活躍於東京（Tonkin，即今越南河內）邊界的黑旗軍。黑旗軍領袖劉永福一聽說中國將放棄台灣，在取得某些官員和有力居民的支持後，便自立「台灣民主國」。至於這些愛國份子是否真正瞭解民主共和國的政體，就不得而知了。不過，日軍一登陸台灣，這個妄想的計畫也隨之幻滅。大將軍劉永福化妝為女人，懷抱一個嬰兒，逃離了台灣。

學深造，並因此結識了不少社會名流和神職人員，為了將台灣改變成信仰英國國教的國度，他還有模有樣地將英國國教教義翻譯成台灣土話。綜觀他虛構的論述，大意大致如下：

一、他將台灣定位為日本的屬地。

二、台灣土人稱該島為 Gad-Avia（Gad 為「華麗」之意，Avia 為「島」之意），台灣國共有五個島，面積最大的 Gad-Avia 居中，周圍還有盜賊島、大 Gyry、小 Adgy 和 Ka-boski。兩百年前曾被韃靼王征服，後因其殘暴，台灣土人群起反抗，驅走韃靼王。之後，荷蘭人和中國人也想統治台灣，不過最後還是日本人得逞，成功地併吞台灣。

三、台灣土人傳統信仰是崇拜日月星辰，朝夕祈禱並奉獻牲畜，後來聽從一名先知 Psalmanazar 之言，而再信仰一主宰日月星辰之神。

四、婚姻採一夫多妻制，除長男外，每年有以男子作犧牲以祭拜天神的習俗。……

由於撒瑪納札為人機巧，又有語言天份，得到不少學者和名人的賞識與信任，故其論著有某些程度的影響力，對於日後欲來台灣殖民的西方人，有直接或間接的作用。不過，由此現象可看出西方人對台灣的無知和亟欲瞭解神秘東方的企圖。

台灣人對撒瑪納札其人其書一無所知，伊能嘉矩的《台灣文化志》雖略有介紹，但如隔靴搔癢，難窺全貌，所幸最近已有中譯本的出版（《福爾摩沙變形記》，薛絢譯，大塊文化出版，2005 年），可供有興趣者參考。

▶台灣民主國誇張的
宣傳單（引自《台
灣民主國研究》）

　　首府大開城門迎接日本將軍，一般民眾也表示歡
迎之意，這些人對腐敗的中國官吏和軍人畏懼的程
度，尤甚於「倭奴」的新政權。

　　無庸置疑地，台灣在公正、穩定的政府領導下，
必定能成為日本人心目中最寶貴的殖民地，任何一
個文明的國家都會為她的成功而高興。

　　新政府必須要以堅定的意志和巧妙的手段來管理
台灣。雖然野蠻的和半開化的原住民不會惹事生
非，然而頑強的客家人，從未乖乖順從本國政府，
只有在最嚴苛的治理下才會順從。至於人數龐大的
福佬人，雖欣然接受殖民者為他們在商業和農業上
的保護，但在內心深處，硬是瞧不起所謂「倭奴」
的低劣民族的統治，所以容易受中國陰謀者左右。

　　在日本人徹底征服台灣之前，歐洲商人和傳教士
的行為將會處處受到限制，必須以忍耐和同情的態
度來忍受這種種的不便。因為面對較為開明的日本
政權，歐洲人必能獲益，而那些利益在極度腐敗且
十分排外的中國政權下是絕對無法取得的。

5/ 殺嬰的國度

RELIGIONS OF THE CHINESE INHABITANTS

【導讀】

　　在古老的中國文化體系中，一直以「禮義之邦」做為自我宣揚的標本。無可否認的，這個長期在儒教與道德包裹下的國度，表面上實有太多的禮儀之教，如敬天法祖、尊師重道、孝悌友愛……形成了整個社會的基本結構，照說在這樣的一個社會，應當是一個尊重人性、關注人權、維護尊嚴的國家。只是在長期的封建體制下，虛偽成了每個人最好的保護色，禮教與道德往往只是某些人裝飾自己仁慈寬厚與高貴節操的法寶而已，長此以往，這個表面為禮義之邦的國家，實際上卻是一個殺嬰的國度。

　　漢人初移台灣之初，自然無法完全擺脫長期封建體制下的醬缸文化，許多虛偽、殘酷的特質，也在這個島上不斷地出現，殺死女嬰的惡俗便是一個典型的例子。

　　必麒麟在中國及台灣期間，對這一切全都瞭然於胸，並對其中許多事情一直不以為然，甚至不屑，他的所想所感，本書自然不會遺漏。其中，雖免不了出現許多西方觀點的偏見，然而他所描繪的許多情節，仍令我們感到不可思議，在這裡，我們要提醒朋友們的是，其他還有許多陋習，至今仍不斷在我們的生活中出現，難道，我們真是不會進化的民族？

居住在台灣的漢人，一如中國本土的漢人，都是儒、道、佛的信徒。毫無疑問地，今日的中國仍以孔子的精神立國。然而，與其說儒教是一種宗教，倒不如說是教人履行社會和政治義務的人生哲學來得貼切。除了對祖先的祭祀外，儒教並不太鼓勵其他的崇拜。

儒教與孔子學說

如今，上至政府，下至家庭，至聖先師孔夫子所制定的超高倫理標準，早已墮落變質。中國是一個龐大的帝國，由十多個省份組成，各省人民使用不同的方言，其語言相異的程度，仿如法語和德語或英語與西班牙語之差異，而且人人敝帚自珍，各自袒護自己的省份和宗族，對其他人懷有敵意。即使如此，這個帝國仍能保持統一，並且優於其他東方民族，這必須歸功於孔子的教誨，他是以「有教無類」的態度來教育人民。儒教就像是食鹽，使中國文化不致於墮落腐敗，或沉淪到佛、道教那種低級的迷信之中。

儒教的中心主旨是孝道、德行、公義、禮儀、智慧和誠懇。孔子主張的孝道，不僅在父母生時孝順他們，還重視死後的祭祀。此外，要視皇帝爲一國之父，把官吏們當做皇帝的代表，必須尊敬地服從。所謂的智慧，是一個人對自己的瞭解，德行則是指每個人對他人應盡的義務。

孔子宣揚這些崇高純正的教訓，但他也同時教人報復、說謊、多神論，並且鼓勵算命。孔夫子否定上帝與人類的關係，也不承認靈魂世界的存在，但父母的靈魂是例外。孔子曰：「敬鬼神而遠之。」「未知生，焉知死？」

孔子預設人性本善，只要人民自我反省，恪守他的教義，就能達到古代聖賢的標準。孔子列舉的模範人物，大多是歷史神話中的賢君良相，不是治水有方，就是教人謀生技藝或修身、齊家和治國的法則。

如果人性真是本善，如果只有此生，那麼孔子的學說是很容易建立他的理想國。然而，現實不盡然像理想世界一樣，人們常因不幸或悲愁，或者只是出於天生的好奇心，而想要有一個來生，一個有神有鬼的世界，一位獨一無二的真神，或者一大批各式各樣的神明，來安慰人類無助的心靈。

▼傳統的私塾，通常會在一隅奉祀孔子、文昌帝君。（引自《台灣回想》）

孔子雖然深信人性是完美的，但不至於愚蠢到主張「強制不是矯正之道」。相反的，即使他肯定教育的功能，仍然堅信為了導引出隱藏在人類惡習下的良善本質，強制的做法還是必要的。

在中國，文人和官吏都是儒教的信徒。如果想要謀得一官半職，就必須信奉孔子的學說，因為那是治理人民的圭臬，而且通曉經書，表示自己比平民百姓優越，畢竟，一般人所能理解的孔子學說，不過是教人做順民，並且提供一些準則，做為指導社會和家庭生活的方針。然而，這些受過教育的階級，雖然飽通儒家哲學，但在面對苦難疾病之際，卻不能從中得到慰藉，只好轉而求助平日瞧不起的佛教或道教了。

勸人為善的佛教

佛教是釋迦牟尼（Sakyamuni or Gautama）創立的宗教。釋迦牟尼生於紀元前六二三年，是印度的一位王子，西元六十五年，佛教正式傳入中國。那時，漢明帝根據孔子的指示：聖人生於西方，而派人前往印度取經。於是，佛教僧人受邀前來中國，在皇帝的特許下，公開地傳教。事實上，佛教早已秘密地傳入中國，並且盛行多年了。

佛教主張行善與自制，信徒可藉這二大修行而淨化自我，達到完美的境界和幸福的頂端——涅槃（Nirvana）。現實中沒有人能用一生讓自己達到完全淨化的境界，所以另有輪迴或靈魂轉世之說，每個人依據此生的功過，決定來生是否成為優等的神人，或淪為低劣的動物。冥冥之中，人的善行惡行全被記錄下來，不過，守齋、施捨、修橋、鋪路等作為可彌補罪過，為善可積陰德，死後不必受到地獄之苦，可以順利抵達西方極樂世界。

虔誠的佛教徒忌殺生，那怕是身上的蝨蟲也不可殺死，唯恐那是自己親戚的靈魂。但是對他人的生命卻無動於衷，唯有自己的家人或親族的生命例外，如果是親人遭到殺害，即使是佛教徒也會毫不留情地報復。

佛教系統中，有一個天堂和一個地獄。前者提供希望，是純良、吸引人的世界；後者與歐洲教會所描繪的磨難一樣，是無止境的煉獄。

中國和台灣佛教的共同特點是：一、廟裡「神多佛多」。二、執事者用無人能懂的語言進行儀禮。三、和尚必須獨身，但其生活怠惰、糜爛，並且多耽於肉慾。四、善男信女比和尚更為迷信，不過品

▲台灣人最普遍的宗
教,是由儒、道、
佛三教混合而成,
著名的艋舺龍山寺
即是代表性廟宇之
一。(引自《台灣
回想》)

行和心靈皆比僧侶高尚,這是因爲家庭生活的影
響,再加上俗眾必須自食其力,謀求生計。

即使佛教教義和儒家學說主張純正本質和勸人爲
善,卻始終無法滿足漢人的心靈需求。

無可否認地,比起其他東方的信仰,佛教和儒教
自有其優點。無論是浸淫基督教多年的歐洲哲學
家,或在英國政府及教會所設立之大學受教育的東
方人,都一致表示他們在儒佛的宗教典籍中,發現
一些和我們的基督教聖經一樣高超又優美的教旨。

我曾和幾位教育程度頗高的佛教徒和儒學士交往
多年,他們對於自己文化的學問十分淵博,但對他
族或其他文化一無所知。就我的經驗來說,這些人
從未能夠瞭解,在他們的古籍之中,其實存在著一
些令歐洲哲學家(以基督教徒的眼光來看)贊同的原
則和理念。

研讀過至聖孔子、亞聖孟子的經典後,我可以大
膽地指出,舊約中的箴言對探討人與神的智慧,比
那兩位聖人的所有著作,或者其弟子們的註解,還
要來得深刻。

追求真理的道教

　　道教是老子在紀元前六世紀創立的，主要是對真理與美德的追求。老子認為，隱退與沉思是淨化人性的最佳方式，使人能滌清七情六慾，終而回到「道」的懷抱。道教思想雖有頗多荒謬之說，然而它也包含一些極崇高又純正的原理。有些歐洲哲學家推論，「道」就是希臘文中的「理性」（Logos）。而且，值得玩味的是，「道」的中文意思為「言辭」、「路」及「道理」。

　　希臘人從東方（也許是印度）的學說中，建立了博大精深的哲學思想，而印度學說很可能是在紀元前八世紀，得自於散居在中亞以色列十支民族的文化。所有東方最純正的宗教，都是在紀元前八世紀以後才出現的，當時，那些宗教的發源地──即是以色列移民的地方，各國人民的往來極為密切。

　　不管老子的本意為何，目前道家的思想業已淪落為迷信和騙局。道教並不要求道士獨身，所以其品行或許比和尚好，但道士卻從事巫術、堪輿、占

▶西方人筆下的道
士作法（引自
http://academic.
reed.edu/
formosa/gallery/
image_pages/
LondonNews/
ln35p443clerical_
S.html）

卜、催眠術等無稽之談。除此之外，道教的廟宇比佛教還大，所崇拜的對象無所不包，有岩石、樹木、蛇等，並且鼓勵信眾自我折磨，做一些如過火堆、走刀橋之類的行為。

祭祀祖先，奉行孝道

漢人真正的宗教，無疑是對祖先的祭祀，並且早在孔子之前已流行多年。孔子雖然大力反對鬼神崇拜，卻提倡敬拜祖先。政府方面也是大力鼓吹孝道，每月初一和十五，全國官員必須當眾宣讀皇帝的聖諭，內容不外是勸告人民勿將金錢浪費在佛、道兩教上，要聽從古聖先賢的教誨，崇拜自己家裡的兩位神明——父母，在其生時要孝順，在其死後也要誠心祭祀。

中國擁有三至四萬萬人口，約有四百個氏族或姓，每個姓氏據稱都可追溯其原始祖先，各姓還有「堂號」來表示該族的發源地。然而，經過幾個世紀的流變，即使是同一氏族的人，早已分散到全國十八個省份，語言也不能相通，但是他們仍被視為血親，同姓者不能通婚，否則就是亂倫。打個比方，這就像是姓史密斯（Smith）的英國人，不能和姓史密德（Schmidt）的德國人結婚一樣。在福建省，有個林姓家族占據了幾十平方哩的地區，幾十萬同姓的人住在那裡，於是，男人們很難找到異姓的太太，只好與本族的女子通婚。結果外人責罵這家族為「亂倫的林姓」。

各族之間，宿怨與仇殺是常事，只要不妨礙政府，官吏們就睜一隻眼閉一隻眼，反正人民因此就無暇注意官場的腐敗和欺壓善良，還可因訴訟案件得到好處。

在漢人的觀念中，祖先住在陰曹地府，擁有保護其子孫的力量。雖已脫離肉體，但祖先的靈魂仍然需要食物、衣服和金錢等，於是漢人便敬獻牲畜、米飯、煙、酒來供祖先享用，另外還供應一些紙製的傢俱、衣物和金錢等民生必需品。所有的供奉品全擺在祖先的神龕前，等祖先的神靈象徵性地享用後，全部祭品由供奉者食用。至於紙製物品，必須以火燒毀，才能到達陰間的祖先手中。

每支家族都有一間祠堂，供奉歷代的祖先。族中的長輩會指派一個委員會來負責募款，當做平常祭祀的費用。每個家庭裡，則各自供奉其雙親的牌位，每日由家中男丁來祭祀，一旦疏於照顧，這家必會招致不幸。因爲只有男子才可以擔任祭祀祖先的大事，所以漢人便熱切地希望多添男丁。我一直無法理解，爲什麼漢人老是擔心死後在陰間的生活。

每年農曆七月，全國各地舉行中元節，爲死去的

▶台灣民間信仰中迎神遶境的熱鬧場面

祖先供奉豐盛的祭品。另外，據聞死後無子的鬼魂們在地獄裡挨餓受凍，虔誠的佛教徒爲了贖罪，或積些陰德，總會慷慨地佈施，因此，和尙們在這段時期內，可藉販賣香箔和誦經而大賺一筆。

中元節期間，廟方請人做大戲助興。戲碼不外乎是古時候某個有名的人爲救贖家人而下地獄❶，並詳實地描繪地獄中種種可怕的折磨，亡逝的人一會兒變成豬、狗等動物，一會兒落入滾燙的金湯裡，一會兒或鋸或搗成碎塊，被混入泥土裡。這些虛構的情境，在我看來並沒有什麼威嚇俗眾的作用。供奉物品不是被祭祀民眾吃了，就是普濟窮困的人家，這實在是普天歡騰的節日。

父權社會下的男尊女卑

毫無疑問地，孔子對孝道的教訓，在漢人的性格上產生良好的影響，雖然僅是表面的遵天奉命，但卻有維繫漢人的力量，使他們成爲東方最偉大的民族，歷經千百年而不衰。因爲政府強制實行父權，使孝道廣爲流行，其實這也是政府確保人民順從的策略。在中國，弒親和叛國罪一樣，是要處以極刑的，而逆親之罪也不輕。每位父親皆操有其子女的生死大權。

由於父親的地位極爲崇高偉大，做女兒的處境就悲慘了。即使大家都學佛，講究慈悲爲懷，但殺死女嬰的事件卻十分普遍。

漢人一向以儒家自豪，但在某些場合，還是會接受佛教與道教。雖然孔子、釋迦牟尼和老子都是偉大、神聖的人物，懷抱爲民謀福祉的願望，但我認爲，他們全犯了一個大錯誤：就是崇拜造物主所創的生物，而非造物主本身，而且他們只教導特別精

❶ 譯註：戲碼應爲〈目蓮救母〉。

選的弟子，並不理會平民百姓，所以在中國——特別是在台灣——老百姓愚昧的程度，實在令人無法想像。

我小時候曾經讀過一些故事，描述漢人如何溺死女嬰或在北京高塔上丟死女嬰，每天早上有馬車四處收取嬰屍。日後我也看過反駁那些故事的文章，說漢人深愛自己的子女，除非是特別的情況，他們才會溺死孩子，以免子女羞恥地度過一生。

只要我提起溺嬰事件，必定引來衛道人士的攻擊。那些人住在高宅深院裡，從不知民間疾苦，哪知道真正的事實？我在福州服務期間，雖盡最大可能與漢人交往，學習漢語，但因身為海關官員，必須住在河邊的一艘廢船上，因此失去不少瞭解漢人風俗習慣的機會。當我奉命主持台灣府海關的時候，我便在安平港附近租房子，附近的鄰居都是可敬的小康人家，以捕魚為生。日日見面，大家漸漸地熟稔了。

在海關對面的路上住著一位漁民，家有老母、妻子及兩個幼子，他的寡嫂、二個姪女和一個姪子也與他們住在一起。那戶人家之中，老母是最重要的人物，年約七、八十歲，眼睛半瞎，但她和其他漢人老太婆一樣，是一位潑辣的悍婦。

當時，有朋友託我找人製作中國竹筏的模型，我便找這位漁夫商量，如果這個計畫成功，日後便可利用閒暇時間，製作竹筏模型賣給歐洲的船長，賺些外快。他答應了，我一得空便到他家裡，共同商議製造模型之事。

某日午後，他正為我解釋如何將竹子弄彎，再用藤條綁起來的步驟。他的女眷圍坐在我們的四周，忙著編網、做衣服、縫製繡花鞋等工作，孩童們在

戶外玩耍，而那位老祖母則坐在床上 ❷，抽著一根長長的竹煙斗，斷斷續續地責罵家中的每個人。就在老祖母責罵聲的空檔，突然從隔壁鄰家傳來尖銳的「媽梅」（Ma-beh）的呼喊聲。

「媽梅」意為「祖母要我」。這名字很奇怪，但我並未發問，而那呼喊聲還是不斷地傳過來。漁民的太太抬起頭來，笑著問：「媽梅又做了什麼好事了？」

我趕緊發問：「媽梅是誰？」

「難道你不認識媽梅嗎？她是對門博仔（Pok-a）的女兒呀！」

「那她為什麼叫媽梅？」

女眷們相視而笑。最後，那位寡婦解答了我的疑問：「那是因為媽梅剛生下來的時候，產婆正想捏死女嬰，她的祖母大喊留住她，於是大家便叫她媽梅了。」

我驚呼：「此地沒有殺嬰的風俗吧？我想這風俗只發生在窮困的人家。媽梅的父親有正當的職業，也沒有抽鴉片煙、賭錢、酗酒等惡習。」

那寡婦面色莊重起來，回答我說：「這裡也有這種風俗。我們只殺女嬰，我自己就曾經捏死過兩個，只留二個女兒。女孩子麻煩多，沒有多大用處，長相難看的話，又不容易找到丈夫，一般人供養不起她們的，我又不願賣女兒為奴，只好在女嬰意識尚未清楚之前，將她們揪死。」她幽幽地歎了口氣。

「你們這些人連禽獸都不如。在我的國度裡，大家都覺得女孩討人歡喜。我家有八個小孩，我雖是獨子，父親卻寵愛最小的妹妹呢！」我極為憤怒地回答。

❷ 譯註：應是俗稱鴉片床的寐床，漢人用來午休用。

坐在臥床❸上的老太太放下煙袋，以輕蔑的口吻說道：「你們這些紅毛蠻子哪懂得道理，不管怎麼說，女孩家就是沒有用處。」她顫抖地指著那位寡婦，繼續說道：「就說我那個兒子吧，他以前是全安平最好的漁夫，又會賺錢，只要我需要什麼，他便立刻買回來。如今，他已離我而去，只留下沒用處的媳婦和女兒，她們除了吃喝之外，還能做什麼事！」

當我和各種階層的漢人熟稔後，發現殺女嬰是此地頗為普遍的習慣，即使是富裕的人家也一樣。據說這風俗是由中國傳入台灣的，台灣原住民（無論是「生番」還是「熟番」）對漢人這種不人道的行為深感厭惡。

❸
同上註。

延伸閱讀 殺嬰習俗

在漢人傳統父權社會中，女性地位微不足道。出生在富有人家，衣食雖無憂，但自幼就要忍受纏小腳的巨大痛苦；出生在窮困人家，則可能一落地就被悶死、捏死或溺死，即使大難不死，自幼便要分擔家務，日後恐有被賣去當養女或童養媳的可能。在清光緒十年（1884年）出版的《點石齋畫報》裡，就有二張溺女圖，其中一圖指出中國浙江一帶有溺女的習俗，頗為普通，人們已習以為常，由此也可見中國溺女的風俗歷史悠久。

這些現象，無非是「男尊女卑」的心態在作祟。由於男子承續家姓，綿延子孫，所以人人以子為貴。而女性不過是

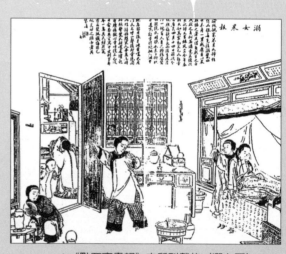

▲《點石齋畫報》內所刊載的〈溺女圖〉

生產的工具，不給地位、知識、技能和人格，被視為男人的奴隸。於是，早期中國婦女生活史，其實就是一部女性被摧殘的歷史。

奇異的「孝道」？

某日，當我和那位漁夫朋友製作竹筏模型的時候，終於讓我見識到漢人所謂的孝道。

老祖母照例坐在床上，悠閒地抽煙，那支煙斗是用竹子製成的，又長又粗，有手杖一般的大小，頂端有個銅煙斗。漁夫的兒子，年約五歲，長得十分俊俏，正光著身體在地上玩耍。年輕的母親拿來一條褲子，勸他穿上：「你這個樣子真像畜生，快穿上褲子，別教外國人見笑！」男孩把褲子丟開，還大罵他的母親（漢人男童多半是如此囂張的）。母親有些生氣，便打了男孩的頭，痛得他哇哇大哭。老祖母一聽到寶貝孫子的哭聲，就拿起煙斗，直往媳婦的頭猛打，一邊還用難聽的字眼罵她，打得媳婦頭破血流。

▲左邊側躺者抽鴉片，右邊盤坐者抽煙斗。（引自《台灣懷舊》）

漁夫丈夫在我多次請求後，勉強地出面干涉（其實，他只不過是站在那二位女人的中間）。但是半瞎的老祖母，裹著小腳，一個不當心，被一個板凳絆倒了。老太婆立刻發出恐怖的咆哮聲，音量之大，附近的鄰居都可以聽見。一會兒功夫，鄰人們紛紛擠了進來，老太婆勉強地站起來，打了幾下兒子，一面還哭訴兒子不孝，聯合賤人媳婦毆打自己的親生母親，請別人送他到官府嚴辦，為她討回公道。

鄰人個個慷慨激昂，捉住那名漁夫，準備押去官府。紛擾的吵鬧聲也把兩名對面海關的歐洲籍辦事員引來，我立刻請他們回去取手槍。我一拿到手槍，便站到群眾面前，敘述事件的始末後，宣佈我們將親自送那名漁夫到城裡的軍方司令官那裡，請大家無須操心。雖然這席話惹得那些人十分不高興，但我和另外兩名同伴仍將漁夫帶走，大批人群尾隨在後，不斷地厲聲譴責漁人兒子。

老祖母在多位同情她的老太婆簇擁下，先行抵達衙門，正跪在地上，猛向官員磕頭，請他伸張正義，旁邊的老太婆們也附和著。所幸我和那位官員交情頗深，待我說明事件始末後，他做了一場冠冕堂皇的演說，提醒大家服從父母及國家的必要。群眾憤怒的情緒平服了，那位漁人朋友只受到輕微的處罰：供獻一對蠟燭，及向他母親道歉。這場鬧劇便告落幕。

經過一番折騰，老祖母的憤怒已平息，整個人也虛脫了。她大概想起那兒子是唯一的依靠，如果挨了一、二百下竹板子，就必須休養個把星期，而無法外出賺錢，否則就得拿錢來賄賂打板子的小吏，如此才能讓竹板落聲響亮，打在身上時卻不會疼痛。

6/ 福爾摩沙的開拓者
THE ABORIGINES AND
THEIR RELIGIONS

【導讀】

歷史,大多是統治者所寫的。

台灣的歷史,自然是絕對漢人的觀點與解釋,而在大漢沙文主義的操作下,漢人對於非我族類者,總是用輕視、踐踏甚至污蔑的態度視之,因而有史以來,台灣的原住民都被視為「番」以及「野蠻人」。

來自英國的必麒麟,雖然免不了對東方人懷有偏見和歧視,但至少他以同樣的眼光看待漢人和原住民,兩相比較之下,他所認定的漢人印象,大體是陰險與狡猾,而對於原住民——無論是山地原住民或平埔族人,則留有許多純樸、和善與坦白的回憶。

在本書中,一半以上的篇章都跟台灣的原住民發生關係,大部分是冒險、交涉甚至是談判的過程,本章卻是必麒麟對台灣原住民的整體觀察與描繪,除了談及他們的來源、種族以及個性外,更沒有疏忽原住民的生活方式、社會制度、漁獵技巧、風俗習慣……等,雖未敘及全貌,卻也在某種程度上紀錄了百餘年前台灣原住民最真實的一面。這樣的一篇文章,最有價值的地方是在漢人的觀點之外,為我們提供了另一個觀察的角度。

一六二四年,當荷蘭人初抵達台灣府的時候,整片西部沿岸及平原都是平埔族人的部落,那些人的風俗習慣,和盤據山地的原住民十分類似。

每個部落大多操不同的方言,但基本上是與「馬來─玻里尼西亞」(Malay Polynesian)語相似。這種語族以多種形式出現在呂宋、西里伯❶(Celebes)、婆羅洲和爪哇等島,以及馬達加斯加至紐西蘭這片區域中。

荷蘭占領初期,基督教傳教士勤奮地宣教,企圖改進當地人民的心智,原住民至今仍對荷蘭的教士感念不已。荷蘭人領台三十七年後,遭到漢人驅逐。當時,不肯背棄基督教的部落慘遭屠殺,其餘的不是剃髮為順民,就是躲入深山之中,還有些人遠走東部海岸。

屈服於中國統治的原住民,被漢人稱為「平埔番」(Pepo-hoans),意即「平原上的原住民」或「熟番」,而那些在山區的原住民則被稱為「生番」(Ch'i-hoans)。「平埔番」開始採用征服者的語言、服飾及宗教,不過平埔族的女人仍保留傳統的髮式。

在漢人的觀念中,整個世界只有一族人類、一個帝國、一種言語和一種純正的文明。唯一的人類,當然是黑頭髮的人種──漢人,擁有普天之下唯一的帝國,由「天子」統治著。

漢人自誇中國是「中原本土」,是宇宙的中心,而漢文是人類唯一的語文,世界上,除儒教外,沒有更文明的體制。其他的民族不過是低劣的種族,操怪腔奇調的語文,其文化當然是微不足道的。

所有外國人都是「番人」(Hoans)或「蠻子」。不過,我們英國人另有別稱:「紅毛蠻子」,英國

❶ 譯註:位於印尼婆羅洲東部的島嶼,現名為蘇拉威西(Sulawesi)。

人大概是所有歐洲民族中，最受中國人歡迎和敬重的吧！

單純質樸的平埔族人

多數平埔族人已剃髮，著漢式服飾，並講漢語，但是，從容貌、外觀可清楚辨識出來，他們是屬於「馬來—玻里尼西亞」族群。居住在漢人與山地原住民邊界的平埔族人，在和平時期，還得充當兩族的翻譯和中間人。

平埔族不具攻擊性，是單純質樸的民族。漢人利用他們的弱點，以租用土地為藉口，事實上是強占了那些土地。當平埔族人向官方提出控告，往往被置之不理。在一般人心中，「番仔」豈有權利之理。

此外，平埔族常受到原住民的侵襲，因而過著不甚安穩的生活。山區原住民以獵得帶辮子的人頭為英勇的表徵。

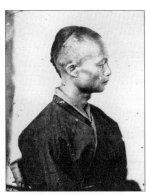

▲木柵的平埔族男子（引自《從地面到天空 台灣在飛躍之中》）

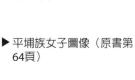

▶平埔族女子圖像（原書第64頁）

雖然平埔族對於婚姻義務的概念有些隨便，但一般來說，他們的道德倫理觀念較漢人高尚。他們平日奉行漢式宗教儀式，但也保留多種傳統的習俗。就現代文明的角度來看，平埔族與漢人的中下層階級比較接近，他們都顯得更純真無華。

他們的主要生計是農業。平埔族人雖個個是好農夫，產量卻不如漢人。他們不好鴉片，喜愛打獵和喝酒（這兩點與山區原住民相似），還喜歡用稻米或番薯釀成一種像威士忌的酒，所幸這種酒酒性弱，不容易喝醉。

平埔族人有著烏黑的大眼睛，闊嘴，和微暴的上牙。其體形較特殊，比其他原住民更高挑清秀。

從南到北，整個西部沿海的沖積平原，都是來自中國福建省的移民者——福佬人的天下。他們講變體的廈門話，除廣東北部的潮州人外，中國其他省份的人都聽不懂這種方言。福佬人婦女都纏小腳，是漢人心目中珍愛的「三寸金蓮」，奴婢則無這項限制。

渡海來台的客家人

在丘陵區、南岬和與原住民相鄰的邊界等地，住著另一種奇特民族「客家人」，是福佬人口中的「客人」，所操的語言是中國北方官話中的一種。

幾百年以前，客家人的祖先因「五胡亂華」離開北方的老家，前往中國的南方逃難和發展，占據大半部分的廣東省，因而惹來當地粵人的厭惡。大約七、八十年前，客家人和粵人❷之間發生爭鬥，使整個廣東省陷入混亂的狀態，最後，北京政府派兵救援粵人❸，歐洲人也出兵相助。之後，幾十萬客家人被屠殺，不少人逃到馬來群島，幾百戶人家

❷
譯註：粵人指廣東當地的土著民族，在客家的文獻中，兩族之間的爭鬥，被稱為「土客械鬥」。

❸
同上註。

▲ 清末日初客家人的平常裝扮（引自《征台紀事》）

也冒險渡海來台。在台灣，他們躲開福佬人的區域，進入丘陵地帶，有些客家人占據了無人的丘陵，有些則將原住民驅趕到深山裡❹。

客家人極具進取心，是優秀的農業家和工匠，但生性倔強又好爭鬥，連政府也對他們束手無策。他們在農閒時期，便不斷地打架，跟平埔族人鬥，與福佬人打，有時也和自己族人打鬥。

他們也不斷地侵犯原住民。但在和平時期，他們會娶原住民婦女為妻，這些原住民婦女接受漢人的文明之後，便持續地將奢侈物品和民生用品帶入部落。無可避免地，這種情形對那些原本樸實無華、吃苦耐勞的原住民產生了腐蝕作用。

客家婦女留天足，比一般中國婦女自由，使她們在精力和事業方面幾可與男人抗衡。

拜訪山區原住民

原住民多居住在深山地區，鮮少與漢人接觸。一直到一八六五年，我才有機會拜訪莫里遜山附近的原住民，在此同時，淡水商人陶德則見到了台灣北部的部落。

住在西部的漢人相信山地原住民長著尾巴，模樣像猿猴，還會吃人。長尾巴的想法當然是無稽之談，至於吃不吃人，倒是值得爭議的。事實上，山區原住民十分熱衷獵取人頭，能將敵人的首級帶回部落，是一名勇士的偉大功績。一旦獵得人頭，其家屬和族人便會設宴慶賀，將死人的腦漿混入烈酒裡，一飲而盡，據說這種酒可增加力量，變得更為英勇。

除此之外，我並不認為台灣原住民是食人族。即使有上述那種行為，漢人也不能蔑視原住民，而自

❹
譯註：指的可能是現今高雄縣杉林鄉的客家人，原本和平埔族系的大滿族人以枋寮溪為界，客家人卻不斷入侵大滿族人的土地，終至將大滿族人趕到更深的山區裡。

視中國文明高尚。因爲漢人社會中也流行一些可怕的行爲，例如罪無可赦的罪犯被處予死刑後，劊子手會將死者的肝臟挖出來，過油煎烤，切成小塊狀，自己吃了一口後，把剩餘的賣給觀眾，他們相信吃過這種肝臟，可以感染被砍頭之罪犯的大膽勇氣。一八六八年，在台灣府附近，有一位不幸的基督教徒被一群漢人暴民扯成碎片，最後他的肝臟就像上面所描述的那樣被人吃了。

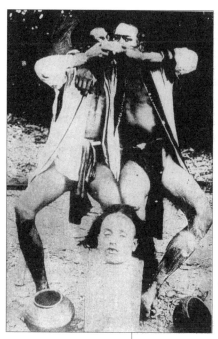

◀出草後飲酒狂歡（引自《台灣懷舊》）

　　山區原住民以部落形態群居。他們所居住的房子用石頭建造，屋頂也是石板瓦，外觀十分潔淨，也有若干部落用竹子茅草和泥土建造房子。

　　原住民通常對外國人很友善。如果送一些肥皂、小珠子、紅布、鋼製器具或小鏡子，他們會十分感激。原住民對漢人極爲反感，有時也對行爲不檢點的歐洲人表現敵對的態度。

英勇善戰的獵人

　　原住民具有特殊的敏感度，可以察覺文明人看不出的足跡，去追蹤敵人。常常，只要發現可疑人物，他們便尾隨跟蹤許多哩路，一定等到最有利的時機才出現，敏捷地將敵人包圍起來。

　　所有原住民都是英勇、技術高超的獵人和漁夫，即使年紀輕輕的獵人，也能輕易獵取一隻鹿。通常，他們有一種特殊品種的狗幫忙打獵。我拜訪過

幾個部落後，發現男人們除了打獵、捕魚、戰鬥和製造或裝飾自己的武器外，心裡並無其他懸念。

婦女們負責背負重擔、做飯、照料農務、種植玉米、旱稻及煙草，空閒時還要織布。她們善於用麻和多色的歐洲棉線，編織美麗的紋布，製造精美的網袋。男人們要遠征狩獵時，一些婦女也跟著去，好將獸肉揹回部落。一般而言，原住民會在山上砍木材聚成火堆，先把獸肉烤乾。

平日男人穿著有袖的短外衣和短裙，只有從事獵人頭的遠征，或參加酒宴，才會華麗地盛裝打扮。他們平時穿著的短外衣，大都是由豹皮或色彩斑斕的土布製成，頸子上掛有許多珠鍊，胳臂和腳踝上也有不少的手環和腳鐲，有時會在胳臂上裝飾一些大野豬牙，用紅布條或頭髮將之串連在一起。

至於他們隨身攜帶的武器，是一把長刀和一只箱子。箱內裝有短刀、煙袋、火繩槍和長矛。弓與箭只在某些比賽的場合才使用，這種原始的武器在原

▼泰雅族婦女織布的情形（引自《台灣懷舊》）

▲準備出去打獵的賽夏族人
（引自《台灣懷舊》）

住民部落中日漸沒落，不過，我曾在台灣南部，看見瑯璠的漢人在旅程中肩背一把弓和一筒箭。

我在訪問芒仔社 ❺（Banga）時，曾碰巧遇見前來訪友的原住民，一行人都戴著華麗的頭飾。他們以花環、小橘子裝飾的頭飾，像個醒目的冠冕。有些芒仔社人的頭和肩膀後面則綁著小旗子。

我在台灣南北所曾探險過的原住民部落，無論男女，一律都喜歡穿耳洞，戴上圓形貝殼或金屬飾品，欲使耳垂肉拉得很長。

原住民的飲食與裝飾

原住民的主食是玉米、旱稻、糯米、番薯和芋頭。肉品類有乾鹿肉、山豬肉及熊肉。他們同時也是優秀的漁夫，除了釣桿外，還使用含毒的老藤根莖，放在水中毒魚。

❺
譯註：在今高雄縣茂林鄉。

▲盛裝的排灣族母女（引自《台灣回想》）

他們除了喝漢人的烈酒外，還喝自製的小米酒。那是由小米做成的凝膠物，摻一點水，就可當飲料了。他們吃飯的時候，會喝些冷水，有時也飲用熱紅辣椒水。

吸煙、嚼檳榔是他們普遍的習慣。原住民都使用某種植物將牙齒染黑，某些部族在青春期來臨的時候，有敲掉一顆牙齒的風俗。

多數婦女手臂上有刺青裝飾，若干部族會在身體的某些部位上，做些刺青的標誌。

大病初癒或族人被殺害的狀況下，部落上下全守大齋，這時候，所有人須保持靜默，僅吃少許食物來維持生命。

原住民視天花為嚴重的絕症，一旦平埔族或鄰近的漢人流行天花時，便嚴格封鎖病疫區域。部落內若有人罹患天花，病患便立刻躲進叢林裡，孤獨地等死，或等待病情好轉。相對地，漢人對傳染病的態度一向隨便，還認為原住民那種恐懼的心理，正是野蠻人的象徵。

整體來說，原住民有極大的耐力，可以斷斷續續地努力工作，但無法忍受固定的工作。例如要遠征去獵人頭的時候，路途遙遠，費時多日，勇士們只靠幾個糯米飯糰和從樹上取來的昆蟲幼蟲餬口，或喝幾口溪水解渴。他們總是把腰帶拉得很緊，整個人像是被切成兩半，據說這樣可以讓人減少飢餓感。

一旦獵得熊、鹿或野豬，滿載獸肉而歸，他們便毫無顧忌地大吃大喝，而後便無所事事地閒晃，直到食物告罄，飢餓感迫使他們出外獵取食物。

閒暇時候，男人們汲汲地製造並裝飾自己的武器、煙袋及飾物。原住民與漢人用以物易物方法換

取所需之物，例如用鹿角、獸皮、熊肉、煙草、麻、土布和木炭，換來火藥、鹽、糖、金屬物品、色彩斑斕的歐洲布、小珠子及由稻米或番薯釀製的烈酒。歐洲人稱那種酒為「番酒」（Samshoo）。

雖然原住民婦女處於男人附屬品的地位，但在家庭中，她們有充分的控制權和管理權。在我旅行過的東方國家裡面，我發現東方婦女的地位比歐洲婦女低，即使如此，東方婦女總能隨興做事，還能使男人們陷入恐懼的狀態。她們愈少要求社會地位，愈能得到自然的勢力範圍——家庭中的充分權利。

婦女的特殊角色——「女巫」

台灣原住民婦女享有一種特別的崇高地位——女巫。根據原住民的宗教，當女巫突然興奮或是失神，便表示神靈已附身。另外，他們在用餐前，必須準備少許的食物與酒等供奉品，然後用供奉品在屋內四個角落噴灑，以求平安。幾乎每個部落都在某種動物的保護之下，或鳥、或野獸、或爬蟲動物之類，而女巫們有特異能力，可觀察鳥類的飛行或其他圖騰動物。例如，萬斗籠社人 ❻（Ban-tau-lang）崇拜一條大蛇，並且深信那條蛇可保佑萬斗籠社人繁榮興盛。原住民常被好運或霉運的預兆弄得困擾不堪，只要踩到槍枝，或錯用某種方式攜帶矛叉，或者遇見特定的鳥類，都會招來壞運氣。

在舉行公開慶典之際，女巫們向主神進行神秘的膜拜，不久，她們突然興奮起來，隨後陷入失神狀態，最後精疲力竭，不支倒地。不過等女巫們醒來，便能預言計畫中的打獵或戰鬥成功與否。

原住民對於真理有微弱的認知，這或許是來自於昔日荷蘭傳教士的教誨。例如，他們有最初的男人

❻ 譯註：今舊萬山，在濁口溪上游近中央山脈附近，與前述的芒仔社均屬魯凱族。

和女人的觀念，信奉至高無上的真神，還相信善有善報、惡有惡報的道理。一般人咸信，疾病和惡運是魔鬼的惡行，女巫們有能力驅趕他們。

原住民十分愛好音樂，總是愉悅地聆賞外國人的表演，無論是樂器演奏或歌唱，他們都非常喜歡。為表示讚賞之意，他們也回報動人優美的歌曲，低沉的音調伴隨著特異的戰鬥舞，還有竹口琴和由鼻孔吹奏的小木簫來做配樂，頗能引人入勝。

只要夫妻脾氣不合，離婚是被容許的。他們孝敬父母親的態度可和漢人媲美。

▲必麒麟所見到的「女巫」，其實就是廣為人知的「向婆」，圖為馬卡道族碩果僅存的向婆張米枝。（劉還月攝）

繁複的種族來源

台灣原住民可分成許多族別，各操不同的語言，雖然他們的來源不能確定，唯一可知道的事實是，這些種族必定是從不同的地區來到台灣的。我接觸過台灣中南部一些原住民部落，那些原住民不論在外貌、習慣和語言方面，都與菲律賓塔加爾人（Tagalas）相類似。有些部族的語言，讓人聯想到墨西哥語或阿茲特克語（Aztec），多數字以 "tl" 結尾，例如：

Lukutl ——鹿
Kwangoritl ——頸項
Hutl-hutl ——珠子

　　據說台灣東部沿海的阿美族，是某次船難僥倖活
口的白種人水手的後裔。那些水手被允許與當地人
通婚，不過，他們的後代必須永遠順從該族。這種
說法不無可能，只要注意阿美族人的體格，不難發
現他們仍保存歐洲人高大的特點。

　　至於北方各族，據稱是日本人或琉球人的後代。
這些說法是很有可能的。因為在過去三十年間，琉
球的船隻曾多次在台灣東海岸發生船難，大部分的
水手們被原住民殺害。一八六七年，我救過二、
三十名菲律賓人，其中包括男人、婦女和小孩，

▶花蓮地區原住民與漂
流上岸洋人所生的混
血後裔（引自《征台
紀事》）

他們的獨木舟在海上漂流多日，直到漂到台灣的東南角才獲得解救。

台灣的平原上約有三百萬的漢人，五十萬名「熟番」，至於「生番」的數目則無稽可查。如果依勇士的數目來計算：小族約有三十至一百名勇士，大族則擁有一千至二千名戰士。

撇開定期喝酒的習慣不談，台灣的原住民大都是謙和良善的。拜訪過彰化到南岬間約二十個山地原住民部落後，我相信，如果荷蘭人能繼續統治台灣，今日全島島民都會開化，並且成爲基督教徒了。漢人心中那份自大的優越感，把平埔族人和山地原住民當做孩童或禽獸看待，結果惹來這些原住民的怨恨。

除了南岬的龜仔律之外，原住民天生對歐洲人頗有好感，尤其是平埔族人，更會把歐洲人當做是朋友。

我在離開台灣之前，結識了彰化和嘉義的平埔族人，還拜訪過整個台灣西部的漢人區域，我可以自豪地說：除非是中國官吏的介入，否則我和漢人與原住民的關係，一直極爲友好。在我的經驗裡，長老教會的傳教士最受平埔族人的歡迎，已有不少平埔族人受洗爲基督徒了。

▲圖右的原住民，可能流有矮黑人血統。（引自《征台紀事》）

延伸閱讀　外國人眼中的十九世紀台灣

十六世紀中葉，台灣在葡萄牙人眼中，是一座令人讚嘆的美麗島嶼，三個世紀後，外國人眼中的台灣又是什麼模樣呢？

自開埠以來，台灣重回國際的舞台，西方商人、宣教士、領事、海關官員、自然學者、冒險家、水手、醫生、攝影家、旅行家……等等，先後前來台灣旅行或暫住，有些人因公記下官方紀錄，一些人士因興趣寫下私人遊記或自然景觀報告，這些報告紀錄，提供了解台灣的另一類觀點。

無庸置疑的，台灣的自然景觀仍然令人讚不絕口，物質、礦藏的豐富讓人垂涎，然而，就住民而言，多數人偏愛台灣原住民，特別是平埔族人。

例如，李善德將軍對斯卡羅族四大社之一的射麻裏社人（按：於今日屏東縣滿州鄉永靖村）特別有好感，他

認為射麻裏人待人溫和有禮，男人體格壯碩，眼睛大而明亮，女人面貌姣好，體態勻稱，男人從事漁獵工作，婦女則負責家務和農事。射麻裏社人口鼎盛，住屋聚集成半圓狀，中央是田園，社外種有刺竹以做防衛，四周景色如詩如畫。

攝影家湯姆生（John Thomson）則對六龜、荖濃一帶的平埔人情有獨鍾，在他的攝影圖文集《中國及其子民》中，收錄部分屬於台灣的影像，有趣的是平埔人幾乎成了台灣的代表。他眼中的平埔人，生性簡單、純樸，喜好抽長煙斗，愛唱哀怨歌曲，常常把家屋整理得乾淨舒適，過著自給自足的生活，婦女尤其刻苦耐勞，清苦持家，令人肅然起敬。

多半的外國人十分同情各地平埔人的遭遇，就像長久居住台灣的馬偕醫生所言：平埔人天性率直，易受矇騙，被深具進取心的漢人趕出家園後，不得不在荒野中尋求立身之地，然而漢人、官吏、商人、投機份子總不放過平埔人，欺負他們不識漢字，不懂法律，或欺騙這些人，或再次搶奪他們的土地，弄得平埔人無法生存。由此看來，當時漢人欺凌平埔人的現象應該十分普遍，才會引起外國人的特別注意。

▲洋人繪製的牡丹社原住民（引自http://academic.reed.edu/formosa/gallery/image_pages/Other/Reclus-Costumes_S.html）

7/ 東西宗教的角力場

THE PROGRESS OF CHRISTIANITY IN FORMOSA / THE GREAT STROM

【導讀】

十九世紀是西洋宗教在台灣扎根與發展最主要的年代，各種支派的宗教來到這個小島，莫不竭盡所能地宣揚該宗教的優點以及上帝的無所不能，其中又以天主教和基督教，對聖母瑪麗亞以及耶穌神蹟的宣傳最爲有力，產生的影響力也最巨大。

必麒麟在台灣任職期間，爲了樟腦的買賣與出口，冒過許多險，最後甚至因而去職離台，本章描繪的雖是他利用船隻載運樟腦，不幸遇到大風浪的狀況，重點卻不在於他們如何將樟腦出口，或者在風浪中如何與厄運搏鬥，反而是在每個人幾乎都放棄現實的自救，只能悲觀地祈神保佑的情況下，不同族群的人分別祈求不同神祇，但無論佛教的神明甚至主管航海的媽祖都不靈驗之際，並不虔誠敬奉耶穌的必麒麟，代表全船的人向耶穌禱告之後，不久果然雨過天青，彷彿就在印證基督耶穌的「無所不能」。

在這趟危險之旅中，我們不僅看到了暴風雨中的信仰角力場，也看到不同族群對信仰態度的差異，最特殊的則是年輕的平埔族人，並不像其他人一般求神拜佛，顯然當時他們接受漢人信仰的程度仍相當的低。

在我來到台灣之前，西班牙的道明會 ❶（Spanish Dominican）已在台灣宣教多年。該會神父多由馬尼拉轉派過來，一八五九年時，在打狗附近的漢人村莊裡建立一間教堂，同時宣教工作也擴展到內地二十哩遠的平埔族部落，那是一個位於漢番邊界的山腳下的聚落。

至今，我仍清楚記得那個教堂的負責人，是一位和藹豁達的神父。當我安頓好打狗新職務後，常因假日無處可去，倍感生活無聊。某日我瞪著眼前一片清淺的鹹水湖，不禁一時技癢，連忙寫信給一位朋友，要回我丟在福州的豹皮船。從此以後，一到假日，我便在那片碧藍的湖水上，有時釣魚，有時泛舟，有時心血來潮，便沿著某條支流，悠閒地盪漾在狹窄的河道，欣賞兩岸綠意盎然的風景。如果時間許可，便往內地前進。

❶ 譯註：天主教的一個支派。

在某次內地旅遊中，我到達一個漢人的村莊，正

▼必麒麟循河道訪前金圖

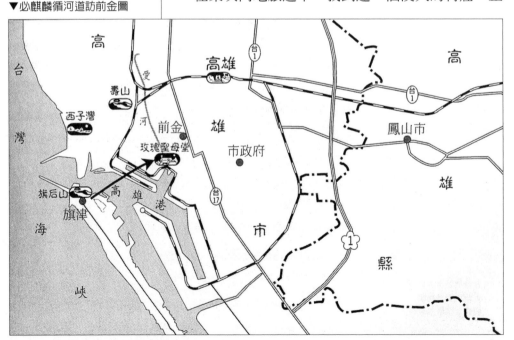

是道明會設置教堂總部的地方。船一靠岸，一位面容和善、身穿神父長袍的神職人員便過來向我打招呼。我稍懂西班牙語，彼此談話十分愉快，我們的友誼進展極為迅速。在這蠻荒之地，人的生命微不足道，每個歐洲人都仿如自己的兄弟，互相關照，因為誰也不能預料明日之事。

那位神父對我極為親切，我便常常坐豹皮船過去探望他。經過多次長談，我發現神父胸襟開闊，已超越一位聖道明會神父應有的氣度，他對真理的愛好尤勝過教條。某次我談及傳教士偉大的情操，說他們遠離了家鄉，告別親人和一切物質文明的享受，來到像台灣這種蠻荒地域傳播福音。神父聽了靜默不語，最後才說：「這也許是英國傳教士的情形吧！他們的確拋棄了很多，但我們天主教徒卻不是這樣的。西班牙、葡萄牙、法國、義大利等天主教國家裡，鄉下人過著悽慘、窮困的生活，我們所放棄的是那些酸苦的淡酒和無味的黑麵包，而這裡的食物不見得比那些食物糟糕，台灣也不比西班牙或義大利炎熱許多。至於摯愛的親人──太太或兒女？──我們早在宣誓擔任聖職的典禮上都放棄了，無論是留在國內，還是遠走他鄉，所有塵世的羈絆都是一樣的拋棄了。身為聖職人員，我們不得抱怨，也不求他人的同情。」

這位良善人的言論，從來不會只講對自己有利的，反而是以公正的態度，來對待那些在宗教教義上，跟他有眾多差異的人士。

我藉著這位神父的幫助，得以拜訪山地原住民，雖然神父們並未直接和山地原住民接觸過，但因於受洗天主教的平埔族和山地原住民往來親密，藉著這層關係，我才能見到原住民的頭目。

基督教傳遍平埔族部落

羅馬天主教在漢人村落的宣教工作稍有進展，但主要的成就，還是在於對平埔族的傳教。

一八六四年，英國長老教會決定嘗試在台灣傳教，因而派來二名傳教士：杜嘉德牧師（Rev. Carstairs Douglas）和馬雅各醫師（Dr. Maxwell），前來打狗和台灣府工作。杜嘉德牧師是一位才高八斗的漢學家；馬雅各醫師則是位醫生，為了來台灣傳教，甚至放棄伯明罕醫院外科醫生的職位。

起初，他們廣為當地人所接納。馬雅各醫師利用奎寧治療，以及切除白內障和膀胱結石的手術，成功地治癒不少病患，名聲享譽全島。但很快地，馬雅各醫師的成功，引起當地醫生的反感，他們因而散佈謠言，說外國人是在殺害漢人，取出腦漿和眼睛來製造鴉片。這些謠言引起了不小的騷動，清政府卻不予理會。結果，教會被暴民所搗毀，傳教士遭暴徒襲擊，最後不得不離開台灣府，返回打狗。

一八六五年，馬雅各醫師來台灣府訪問，我帶領他深入內地，並把他介紹給丘陵區的木柵社（Baska，今高雄縣內門鄉）平埔族人。馬雅各醫師極受歡迎，他讓不少的平埔族人信奉基督教。

一八六七年，李庥牧師和他的夫人（Rev. Hugh and Mrs. Ritchie）也加入馬雅各醫師的宣教陣容，使得傳教事業大為興盛。

在樟腦糾紛期間，無論是天主教或是基督教信徒，皆因歐洲人的牽累，受到不少迫害。教堂遭破壞，家畜被殘害，信徒也被毆打成傷，不少的田園荒廢了。一如我在前章所提，有一名基督徒被殘暴地殺死。

▲杜嘉德牧師編有《廈英大辭典》，是一位才高八斗的漢學家。（引自《台灣盲人教育之父》）

▲英國長老教會派駐台灣的首任牧師——李庥牧師（引自《台灣盲人教育之父》）

　　所幸糾紛解決後，宣教事業變得更加興盛。我有一些平埔族朋友，遠從北部樟腦地區來到台灣府探望我，我領他們參觀教會醫院及治療病人的過程，和傳教士熱心宣教的情形。他們一回到部落，便紛紛發出邀請函，請傳教士去訪問。

　　馬雅各醫師和李庥牧師接受了邀請，結果使基督教傳遍全島各平埔族部落，甚至還傳到東部沿岸的村莊。幾百位平埔族教徒（包括男人、婦女及孩童）利用羅馬拼音來記錄、研讀聖經，並自立教會，捐錢支持培養平埔族籍的傳道人。當時，台灣傳教事業正如火如荼的擴展，前途一片光明。

　　值得注意的是，當中日戰爭末期，負責防禦本島、令人敬畏的黑旗軍逃往山區，而台灣民主國偉大的總統——黑旗軍劉永福大將軍，竟倉皇地扮成一名村婦，懷抱一個假嬰孩落跑之際，正是這批勇敢的傳教士挺身而出。當時日本軍隊駐留在台灣府附近，打算進城攻擊，老百姓惶恐不安，請求傳教士出面與日本人談判。由於他們英勇的作為，使日本人和平地進入台灣府，保全了整座城內居民的生命和財產。願在新政權之下，他們所做的偉大善工能進展神速！

　　對於漢人所信仰的宗教，藉著我的親身經歷，可以讓讀者概略地瞭解其面貌。

　　第一次樟腦紛爭解決之後，公司有一批樟腦停放在台灣府以北七十哩遠的小港口——大甲（Tai-kah），等待運輸。當時，道台再三保證，只要付清稅金，樟腦便可以自由輸出。英國領事館也下令公司儘快將樟腦運輸出去，來測試道台的誠意。

　　本地的漢人卻向我們表示，一旦我方軍艦離開台灣，道台會馬上反悔，不會輕易地放棄樟腦這項利

▲冒死接引日軍入城的巴克禮牧師（引自《台灣盲人教育之父》）

潤優渥的獨占事業。所以漢人擔心幫助外國人運輸樟腦，會激怒清政府，爲他們本身和家人招來不幸，我因此找不到人手將這批貨運到台灣府。

我只好經由陸路交通前往大甲，費盡心力終於在那裡找到一艘十餘噸重左右的中式小船。船上有防水船艙可放置樟腦，人員方面有四名水手，和一個有鴉片煙癮的老船長。

延伸閱讀　基督教與十九世紀的台灣

基督教最早對台灣產生影響，是來自十七世紀荷蘭人的宣教，當時教化的對象只偏限於原住民，特別是南部的西拉雅人，之後傳教的範圍曾擴展到恆春、嘉義、彰化、員林、基隆、淡水、宜蘭等地。正當荷人的傳教工作漸漸步入軌道，卻因鄭成功攻占台灣而告結束。荷蘭傳教士離去以後，原住民雖放棄基督教信仰，但不少人仍對他們念念不忘，更神奇的是，西拉雅人在漢文化影響未深入時，仍使用荷蘭傳教士所編造的羅馬拼音文字長達一百五十年之久，如今遺留下來的證據是西拉雅人與漢人簽訂的土地買賣契約，就是俗稱的「番仔契」，今稱「新港文書」。

中斷二百年後，隨著通商口岸的開放，基督教再度進入台灣。一八六〇年，英國長老教會駐廈門的宣教師杜嘉德牧師（Rev. Carstairs Douglas）前來台灣訪問後，便建議英國總會在此傳播救世福音，同時以醫療做為宣教的手段，以達宣教的目的，當時的信徒以原住民居多（特別是平埔族人）。英國總會先後派來具有醫生資格或知識的

▲馬偕拔牙圖（引自《福爾摩沙紀事》）

馬雅各醫師（J. L. Maxwell）、甘為霖（Rev. W. Campbell）、萬巴德醫生（Dr. P. Manson）、李麻（H. Ritchie）、梅監霧（Rev. Campbell N. Moody）、蘭大衛（Dr. David Landsborough）……等人。一八七二年，加拿大長老教會也派人員來台宣教，以北部為主要範圍，其中以馬偕醫生（Rev. G. L. Mackay）厥功甚偉。幾年後，英國和加拿大長老教會分別在南北成立大會，並在一九一二年合併成台灣大會。暫不論宣教的成績，他

我們將樟腦搬上船後，預定在某個晴朗的星期一早晨開航，同船的還有我的漢籍辦事員和僕人，一位富有的樟腦商人，以及一個平埔族頭目的小兒子。這個年輕的平埔族人，一生沒有看過海洋，所以央求我帶他去台灣府見識見識。

繳好港口稅，領到出港證，風勢也順利，我希望一切妥當，能在次日抵達台灣府。唉！臨行前，東

們的確改善了台灣的醫療制度，拯救不少生靈，同時也間接幫助原住民整合自我，使他們不致於快速消失。

為了宣教，基督教宣教士學習原住民語、平埔語、福佬話和客家話等語言，為了招攬信徒，還不惜跋山涉水，深入南北內地，例如，必麒麟就曾經和馬雅各醫師深入六龜。然而傳教之初，因漢人對外國的軍事干預、經濟侵略大為不滿，常常迫害宣教士，焚毀教會，衝突頗為火爆，使宣教一度受阻，而宣教士愈挫愈勇，始終不改變傳播福音的初衷。日本時代，因與英美交惡，日本宣教士取得基督教教會中的主導地位，使外籍宣教士不得不離開台灣。二次大戰後，台灣教會才又與英、加總會恢復關係，此外，也開始有不少美國基督教派系派遣牧師前來宣教，台灣的教會和教派因此大增，據內政部宗教司統計，在一九九三年時，台灣已有超過一百個登記有案的教派。

▲甘姑娘（甘為霖牧師之女，照片中央）與她的主日學學生（引自《素描福爾摩沙》）

方人總是有一套麻煩的告別儀式。水手們請假去和朋友辭行，還要拿預支的薪水小賭一番，結果到當天下午，還不見他們出現。風勢逐漸增強，眼見一場暴風雨就要從東北方撲來，教我心裡十分著急。老船長安慰我，說現在出發的話，天黑以前可以到達梧棲（Go-ch'e），倘若天氣轉壞，可以在那裡躲一下暴風雨。由於情勢危急，我只得同意出港。

從梧棲到台灣府之間，沒有可避風的港灣。那段海岸線是一片綿長的沙岸，向外可延伸到澎湖群島，倘若不小心翻船，結果不是葬身大海，就是落入專門搶劫船難的海盜手中。

一次危險的海上之旅

風力持續增強，船帆必須收下來，海潮也不利航行。當夜幕低垂，我們還沒有到達梧棲，使大家的心情更加不安。只要能到達岸邊，多少代價我都願意付！前景雖黯淡，老船長仍十分樂觀，自信能辨識岸邊人家的燈火。

夜已深，風浪更加凶猛。船長開始嘆氣，口中喃喃地祈禱，最後才告訴我們已錯過梧棲了。此時，

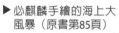

▶必麒麟手繪的海上大風暴（原書第85頁）

一位水手狂亂地跳到船後甲板上，咒罵自己倒楣的命運，竟遇上這艘船和外國人，而落入這般下場，每位水手聽得心情十分沮喪，大家便大呼小叫地請求神明幫助脫離險境。

順風行駛一、二小時後，船身突然上下顛簸，把我從瞌睡中驚醒。一個大浪凶猛撲過來，把唯一的桅杆打落海中，似乎也想把所有的人沖到船外。午夜左右，小船已漂過某個河口，轉入海洋之中，所幸這艘船有不透水的底艙，使我們還能繼續漂流，然而樟腦和人員的重量使小船一直往下沉，眼看著海水就要淹到肩膀了。

長夜漫漫，小船隨波逐流，有時被捲入漩渦之中，有時巨浪從左邊俯衝而來，或由右邊撲過，教大家心驚膽跳，未得片刻喘息與安寧的機會。

灰暗的天幕終於破曉，然而，風和雨彷彿正在舉行一場狂暴的歡宴。咆哮的海浪用它那殘酷的銳齒肆虐小船，一層層的怒浪不斷地爆裂出駭人的浪花，狂暴的巨風震耳欲聾，大雨又傾盆而下，在這風雨交加之中，人已失去了思考的能力。

眾神角力

水手們一發現船仍然漂流在海上，又燃起一線的希望。為了脫離風雨的險境，水手們利用木錨和繩索製作一個海錨，企圖讓小船逆風行駛。將錨拋入海底之前，水手在錨的前端繫上一只袋子，裡面裝有一些稻米，和向大夥兒募集來的金錢，當做對海之女神的奉獻。這一舉動，安定了我們不安的心。

正當大家全力與巨浪搏鬥時，忽然有人高喊看見澎湖了。沒錯，那座島嶼正是紀念海之女神、天后「媽祖婆」（Ma-tso-po）的地方。島上有間媽祖

▲澎湖馬公的天后宮（引自《台灣回想》）

廟，往返中國和台灣之間的船隻，都會上岸膜拜一
番，奉獻祭品，祈求航行平安順利。

　媽祖是福建沿岸某島上的處女，由於生性貞潔，
上天賜予她超自然的能力。某次暴風雨的夜晚，媽
祖的兄弟正在海上航行，當他們即將隨著船沉沒大
海之際，少女媽祖突然現身，神奇地平息暴風雨，
拯救了漁人，並且護送漁船靠岸。從此以後，媽
祖成為水手們的航海守護神，被尊稱為「天上聖
母」。

　水手們一看到這座聖島，個個精神振奮，開始大
聲祈求：「哦，媽祖婆！聖母！請垂愛你可憐的子
民吧！別讓我們葬身大海，使我家中妻兒失去依
靠，只要能讓我們再度平安返家，再多的香燭和
豬，我們都願意奉獻。」

　那位樟腦商人本來躲在角落裡，默默地向家鄉廟
裡的某尊佛教神祇祈禱，這時也開始相信媽祖婆的
神力，加入水手們的許願，爭相慷慨地表示還願的

祭品。

　然而，暴風雨仍在怒吼，巨浪繼續翻滾，彷彿要把小船吞沒。突然有一位水手狂亂地衝到前面，張開雙臂，凝視遠方，像是在擁抱翻騰的海洋。他喃喃地自語：「媽祖婆來了！弟兄，努力划啊！媽祖婆親自前來拯救我們啦！」所有人啞然無聲，靜看那人胡言亂語，船槳早被沖走了，小船正漫無目標地漂流。他又發狂地伸張胳臂，大喊：「看哪，媽祖婆伸出慈愛的手迎接我。媽祖婆，我來和你相會了。」只見他縱身一躍，消失在翻騰的怒浪中。

　小船繼續往南漂流，不久，澎湖消失在眼底。水手們又陷入絕望之中，放棄向媽祖婆求助的希望。於是樟腦商人請求大家，一同向他的神明祈禱：「老天爺（Lo-t'ien-ya）呀！你不記得了嗎？我是你最虔誠的信徒，就住在你的廟殿旁。去年我從辛苦攢來的錢中，奉獻二十多塊錢供修廟之用。我平生未曾做過虧心事，為什麼要遭受到這種懲罰？救救我們這群可憐人吧！」

　這群人呼天喊地，又瘋狂地撕扯頭髮，暴風雨卻不曾停歇，倒是巨浪時時打斷祈求聲。

　樟腦商人仍不放棄：「老天爺，你在哪裡呀？是你的聽覺遲鈍了嗎？請記起往日我為你所做的一切！只要能生還，我會繼續捐獻的。」

　我的僕人也加入祈禱的行列。整艘船上，就只有平埔族的少年一副滿不在乎的態度。他從未出海過，不知天高地厚，看見那些漢人神智狂亂的樣子，他哈哈大笑起來，一邊還喝著鹹水。

　由於祈禱沒有得到回應，樟腦商人便用最難聽的字眼詛咒老天爺，並且轉而求助於道教神明。等到一切的努力毫無效用，樟腦商人消沉下來了。

這時候，我的僕人拉住我說：「主人，救救大家吧！他們的神明耳朵都聾了，聽不見我們的懇求。馬雅各醫師和其他傳教士不是說耶穌（Ya-so）無所不能嗎？請你代我們禱告，祂或許會幫助我們。」這男孩子的話讓我感到心虛，我並不常禱告，如今陷入險境才向上帝祈禱，心裡稍有怯懦之感。

我最終敵不過眾人的請求，便用漢語大聲禱告，請求耶穌基督把大家平安地送回家。祈禱後，我心裡有說不出來的舒暢，男孩也快樂些。至於樟腦商人和水手們早已絕望，根本不在乎死活了，我費好大的功夫才阻止他們跳海自盡。

雨過天青

經過一夜的折騰，我們一船人僥倖地活著。還好次日早晨，暴風雨稍微緩和下來，中午時分，烏雲消散，太陽也出來了。暴風雨終於停歇，大海波濤仍然洶湧澎湃。這時候，海平面上出現了打狗附近高山的輪廓，而且從西方送來一陣陣的微風，直往陸地吹去。

為了減輕船的重量，我命令水手們將樟腦丟入大海。他們已失去求生的鬥志，不肯做任何事情，他們抽噎地表示，神明不肯賜福，大家必死無疑，一切的努力都是徒勞無功的，不如安詳地等死吧！我則回答耶穌並未拒絕我的禱告，只要我能活著，我也會讓大家都活著。

為了加強說服力，我四處查看，企圖找個武器出來。在船尾，我發現有一隻船舵漂浮在水面上，被一條繩索綁住。我將刀、槍和彈藥等武器帶上身後，拿起船舵的短硬木柄，把那些水手們痛打一頓。等他們腦袋清醒之後，便快活地接受命令開始

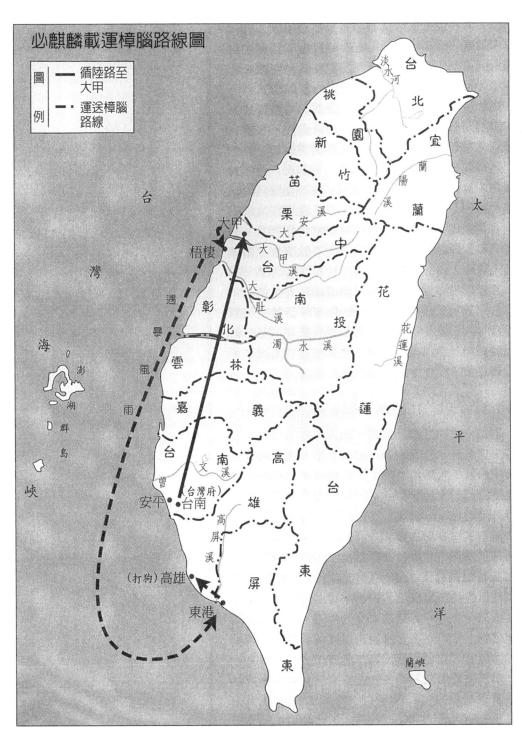

必麒麟載運樟腦路線圖

工作了。

我們利用剩餘的帆布和一些竹片，在殘斷的桅杆上，勉強地安置了一張帆，將樟腦全部丟出船艙，又把甲板上的水汲乾後，總算有了比較舒適的空間。此時，人類基本需求卻出現了。這期間，船上沒有水和食物，除了那名平埔族人外，大家因緊急的情況而忘記吃喝一事。還好我的僕人有一隻被他視爲珍奇的動物——白兔，本來要帶回故鄉豢養，如今在別無選擇的情況之下，只好殺死兔子來充飢。吃完兔肉湯後，我拿出一瓶克羅淡（Chlorodyne），倒出幾滴，和海水混在一起，當飲料喝。

直到星期五下午，這段危險之旅才告結束，上帝終於將我們平安地送到東港（Tang-kang）。這個小港口在打狗的南方十哩遠之處，當地民船送來米飯、茶水和煙草，並領我們到岸上會見地方官吏。那名官吏請了轎子，護送我、我的僕人和平埔族的少年到打狗。

那群水手們吃了一頓飽飯，又拿到工資後，走到我的面前跪下磕頭，感謝救命之恩。我雖一再表示，那是耶穌拯救大家的性命，水手們還是決定實現當時許下的願望，以感謝他們的神明庇護。我另外派人送些錢給那位不幸喪命大海的水手的寡母。

那四天四夜的危險之旅，真教我終生難忘！

8/ 處斬司令官
CORRUPTION AND RAPACITY OF CHINESE OFFICIALS

【導讀】

　　清朝政權統治中國後，原本對台灣這樣一個孤懸海外的「化外之島」並沒有什麼興趣，要不是鄭成功退敗台灣，清廷爲了清除這個眼中釘，可能根本看不到這個小島，即使到了明鄭王朝投降，清廷內部仍有「台灣棄留論」之爭，更足以證明台灣在大清帝國眼中，實爲一個毫無重要性的海域邊疆。

　　台灣既爲清廷的邊疆，派任到台灣的官吏，通常是因錯失被貶，或者政績不良而被發配到這個海上孤島者。這些官吏一來失意官場，再者又因此天高皇帝遠，宮廷的旨意傳到台灣，也要好幾個月之久，有沒有照旨施行更無人知曉，在這種情況下，自然也就形成律法歸律法，官員的命令歸命令的情形。

　　清廷的台灣，不僅律法不彰，處處充滿人治色彩，官員的貪污更是嚴重，客家俗諺說：「三年官二年滿，口袋裝滿轉唐山」，正是最明確的反應。這一切不合理、不合法的現象，看在必麒麟眼裡，絕對是無法理解而難以接受的，但他畢竟是個商人兼冒險家，很快地，他就懂得以其人之道還治其人之身。

　　本章可說是清朝台灣的官場現形記，令人感嘆，也值得深思中國官場的諸多問題。

龐大的清廷根基搖搖欲墜。在這個垂危的病人四周，列強無一不是虎視眈眈，等著瓜分她的財產。我將以自己的親身經歷，略述清廷官吏制度，觀察清吏使用那些獨特的策略，既可維持法律，更可鼓勵人從事合法的事業。

操生殺大權的清廷官吏

在一八九六年日本人治台之前，台灣和澎湖群島是由一名道台管轄，駐節於首府台灣府。雖然道台直接隸屬閩浙總督，但身為台灣島上最高行政長官，他不但操有生殺大權，還有直接向皇帝呈報的特權。據聞道台的俸祿不過一千六百兩銀子（不到六百英鎊），但每年從例行巡視收得的利益，特別是樟腦稅，數目相當可觀。

道台之下是台灣府，接下來是縣。清政府管轄的範圍內約有七、八個縣。大體而言，清廷統治的區

▼清代官吏的模樣

域，只有西部沿岸平原和少數丘陵區，至於高山區和南岬，仍屬原住民的勢力範圍。台灣原住民和漢人屬不同的種族，使用的語言也不相同。

根據清廷的法律，駐節在中國福州的閩浙總督，每三年應該巡視台灣一次，不過這條法律常被忽視。其實，這種官方巡視是有利可圖的，地方官吏若不能奉上豐厚的禮物，便會因故被撤職。為了籌措這類強迫性的捐獻，官吏們只好向老百姓徵收額外的稅捐。於是這位清帝的官僕，承受各階級大肆破費的歡迎，荷包滿滿，溫文儒雅地完成巡視的任務了。

台灣的道台也身兼總司令，每年固定領取一大筆費用，來維持陸海軍的兵力，防備外侵和內亂。然而，大部分的費用都流進官吏的私囊裡，海陸軍兵力衰頹，毫無防備能力。

對地方官吏而言，像總督這種高級長官巡視是十分不便的，如果總督態度認真（在中國官吏中，還是有少數正直嚴厲的人士），不少台灣官吏將有麻煩。於是各級官吏在從老百姓身上壓榨來的財富中，捐出一筆可觀的數目，承獻給總督，讓他從福州直接呈上台灣政通人和的報告給清帝。

我居留台灣的期間，始終未見總督前來巡視，不過倒是經歷過一場虛驚。大約在我離開台灣的前三年，中國傳來一道指令，正式通告總督巡視台灣的消息。整座島馬上興起一場大騷動，農夫和工人被強行徵召，穿上軍服，操練火繩槍、矛、盾等兵器。

當時台灣府的船艦大多是老舊的平底帆船，已歷三十餘年未曾下水，因長久未經管理，又隨著陸地的擴張，老船早已高高地擱淺在離岸一哩遠的地

方。經過長期的日曬雨淋，船身斑駁，配具也已朽壞，有些船板還遭人偷竊，當成柴燒。

由於總督巡台的日子迫近，整修這些老船的工程如火如荼地進行著。木匠、漆匠、製帆工人來來往往，試圖粉飾老船的外觀。但如何將這些腐朽的老船弄到海邊，在總督巡視期間漂浮在水面上，是當時最大的難題。

台灣官吏還雇用一些船長和水手，並有模有樣地編成隊，分派到那幾隻船上。正當所有水手努力用滾輪將船隻運送到附近的港灣時，總督府又下來一道指令，解除來台的巡訪。於是，船隻就地擱置，水手們全遭解雇，農夫和工人也都各自返鄉了。

此次事件中，最高興的莫過於那些台灣的官吏了，不但逃過上級的檢視，還搜刮到不少的金錢，正好補償每年賄賂福州總督的必須費用。

在大清帝國，普遍盛行一種方法，以之奉養雙親或臥病的親戚，那就是繳納一筆錢賄賂軍方，使自己的名字列入國民軍的名冊上，於是每個月可以領三升米，和一些金錢津貼。這種方式頗類似英國購買年金的制度。

台灣這座全世界最肥沃的島嶼，在清廷官吏胡亂治理下，天然資源不是沒有開發，就是白白的浪費。因此，台灣不但沒有成為帝國政府的財源，反而成為經濟毒瘤。

叛亂的平服

島上每隔十或二十年便會發生叛亂，政府通常用簡單的方法即可平服，那就是收買叛亂的領袖，得到情報後再殘酷地撲滅那些無知的黨羽。沿海一帶，處處是海盜和打劫船難的流氓，而所謂的「父

▲ 清乾隆帝為紀念福康安平定林爽文起義而立的台南龜碑（引自《台灣回想》）

母官」充耳不聞，讓老實的漁夫和商人生活在恐懼之中。在陸地上，成群的強盜及宗族間的激烈爭鬥常使道路無法通行，山地的原住民也經常出沒，殺人劫貨。

若某位將軍想得到北京政府的青睞，或想試驗歐洲來福槍的火力，便會率軍遠征山區，攻擊某個原住民部落，擴展清廷的版圖。通常這種危險的長征十分少見，英勇的官兵不是被原住民伏擊，就是染患叢林熱病。有時，清廷的將軍以厚禮引誘原住民，讓他們剃頭，承認自己是天子的臣僕。於是將軍立刻下令送剃頭刀來，大肆宣告平定原住民的勝利。一旦完成剃髮工作，將軍便率領殘兵敗將返回平地，在台灣府享受安逸的生活。

至於那片所謂天子的新版圖，當禮物用完後，頭髮也長長時，原住民便開始反悔，不再臣服於皇帝，並且恢復原始的風俗習慣。

貪財謀利的道台

另外還有一種變相的官方制度。台灣道台假借維持實際上不存在的軍隊，聲言為軍方所需柴火起見，全島所有樹木財產必須歸他管理。因為樟腦是樹的產物，輸出時又會經由道台駐守的所在地，所以他宣佈樟腦也是獨占物品。其實，當時所有獨占事業早依條約廢除，而且在付稅之後，樟腦是合法的輸出品。

總督雖不敢公然與歐洲人作對，他還是盡一切的努力，來阻止任何膽敢從事樟腦生意的人。然而，若經由他手下的代理商，那就絕無問題了。

當海關在台灣成立之初，道台和其他官吏無不抱以高度注意力。依他們的判斷，這項重大改革將減少他們在貨物上的稅收，而且在繳納關稅後，外國商人便可自由買賣，這勢必大大地影響一些獨占事業的課稅，特別是在樟腦生意方面。於是他們決定，若不能公開反對這項法律，也要設法讓歐洲人生活困難重重，進而自願離去，使台灣恢復往日由他們為所欲為的狀態。大規模屠殺英國國民，殘害船難水手的事件層出不窮，在未受到任何懲罰的情形下，台灣人的行為變本加厲，再加上詭計多端的道台及其為非作歹的屬下，讓我度過多年不安的生活，其詳細情形，留待講述樟腦戰爭的幾章再做敘述。現在，我只敘述一件小事，便

▼ 清廷台灣布政司衙門
　（引自《台歡回想》）

可了解這些人是如何冷酷地消滅觸犯他們的人。

一八六八年，茄噹上尉（Lieutenant Gurdon）攻占安平砲台時，駐軍的司令官自盡身亡，於是新道台派來一位廣東人爲繼任者。這位新人對歐洲人頗爲友善，某次春潮期間 ❶，我們的一隻砲艇「巴斯塔號」（Bustard）被迫橫過沙洲，進入安平灣，並停留幾個星期。這段期間，這位新司令官友善地送來新鮮食物，同時，他也接受邀請到砲艇上參觀，並留下來吃飯，還欣賞水手們的音樂表演。

至今，我還記得這位和藹可親的漢人形象。他身材中等，穿上筆挺的官靴後，約有六呎高，爲人機智，並具有高度幽默感。他過去一定做過海盜，而後進入戈登將軍在中國的軍隊（in Gordon's army），學得一點洋涇濱英語。

那時，用過我的老朋友強森（Cecil Johnson）司令官精心準備的豐美餐餚後，清廷的司令官興緻十足地觀賞水手們表演的號管舞，當音樂將氣氛帶動至最高昂的時刻，這位平時道貌岸然的官吏竟然站了起來，撩起高貴的絲綢袍子，和大夥兒一起跳舞。這情景眞有說不出的趣味！

然而，政治烏雲漸漸籠罩下來。現任領事的作爲遭英國政府否決，前任台灣道台回復官職，他向北京當局密告，指責這位司令官與歐洲人友好，還援助那些曾讓前任司令官蒙受恥辱的人。

高效率的密探組織

某日清晨，我從打狗經由海路返回，船夫正用竹竿撐船，沿著安平和台灣府郊區間多沙平原上的狹窄運河行進。突然，從大霧濛濛的曙色中，傳來岸上的招呼聲。

❶
譯註：指春天的大潮。

「嗨喲！」我的船夫應聲回答。

「聽到那件新聞了嗎？」

「沒聽說，是哪件新聞？我們才從海上回來。」

「司令官因為和蠻子做朋友而被砍頭了。現在屍體還擱在那裡呢！」聽了這消息，我們的內心充滿驚恐。

白天裡，消息傳開了，我打聽出整樁事件的始末。前一日，道台邀請司令官到他的官邸，同席還有知府、同知和當地重要官員。司令官心無防備地赴宴了，他是當日的主客，受到極為殷勤的款待。午夜時分，司令官婉轉地請辭，其他客人笑聲相

延伸閱讀　台灣早期的地方行政組織

中國對台灣一向保持可有可無的態度，直到明鄭占據為「反清復明」的基地，清政府才開始注意這座蕞爾小島，加上施琅力陳台灣在政治方面的重要性，清廷才消極地在清康熙二十二年（1683年）納入大清版圖，隸屬福建省管轄，設一府三縣（即台灣府和台灣、諸羅和鳳山三縣），澎湖歸屬台灣縣，同時，頒布禁止渡台令，只希望台灣不會再次成為叛亂的根據地。直至日本藉其藩屬琉球之民被牡丹社原住民殺害為由，大舉出兵侵台，加上法軍進攻基隆及淡水的事件，清廷才真正了解台灣的重要性，終於決定在光緒十一年（1885年）正式設台灣為省，由劉銘傳為首任巡撫，準備積極地整頓台灣，只可惜

在十年後，清廷將台灣拱手讓給了日本。

必麒麟見識的老台灣，仍屬福建省管轄，然而貪官污吏的現象十分普遍，連外國人都看不慣。

清朝的地方行政組織為三級制：省、府和州或縣。為管理方便，原駐廈門的巡道被移到台灣府。巡道即類似今日的臺灣省政府，首長掌管軍事、財政、司法，兼管船政，平民百姓尊稱道員為「道台」。台灣道（初設時稱台廈兵備道）下設台灣府，為二級地方行政機構，首長為知府，轄文治機關，另有台灣鎮，設總兵管理，轄武備機關。台灣府下轄有一海防同知和台灣、鳳山、諸羅等三縣，縣下設知縣，由知府管理。台灣道組織共二百零二

勸，他只好返回自己的座位上。又經一小時的歡宴後，司令官再次起身告辭，表示其家人會十分擔心，周圍那些不動聲色的面容，仍凝結著虛偽的笑容。

「不會的。我們正在興頭上，不能就此散席。別這麼急著回去！」

一個小時又過去了，司令官堅持非走不可。這時，坐在首席上的道台，臉色剎時冰結起來，連聲大叫侍衛，侍衛快步衝進屋內，將司令官的官服剝光，把皇上的聖旨幌了幌，然後把迷惘的司令官拖到刑場砍頭。

年，卻歷經五次變更和一百一十一任道台，平均每任道台任期不到二年，清廷草率治台，由此可見一斑。台灣道、府、縣組織系統和其變遷如下：

建制時期	道	府	縣（廳）
康熙二十三年（1684年）至六十一年（1722年）	福建分巡台灣廈門兵備道	台灣府	台灣縣 鳳山縣 諸羅縣
雍正元年（1723年）至乾隆五十二年（1787年）	福建分巡台灣道（1757年加兵備銜）	台灣府	縣（台灣、鳳山、嘉義、彰化） 廳（鹿港、淡水、澎湖、噶瑪蘭）
光緒元年（1875年）至十二年（1886年）	按察使銜福建分巡台灣兵備道	台灣府	縣（台灣、鳳山、彰化、嘉義、恆春） 廳（澎湖、埔里社、卑南、鹿港）
		台北府	縣（淡水、新竹、宜蘭） 廳（基隆）

（取材自楊正寬：《從巡撫到省主席》，台灣省政府新聞處編印，一九九〇年，頁四十四至四十五）

　　整晚，司令官夫人和家人焦慮地等待，直到次日下午，她們才得知司令官慘遭殺害的消息，全家人不得不立刻逃亡。這椿事件，大大震驚了其他同情歐洲人的官員。

　　其實，整個大清帝國的領域中，密佈著高效率的密探組織，大大小小的官員全被監視著。在這片監視網中，每個人都不安全，就連最單純的行動都可能被曲解。

　　此外，在所有的衙門裡，都藏有一些秘密檔案，這些檔案代代相傳，紀錄當地全部的民事與刑事案件。只要任何人膽敢觸怒清廷官吏──例如家境太好，或與歐洲人關係密切──官吏們只要翻閱這本生死簿，隨便捏造個罪名，抑或重翻懸案，便可掠奪受刑人的財富，順便乘機給那些惹人厭的蠻子一點顏色。

　　在台灣府傳教的甘為霖牧師，曾在《蘇格蘭地理雜誌》（ *Scottish Geographical Magazine* ）撰文批評滿清官吏：

　　當然，我並沒有權利挑剔達官貴人或平民百姓，但是經過二十五年來的觀察，我發現，要想信任或尊敬清廷官員，實在是件難事。毋庸置疑地，其中仍有少數官員很能幹（從當地人的觀點而論），勤勉而正直，並且真正為人民著想。可惜的是，整個龐大的官場裡，上自總督，下至卑微的衙門小差，全都以惡毒的原則行事，這個原則就是：國家是為官員而設，並非官員為國家而置。

▲在台灣宣教近半世紀的甘
　為霖牧師（引自《素描福
　爾摩沙》）

9/ 原住民、傭工與將軍

MY FIRST VISIT TO THE SAVAGE TRIBES OF THE INTERIOR / THE END OF GENERAL BURGEVINE

【導讀】

　　熟讀歷史的朋友，也許常會有和我同樣的疑問：清朝統治台灣，對清皇室而言，也許是個意外，甚至是一個不怎麼情願的負擔？

　　降服了明鄭王朝之後，大清帝國在十分不情願的情況下統治這個島嶼，然而這個交通不便，皇室根本鞭長莫及之地，雖然奉行的是清國的法律，官吏也是清政府所派任的，但在社會上實際運作的，卻往往是另外一套由地方實際掌權者訂出的規矩，其中也就難免出現許多層層剝削、貪污、犯法的情事，這種情況，應該是大家都心知肚明的，但卻甚少有人檢舉，甚至留下的紀錄都不多。

　　本章所寫的是三個不同的故事，包括必麒麟與阿猴（屏東）、萬金地區平埔族人接觸的經驗。接著是他升任安平海關負責人，為了修築一條小運河，請滿洲人負責雇工，卻發現傭工必須把一半甚至三分之二薪水交給滿洲人的極不合理現象。最後一段是他出海遇到一位清廷通緝的洋將軍，不久那位洋將軍被人出賣，在押往中國北京受審過程中，卻離奇死亡的故事。這些奇奇怪怪的事件，也許可以幫助我們，一點一點地瞭解清代特殊的台灣社會現象。

我住在停靠打狗港的老荷蘭巡洋艦「三葉號」❶（Ternate）幾個月後，和道明會的神父日漸熟稔，便提出到白種人從未到達的內地區域去旅行的計畫，探訪完全沒有開化的山地原住民。因此，神父們親切地為我寫介紹信，讓我帶到他們位於山腳下的傳教站，這個傳教站就設在平埔族部落的外圍。

探尋平埔族部落

我立即請了短假，著手準備遠征事宜。當時，一艘漢堡籍三桅船「日本號」（Japan）正在打狗卸貨，船上某個要員熱切地表示參與的希望，於是我們在某個星期五的下午，帶著怡和洋行買辦的介紹信，朝著遠方的山影出發。

我們除了攜帶手槍和雙管獵槍外，每個人只背負少許行李，包括取暖的毯子，以及多彩亮珠、小鏡子、火石、針和大紅布等取悅原住民的禮物。

我們在荅雅寮的教會做短暫的停留，拿到介紹信，帶著良善的道明會神父的祝福，浩浩蕩蕩地朝著縣城埤頭方向前進。沿途經過漢人的良田美地，種植著水稻、苧麻、甘蔗和番薯。這一路是坦蕩的平原，偶爾出現低矮光禿的沙丘，生長著一株株林投。這些沙丘，是河流從高山沖刷而下的土石淤積而成，漸次堆積在海邊，因此每一層不同的沙丘，代表不同時期的海岸線。

因為長期的船上生涯，我們早已不習慣走遠路，所以當日落時分到達埤頭的時候，我倆已經精疲力竭了。幸好有買辦朋友的信，介紹我們到他的同胞——一位頗為富有的蔗糖商人——的家。填飽了肚子，得到充分的休息後，我們才覺得舒暢些。

次日一早，我們便準備上路。當和主人道別時，

❶ 譯註：甸德洋行的廢船。

他嘲笑我們這兩個歐洲人，竟然想越過福佬人和客家人的村莊，進入野蠻人的區域，簡直是發瘋了。但我們去意堅定，仍勇敢地朝向丘陵地區前行。

一開始的沿途景觀和前一日頗為相似，但不久，就來到東港溪（Tang-kang）或名南淡水溪（Southern Tamsui River）的乾涸河床。那是一片寬闊的沙地，綿延幾哩路長。在酷熱的陽光下，走在這片沙地上，空氣瀰漫著塵沙，令人十分疲倦，喘不過氣來。直到中午，我們才看見一間小小的飲食店。我用米酒、鴨蛋和粗紅糖調製雞尾酒，用污穢的陶碗盛著喝。酒雖不甚可口，大家卻喝得很高興，精力又旺盛起來了。

漢人善意的勸告

下午左右，我們到達福佬人地區的邊緣小鎮——阿猴（A-Kau，即今屏東）。我們在這裡受到埤頭主人的親戚熱情招待。他警告我們經過好勇鬥狠的客

▲必麒麟所到的埤頭，就是現在的鳳山，圖為鳳山城北門。（引自《台灣懷舊》）

▲平埔族與漢人的合
　照（原書第100頁）

家村落時，可能遭遇的種種危險。這天正好是每週
一次的市集，當我們在熱鬧的市場出現，馬上被好
奇的人潮包圍住，嘰嘰喳喳地問個不停，我因通曉
福佬語，便負責答覆的工作。當他們得知我們的去
向，眾人爆笑如雷。

　　「你們眞以爲可以活著到達那裡？絕對不可能
的，從來沒有白種人去過。那些野蠻人長著尾巴，
還會吃人呢，沒有『人』❷願意靠近他們的。」

　　我一點都不理會這些戲言和懷疑。愈接近目的
地，愈是希望能成功，我將不惜任何代價，絕對要
到達原住民的區域。

　　市場中有幾位客家婦女，肩膀上各有一根扁擔，
挑著二個籮筐，裝著一些草和幾件家用品。她們正
買好極少數量的用品，打算回家去。我從來不曾遇
見過客家人，聽說這個民族來自廣東，講一種和官
話相似的語言，於是我試著用北京話和一些從福州
的茶商學來的廣東話趨前攀談，企圖引起她們的興
趣。原來她們都能說福佬語，我們便毫無困難地溝

通著。她們一知道我們遠征的計畫後，便笑著建議大家一起走，我當然馬上同意，和她們結伴同行是比較安全的。

一行人便在暮色蒼茫中愉快地前行。一路上，客家婦女開我們的玩笑，說一些可怕的故事和未來可能遭遇的危險來嚇唬我們，同時，她們對我們這些「紅毛蠻子」的生活習慣極為好奇，不斷地發問。她們儘管有濃厚的好奇心，也願意結伴同行，但還是不願意領我們到那個平埔族部落，這是因為二族素有冤仇的緣故。天快黑之前，我們就分道揚鑣了。

我們走了不少錯路後，終於到達有道明會神父居住的萬金庄（Bankimtsng，即今屏東縣萬巒鄉萬金村），神父們慇勤招待，準備最好的食物——豬肉和米飯，還拿出上等的酒和雪茄供我們享用。

▼萬金庄的當地居民（引自http://academic.reed.edu/formosa/gallery/image_pages/Ile/Ile-BKCNaturels_S.html）

延伸閱讀　萬金天主堂

　　萬金天主堂位於屏東縣萬巒鄉萬金村，是台灣最古老的天主教聖堂，一九八四年時被列為第三級古蹟，同時獲天主教若望保祿二世批准為「聖母殿堂」，是全台灣天主教教堂中唯一得此殊榮者，使其地位僅次於梵蒂岡大教堂。

　　道明會是第一個在原住民地區設立教堂傳教的。十九世紀中葉，聖道明會玫瑰省奉羅馬教廷的命令，派遣西班牙籍神父郭德剛（Rev. Fernando Sainz, O.P.）於一八五九年由菲律賓經廈門前來打狗宣教，屢遭挫折，甚至有生命的危險，卻仍能蓋起一間草屋為臨時的聖堂。一八六一年郭神父被任命為台灣區會長，積極從事教務，並在前金

海邊附近購地修築堅固的教堂，於一八六三年五月二十四日落成，命名為玫瑰聖母堂。

　　一八六一年末，郭神父曾拜訪過萬金平埔部落，印象良好，故在一八六二年派遣傳教員嚴味增德留住當地，是年八月呂茂格神父（Rev. Miguel Limargues, O.P.）前來主持傳教事務，直到一八六四年三月與客家人的衝突愈演愈烈才離開。

　　在前金玫瑰聖母堂落成後，道明會也在萬金庄修築一座天主堂。成立之初，約有四十位平埔族馬卡道人領受洗禮，但鄰近的客家人以「傳教士挖取死人之心臟和肝臟做為藥品、屍首為肥料」為由，經常前來滋擾事端，險些將教堂燒毀。

▲萬金天主堂至今仍屹立不搖，是台灣最古老的天主教聖堂。（劉還月攝）

客家人這些暴行，無非是對傳教士教化馬卡道人的不滿。長久以來，客家人常利用或玩弄簡單淳樸的馬卡道人，或奪其財物，或占其土地，造成兩族群的嫌隙。而傳教士利用教會組織馬卡道人，教授處世及生存之道，使之能與客家人對抗，無怪乎客家人對傳教士恨之入骨。

所幸客家人的暴行更加堅定馬卡道人信仰的決心，教友的數目不減反增，教堂不敷使用，負責人良方濟神父（Rev. Fracisco Herce, O.P.），乃決定重建聖堂，費時一年，於一八七〇年完工，即今日的萬金天主堂。由於道明會往南宣教屢遭攻擊，各地教友前來萬金庄奉教，一時之間萬金天主堂儼然成為該區域的信仰中心，更是引起客家人的不滿。

根據必麒麟的敘述，在他任職打狗海關期間（1863～1864年），曾多次到一個設有道明會總部的漢人村莊，拜訪一位操西班牙語的神父。依此推測，那村莊應是前金，而那位神父應該就是郭神父吧！如果不是，他們兩人也應該見過面。透過前金神父的幫助，必麒麟得到機會前往萬金庄拜訪馬卡道人，也終於見到了夢寐以求的「野蠻人」。

在江傳德編撰（1992：六十三頁）的《天主教在台灣》一書中，有這麼一段有趣的描述，而這事件中的主角想必就是必麒麟吧！

「一八六五年，有一位外國人，經常來訪萬金教會，其目的為蒐集調查居住在萬金地方附近之番族習性等有關人文資料。目睹此情形之部落住民中，竟有少數惡棍，不知外人對科學之研究與進步，竟以非語誹謗神父勾結外國人，企圖攻占台灣，民眾受煽惑，因此再三阻撓，加害天主教之傳教工作。」

目前台灣道明會男會士有三個團體，一是一九七八年六月二十九日成立的「中華道明會總區會」，直屬於羅馬道明會總會長，一是玫瑰省聖若瑟區會（西班牙神父），另一個則是德鐸省台灣區會（德國神父），計有五十多位男會士。

道明傳教修女會則有五個團體，約一百二十餘人。全台灣在俗教友（道明第三會）約七百人，主要分佈在台北、台中、高雄等地。

萬金天主堂的外觀素雅莊嚴，教堂前的十字架底下鑲有一小塊石碑，上面刻有清廷所敕的「奉旨」（傳教）兩字。據說教堂內敬拜的三尊聖像是當時從菲律賓運來的，一直被視為藝術品而珍藏著。現今，萬金村約有三分之二的居民信仰天主教，有些非信友家庭則供奉太上老君的神像或畫像在廳堂之上，儘管信仰各異，萬金居民皆不願觸及族群認同的問題。

一百二十七歲的萬金天主堂，在經歷過排外的客家人血腥暴行後，仍老神在在地屹立在漫漫的歷史長河中，靜靜地目睹祂的子民放棄先祖的傳統，改行漢人語言習俗，最後失去原族記憶，然而，天主無上的力量，是否能撫平這群失根族群的心靈？

然而，神父們表示遠訪原住民的計畫很難實現，我們絕對不可能活著到達原住民住的區域，這計畫太不明智了。在高山腳下的廣大地區，人煙稀少，各族之間都有宿仇，沒有人能預測什麼時候原住民會跑下山來，從事獵取人頭的遠征。我失望透了，走了那麼遠的路程，目的地就在眼前，卻必須打消探訪原住民的念頭，不見他們就離去，我如何甘心呢？

神父們了解我的心情，便找來一位明智的老平埔族人商量。結果他也證實那些危險，不過他提出一個權宜的辦法，在沒有更好的主意下，我欣然地同意了。

那位老平埔族人曾與山地原住民做過多次貨物交易。平埔族往往利用短暫的和平時期，到山谷間一個三不管地區，與山地原住民從事以物易物的交換。通常，他們用漢人的奢侈品、煙草、紅布、彩珠、米酒等，交換山地原住民的獸皮、鹿角、煙草、木炭和土布（這是原住民婦女用苧麻和色彩斑斕的棉線編織而成的布）。

只要我們願意付相當的代價，他可以勸說一些傀儡番 ❸（Ka-le-hoan）頭目，趁黑夜下山來，到教會來與我們見面。當時是星期六晚上，我的假期只到星期一晚間。雖然那段路程有許多哩路，但他保證將設法在禮拜天夜半趕回來。

這可是個千載難逢的好機會，我們同意了。當晚，老平埔族人和另一名同伴立刻出發，而我們便在神父的床鋪上，享受舒適甜美的睡眠。

禮拜天在平靜愉快的氣氛中度過了，我們和神父抽煙聊天，訪問附近的平埔族人，還在安全範圍內，到幽美的山坡林間漫步。然而，我整日坐立難

❸ 原註：在台灣南部，野蠻人被稱作「傀儡番」或「傀儡」。

安，那位老平埔族人說話到底算不算數？路上會不會遭遇什麼危險？

愉快的會面

那真是一個漫漫長夜！我們最後終於放棄而上床睡覺。我才睡著一會兒，就被嘈雜聲吵醒，矇矓中，只見火把在眼前閃耀，神父們和那位老平埔族人在床邊站立著，半數的村民也圍在一旁觀望。突然間，人群中讓出一條路，出現兩位相貌堂堂，皮膚微黑，又長著黑牙的山地原住民，活像是從瑪麗 ❹（Marryat）或庫伯 ❺（Fenimore Cooper）的小說中走出來的人物。他們身穿獸皮衣，戴著羽毛頭飾，皮膚塗抹顏色，一副華麗的裝扮。我已完成多年來夢寐以求的心願了！

我匆匆披上外衣，起身歡迎他們，由老平埔族人從中翻譯，大家興奮地談笑。原來山地原住民是幽默又聰慧的人，我說漢人們認為他們是長著尾巴的動物，惹得大家哈哈大笑，建議我實際檢查一下。經查驗後，他們也要求看看我們的白皮膚。

❹
譯註：英國的小說家。

❺
譯註：美國的小說家。

◀好奇的原住民訪客
（引自http://
academic.reed.edu/
formosa/gallery/
image_pages/
LondonNews/
ln96p333muscle_S.
html）

我拿出預備好的禮物，他們也回贈豬牙飾物和一根本地煙斗。大家一邊抽煙，一邊熱烈地閒談，直到東方破曉，是客人們該離去的時候了，否則，天一大亮，會遭到埋伏仇敵的攻擊。大家離情依依，我們以最誠摯的心情與原住民客人道別。

我們用完豐盛可口的早點後，也向善良的神父們道別，由一名漢人籍基督教信徒帶領著，循原路回去。

我們一路平安，不過後來被一群客家人攔阻，質問我和另一名歐洲人為什麼闖入他們的勢力範圍，那種凶悍的氣勢，讓那名基督教信徒大為恐慌。我帶著友善的態度，趨前用福佬話外加幾句客家話來解釋，終於化解對方的敵意，彼此客氣地分別了。我的老朋友艾利斯（Elles）可就沒有這般好運氣了，他在幾年後行經客家人的區域，同樣地也被一批客家人攔住，由於語言不通，幾乎死在他們手中。

我們一身塵沙，在口乾舌燥又精疲力竭的情況下，終於到達埤頭。受到漢人朋友的劣等酒款待後，我們又繼續踏上歸途。大約在半夜十一點鐘左右，我們抵達苓雅寮神父們的住處。一見到我們平安歸來，神父們大為欣喜，為我們準備一頓豐盛的飯食，還差人用船把我們送回打狗。我們一路沿著礁湖前行，終於在清晨二、三點鐘到達打狗，我的身體雖疲倦、僵硬又骯髒，內心卻有勝利的喜悅。

歸來後，這次的冒險不斷地被人討論著，並得到熱烈的讚賞，大家好奇地觀看那些山地原住民送的禮物。當時，我們被視為勇敢的英雄。後來，我那位遠征的同伴——一位善良正直的人，不幸遭遇悲慘的命運。當我離開海關，轉入麥克菲爾公司服務

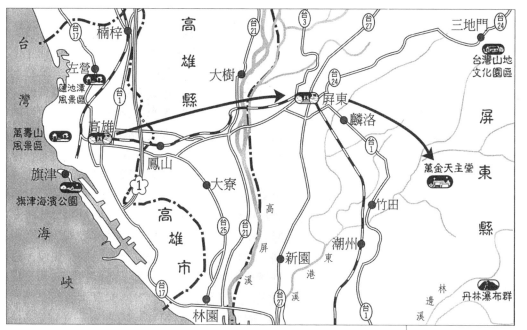

▲必麒麟尋訪平埔族聚落路線圖

時，他被派任為一條沿海航行的縱帆船船長。某次，他在載運滿船貨物前往廈門的途中，不幸遭遇颱風，整隻船翻沒海中，除了一名馬尼拉人，所有的船員全部罹難。那位唯一生還的水手，飽受驚嚇，又冷又餓，只是緊緊地攀附著漂浮物，直到被人在遠海上救起。

出任安平海關的負責人

一八六五年新年左右，我陪同海關稅務司馬威廉先生，從打狗到首府台灣府成立海關分部，沒想到我竟被派任為安平（府城的港口）海關的負責人。

對於這次的升遷，最令我滿意的一點是，可以藉工作之便融入漢人社會，進而增加對這個有趣民族的性格的了解，以及對漢文及其經典名著的研究。再者，安平的官舍設於岸上，更有利於我結識各階層的漢人。

初到新職，許多業務猶待安排、籌劃。馬威廉先生爲了選擇我的住所，特別多待了幾天，最後找到一間以往是漢人俱樂部的小屋子，等一切安排妥當後，他才匆匆趕回打狗。

馬威廉先生還留下一個親信，輔佐我設立新海關。那位親信是位滿洲師爺，身材高挑，相貌堂堂，舉止也很文雅，並且通曉四書五經。他不平凡的外貌，頗讓人感到值得信賴。總而言之，他具備皇帝手下有教養的臣僕應有的一切條件。其他的人員包括一位和我從福州一起過來的滿洲籍漢文老師，一位負責登船檢查的美國籍檢查員，和幾名在檢查船上工作的水手。

將這間小小的房間打掃乾淨後，我便正式遷入。後來，我發現最好修築一條小運河，從小灣通到海關，小船便可以運載輸出和輸入的貨品。另外，還必須開闢幾間檢驗室。

那名優秀的滿洲人自願負起修築工程的責任。他草擬了藍圖，選擇了承包商，從附近漢人的貧苦漁

▼安平一景
　（原書第105頁）

村挑出一批工人，他的能幹和熱情讓我感激不已。一星期之後，他必須趕回打狗處理公務，我頗有遺憾之感呢！

發餉的日子到了，我將所有工人召喚到辦公室，發工資給每個人。他們的工資很優渥——有些人每個月五塊錢，有一些則是十塊錢。但我發現，當我把錢交到每一個人手裡時，他們並沒有滿意的表情，反而發出不滿的嘟囔聲。我並不瞭解他們不滿意的原因，唯一確定的是他們在抱怨。

「有什麼問題嗎？」我坦白地詢問。他們只是蹲在那裡，眼睛四處游逡，就是不正眼直視我探詢的面孔。

我又繼續發問：「聽好，我是個公正的人，也願意公平地對待每一個人。你們若有任何不滿意，可以直接告訴我。」

「沒事、沒事。」他們回答。但喃喃聲仍繼續響著，我在喧亂之中隱約聽出一些事來。有一名工人向另一同伴抱怨著：「這一點錢，哪夠一個月的米錢。我們還有老婆孩子要養呢！」絕望中，我向漢文老師求助，但是他聽不懂本地的方言。

我只好再一次詢問：「告訴我到底發生什麼事情，難道是不滿意工資？這酬勞很優厚的。」

終於有一個膽量大的人脫口而出：「優厚？你可知道有一半的工資要送給僱用我們的滿洲人！」

「對！對！」另一個也鼓起勇氣說話了。

「我還給他三分之二呢！」

「我也一樣。」大家紛紛搶著回答。

我前去質問承包商，他也說這是事實。我十分憤慨，那位表面上無可挑剔的滿洲人，竟然肆無忌憚地和工人說條件，要收回他們一半的工資。

延伸閱讀　安平的洋行

◀位於安平的德記洋行
（劉於晴攝）

「洋行」，為歐美籍商人在遠東地區所開設的商務辦事處。

清廷鴉片戰爭失利後，根據清咸豐十年（1860年）的中英法北京條約規定，台灣對外開放安平、打狗（高雄）、淡水、雞籠（基隆）為通商口岸（其中安平因一八五八年中英天津條約的關係，在一八六〇年條約批准後，最早開放成通商港）。一時之間，台灣躍升為國際航運、貿易的中繼站，連繫日本、中國和南洋，成為新興的貿易據點，吸引不少英、美、德等外商前來設立洋行，主要從事的業務有貿易（砂糖、米、樟腦、茶、鹿皮的輸出和鴉片、棉毛織品的輸入）、金融、保險、船運運輸等。

安平因是台灣最早期的開發地區之一，特別受到洋商的青睞，清同治三年（1864年）安平海關成立後，外商紛紛前來設立商務辦事處，其中以英商怡記、德記、和記，美商唻記，

德商東興規模最大，號稱安平五大洋行。必麒麟到達台灣後，曾先後在打狗、安平海關服務，後受聘為天利行和英商怡記洋行的台灣府分店主持人。雖他對這兩個洋行往來的業務著墨不多，但仍能一窺當時外商挾新式商輪、龐大資金、並以其國家砲艦為後盾，利用經濟殖民台灣，洋行與清朝官吏、平民百姓之間的利害衝突自然隨處可見。

日本時代，日方獨占樟腦、鴉片、糖等業務，與洋商奪利，又因台江浮沙致使安平港淤積，不利船隻靠岸裝卸，多數洋行陸續遷移或關閉，僅有怡記、德記苦撐至一九一一年才離開台灣。如今，安平港繁華落盡，由一個國際商港，變為過氣、蕭條的小漁港，而當年興盛一時的洋行建築，隨之消失在漫漫的歷史長河裡，唯有德記和東興倖存，留給後人無盡的想像空間。

位於古堡街的德記洋行，目前是「台灣開拓史料蠟像館」，展示台灣早期移民生活圖像。德記建於清同治六年（1867年），至今仍保存完好，因為是日本時代「日本鹽業會社」的所在地，曾依原式樣做過修護。二次大戰後，由台南鹽場辦公廳接收，一九八一年四月二十八日，台南市政府將之改置為台灣開拓史料蠟像館。

德記洋行具有歐美殖民地式建築特色，例如磚式樓房、西洋拱圈迴廊、多門等，二樓是昔日的辦公室，故門前有石階引入二樓，一樓是職員的宿舍，倉庫則設於洋行的西邊和北邊，據說洋房的造價高達十萬元。暗灰色的「歇山式」屋瓦，漆白洋房，優雅的半圓拱圈迴廊，配以青瓷瓶欄，在院內綠樹烘托下，一百三十歲的德記洋行仍不減當年氣派。

規模較小的東興洋行則展現另一種風情。位於安北路，面對一大片魚塭的東興，是單層式紅磚砌成的洋房，也有拱圈騎樓、墨綠釉瓶欄杆，建築風格是採中西合併──以本地材料建造西式洋房，並以中式裝飾手法雕琢，因此整個建築外觀簡潔樸實，細部雕工雅緻，在青蓊的大榕樹環抱下，使東興倍顯清幽典雅。

東興洋行成立於清光緒年間。台灣開放四通商口岸後，德商欲大規模經營樟腦生意，分別在打狗、淡水、大稻埕、安平等地設置七家洋行，東興洋行便是其中之一。日本時代，東興先後於一九○一年以及一九二○年成為台南廳安平支廳廳舍及安平派出所，二次大戰後成為台南製鹽總廠宿舍，一九八七年，台南市政府改設為「安平外商貿易紀念館」，展示自荷蘭領台以來的洋商貿易活動、進出口物品、清對外貿易條約協議及其他相關事務或文件，還有一些德商在台經營貿易的紀錄。值得一提的是，在東興洋行的院落，有一塊石碑「海關地界石」，記載著安平海關成立的史事。

◀安平東興洋行
（劉還月攝）

另一方面，我感到十分為難，不曉得應該怎麼處理才好。馬威廉先生那麼信任他，從來不懷疑他的品德，而我年紀既輕，又是新人，即使向馬威廉先生報告全部事實，憑漢人天生怕事的怯懦本性，難保那些工人不會反悔，反而對那位滿洲人表示感謝之意。猶豫良久，我終於決定公開事實真相，為正義不惜付出任何代價。

「喂！大家聽好，我決定將這件事呈報給大人，一定要讓你們得到公平待遇，不過，你們得支持我，把真實的情況告訴他。」

「是，好的，我們一定會說出實情的。」他們異口同聲地回答。

隨後，我轉過頭來請漢文老師聽聽他們的情形，以便將來向馬威廉先生證實這樁事件。由於他也是滿洲人，對於我的要求，他表現出十分為難的樣子，我便拿四書五經的道理譴責他，還表示和不義的人同謀也是有罪的，說得他啞口無言，即使萬般不願意，我相信他將來也會出面證實這件事情的。

馬威廉先生一到安平海關視察，我就呈報這件事情的始末，他極為憤怒，嚴懲了那位滿洲人，從此以後，工人們都可以領到應得的全部報酬。至於那位高尚的滿洲人，仍然繼續留在打狗工作，見到我時，總是表現非常禮貌的態度，還好我待在海關的時間並不長，不然的話，他一定拿出中國人一貫的報復手段，向我表示他的不滿。

奇異的神秘客

幾個月後，一切事務安頓妥當，卻發生一件事情。那是西南季風期間的一個早晨（在這個季節，每個月只有偶爾一、二天船隻可以平安地進入港口，其他日

子是無法接近的），美國籍檢查員和我看見遠方有一艘懸掛美國旗的大縱帆船，大爲驚訝。

美國籍助手乘著海關的檢驗船，朝向大船駛去。不久，他帶了三個人回來，分別是船主普瑞斯敦（Preston）、船長佩吉（Page）和一名乘客。那艘船名爲「薛爾曼將軍號」（General Sherman），從上海駛來台灣府。

這三名陌生客的到來，打破了單調的生活，讓我們十分高興。過去兩個漫長的月份中，我們只能接觸到安平的漁民，所以很渴望知道外面世界的消息。

船主和船長詢問是否可以取得許可證，從台灣載運蔗糖到華北或日本，一聽說在這段季節裡，只有打狗港仍有貿易活動，他們當下就決定前往打狗，於是要求辦理離開安平港，駛向打狗的手續。

那位乘客在一旁默默不語，不主動談論自己，只問了一些關於漢人官吏和台灣居民等無關緊要的問題。他身材矮短，皮膚微黑，一對黑眼睛十分銳利，長得很像威爾斯人。

我們一起共進午餐，又聊了一整個下午。這些美國人回去縱帆船前，邀請我們在他們次日開往打狗前，登船一起吃午餐。幸而次日天氣很好，我們才有機會享受豐盛的美式餐食，比起海關平時的伙食——硬繃繃的水牛肉，瘦巴巴的家禽或咖哩田雞，真令人興奮！

午飯後，船長先行告退，去監督啓航前的準備工作，船主藉口要寫信，也回到艙房，而那名神秘客還是不願意和我們在一起，他孤獨地倚著欄杆，思緒在遙遠的彼方，我和我的助手則坐在船尾，享受主人送來的上等雪茄。我們發現在柵欄上面有一本

▲白齊文將軍（引自http://
zh.wikipedia.org/zh/%E7%
99%BD%E9%BD%8A%E6
%96%87）

素描簿，便取來隨意地翻閱。素描簿裡是一些蠻不錯的圖畫，有些是砲台的速寫，有些是揚子江上的水彩風景畫，畫稿下有潦草的鉛筆簽名，寫著「白齊文」（Burgevine），我們兩人會意地對看，那位沉默寡言的神秘客必定是著名的，或者倒不如說是聲名狼藉的──白齊文將軍，一位美國的冒險家，曾在戈登（Gordon）將軍之前掌管「常勝軍」。

這個意外發現，讓我們頗感困窘。白齊文因與李鴻章有過口角，而投效太平天國的叛軍，所以他算是清政府的敵人，而我們是「吃皇帝飯」的人。幾經商量的結論是：我們是偶然地在主人熱情款待後發現的，並非在執行公務中，此外，除了那本素描簿外，並沒有更確定的理由來證實那人的身分。這種解釋撫平了我們良心上的不安，同時兼顧到對同胞的同情。

我們儘快地離開那艘船，駛回海關去了。不久，「薛爾曼將軍號」也啓航開往打狗去。

那天晚上，我們收到打狗海關代理稅務司送來的公文，內容是：根據廈門傳來的消息指出，白齊文將軍已秘密離開上海，打算前往廈門附近的漳州府（太平天國最後的根據地），同時，他所乘坐的船隻正開往台灣府的途中。在可以答覆前，「薛爾曼將軍號」早已到達打狗，因此我們不必負任何責任。

後來我們聽說，那隻船當晚便抵達打狗，滿清政府曾要求海關稅務司登船搜查，並逮捕白齊文歸案，不過因為台灣沒有美國領事，清政府又沒有武力支持稅務司，於是該船船主和船長反抗清政府的命令，拒絕交出白齊文。

「薛爾曼將軍號」立刻啓航開往廈門。在那裡，有一位美洲黑人僕役等著接應白齊文，把他送往漳

州府，太平天國的叛徒們熱切地等待他的到來，寄望他能挽回頹勢。只是奸詐的僕人將主人出賣了，等將軍一上岸，他便把白齊文送到滿清政府的手中。

清廷決定，不將白齊文引渡給美國總領事館，以免失去好不容易才弄到手的獵物。在嚴密的監護下，他們將白齊文囚禁在轎子裡，由陸路押解到北京。然而，轎子還沒有到達北京，卻發生了意外，或許是轎夫摔跤了，也或許是運載轎子的船翻了，至今沒有人知道事實真相，唯一確定的是，經歷傳奇浪漫的一生後，白齊文將軍淹死了，從此以後，清廷不必再為他感到頭疼了。

「薛爾曼將軍號」傳奇性的命運，也值得在遠東歷史上記上一筆。該船船長將白齊文將軍送上岸後，在廈門取得去台灣裝糖的許可證，於是趁著一段好天候，從打狗到安平裝貨，正當停泊在港灣時，卻被颱風吹出港口，船帆被吹走，桅杆也被折斷，被迫沿著南岬往台灣東海岸漂流。船長和水手們絕望地呆坐在船上，眼前的命運不是觸礁撞得粉碎，便是落入野蠻的原住民手中，幸而暴風雨轉弱了，佩吉船長便駕駛大船，繞過北角（North Cape），經由台灣海峽轉回打狗。最後，船長和「薛爾曼將軍號」永遠告別台灣了。

這個故事的結局頗具戲劇性。在那個時代，常常流傳一些有關旅行者去尋寶，卻遭到殺害的故事。例如，歐洲人不曉得高麗國在何處，但是有一個傳說描述，在當地人的墳中埋有大批金銀財寶，於是「薛曼將軍號」的船主裝備妥當，熱切地希望前去尋找神秘的寶藏，不料才上岸，所有人員全被高麗人殺害，船也遭到毀壞。

當初在安平，緣於離奇的命運，我曾經招待「薛爾曼將軍號」上的三位客人，而他們全部落得悲慘下場，結束了人、船的一生。

10/ 紅毛親戚

COWARDICE AND PLUCK / VISIT TO THE SAVAGE VILLIAGES / MY LIFE AT TAIWANFOO

【導讀】

荷蘭時期，荷蘭人曾經相當深入南部地區的平埔族及某些高山原住民社會，除了改變他們的宗教信仰，更傳播許多西方的觀念、知識以及文字給他們，也因此，在荷蘭人離開一、兩百年之後，許多平埔族人和原住民，依舊念念不忘他們的「紅毛親戚」。

一八六四年，必麒麟調職打狗海關後，便處心積慮地想接觸台灣的原住民，強烈的企圖心與冒險犯難的精神，成行了一次又一次的原住民部落之旅，而所留下的每一個紀錄，都成了珍貴的台灣原住民史料。

必麒麟真正深入原住民部落的冒險之旅，地點是荖濃溪上游，這個區域在原住民的歷史上，曾有平埔族人遷徙的痕跡，更有鄒族人和布農族人互鬥的歷史，在原住民本身的生活中，隨時都充滿不安，沒想到這個突然冒出來的「紅毛親戚」，卻成了他們之間難得的共同朋友。

除了征戰、衝突與和解，本章更紀錄了許多原住民的風俗與生活習性，其中許多今日已不復見，這篇紀錄所留下的原始資料，紀錄了許多早已消失的生活習俗，彷彿在印證原住民文化最珍貴、綿長的一面。

緝查海盜船

我在接管安平海關幾個月後，有幾隻德籍和丹麥籍輪船獲得清廷的特別許可，進入布袋嘴（Po-te-ts'ui，即今嘉義縣布袋鎮）北方某個港口裝載食鹽，但是海關稅務司接到報告，說另有其他船隻偷偷運輸私鹽。於是，馬威廉先生便派我前去布袋嘴附近，查看該處所有船隻，是否都有核可的航行執照。

我因此帶著數名水手，在某日早晨出發。水手的首領「喬仔」（Chiau-a），五短身材，脾氣有些古怪。

我們計畫沿海岸線前進，但風力漸增，海潮也不利前行，航速十分緩慢，喬仔因此建議改走內陸水道。他說附近的沙洲之間有一條水道，藉著划槳或竹篙行進，一樣可以到達目的地。但有幾名水手表示反對，因為這一帶是著名的海盜區，常有海盜埋伏，伺機劫掠船隻。雖然有人反對，但外海的天氣實在不利航行，大家只好同意喬仔的建議。

我們才駛入河口，便發現有兩隻形跡可疑的舢板，船的兩側神秘地覆蓋著草藤。這種景況讓水手們十分惶恐，我的僕人試圖安撫他們，告訴他們我身上攜帶不少的槍枝，而且那些海盜也不敢攻擊外國人的船隻。

這條河道十分狹窄，在逆風的狀況下，水手們只好跳下船，用繩索拖著小船前進，突然間，傳來一聲槍聲，咚咚的鼓聲隨之而起，驚慌的水手們立刻爬到船上來，並且嗚咽地叫喊：「這下子大家全死定了。這些海盜會剝光我們身上所有的衣物，害得我們光身赤裸。天啊！為什麼要跑進這個鬼地方

啊！」

當時，我對這種事沒有經驗，心裡也是很恐慌，不過看見水手們擔心身上那條破棉衣褲而驚慌失措的模樣，我不禁啞然失笑。

舢舨上的強盜一會兒忙著升帆，一會兒起錨，看得水手們抱頭鼠竄，紛紛跑入船艙底下，留下我和男僕人在甲板上。我拿起一根棍子，趕快跳下船艙，把他們全趕回甲板上來，我說：「這些槍和我身上的衣服，價值約一百元以上，我可不願意輕易地失去。快！把帆升起來，趁海盜尚未追來之前趕緊離開吧！」當時我們的船呈漂浮狀態，幸好船首已經轉向河水入海處。

水手們顫慄地升起了船帆，順著風勢，小船很快地划回海口。水手們高興地哈哈大笑，還指著強盜們叫囂辱罵。不多時，船又擱淺了，剛才的笑聲立即變成眼淚。我便用木棍嚇唬水手們下船，設法讓小船再次浮起來，幸好我們在那些舢舨未能啓帆之前，從他們船邊呼嘯而過。我還舉起來福槍向海盜們致意，只見他們驚訝地鬆了手，所有舢舨的船帆都降了下來。

那些受驚嚇的水手們堅持要回安平，出了港口，張滿船帆，順著風勢，小船一路平安而愉快地前行。大家忙著整理船帆的時候，我頭上的硬皮帽被繩索打入海中，剛剛表現得極為膽怯的喬仔，竟然躍入波浪中，企圖撈回帽子。船帆尚未即時調頭，喬仔已落後半哩之外。

我們花費一個多小時調轉船頭，終於將喬仔救上船，他因撈回帽子而十分得意，只不過那頂帽子才值十幾先令而已。

探訪新港──平埔部落的遺跡

一八六五年的秋天，我探訪了新港（Sin-Kang，即今台南縣新市鄉）。在這個距離台灣府十哩遠的地方，有十七世紀荷蘭時期的平埔族部落遺跡。在荷蘭統治期間，新港是主要的傳教據點。現在雖然仍有不少平埔族後裔住在這裡，但他們早已遺忘自己的母語，穿著也和漢人無異。

新港的頭目，是一位平埔族人。他過去曾經在中國參加平定太平天國的軍隊，卓有功績，謀得一個官職。他從中國帶回來最奇特的戰利品，是纏著三寸金蓮的老婆，那是他用弓劍擄來的。

我與這位頭目十分投緣。當我們談及平埔族時，他表示多數的族人已散佈到內地的鄉村，也有些人遠走東部海岸線一帶。當我表示想要探訪山地原住民的願望時，他熱心地說，可以把我介紹給他那些住在丘陵地區的同胞，他們一定會歡迎「紅毛親戚」，再加上他們與山地原住民頗有交情，這個願望一定能實現的。

除了上次在西班牙傳教士的協助下，我曾拜見山地原住民外，歐洲人從未與他們往來，更不用說拜訪原住民的部落了。為了這個千載難逢的機會，我向公司請長假，準備遠征的工作。我的朋友馬雅各醫師一聽到這次計畫，也想一起去看看向原住民宣教的可能性。馬雅各醫師是英國長老教會的傳教士，同時也是優秀的醫生，他被那些無知又有偏見的居民趕出台灣府後，目前暫住在打狗。馬雅各醫師為人熱忱、善良，曾耐心地治癒不少漢人的熱病和眼疾。有他同往，必會讓那些單純的平埔族和山地原住民大開眼界。

▼台灣醫療宣教之父──馬雅各醫師（引自《台灣盲人教育之父》）

　　同年十一月的某個午後，馬雅各醫師和我帶著僕人和苦力離開台灣府。三名苦力都是漢人，背負旅行所需的食物和藥品。第一夜，我們一夥人在新港頭目家留宿，他還是一樣殷勤好客，不過有些反悔

延伸閱讀　西拉雅族四大社

　　新港社、目加溜灣社、麻豆社和蕭壠社，合稱為四大社系西拉雅族。自康熙中葉起（1700 年左右），因處漢人入墾路線的首衝，西拉雅人不是遠走他鄉，就是歸化漢人或與之混居。

　　有一些西拉雅人深入內地，遷徙到溝坪（今高雄縣內門鄉溝坪村）一帶，必麒麟旅行茇濃、六龜所經過的木柵（今高雄縣內門鄉木柵村）、崗仔林（今台南縣左鎮鄉岡林村）、苧蕉腳（今甲仙鄉大田村的田寮仔）等地，便是在這個區域裡面。這條路線，也正是平埔族人向內陸移民的路線。伊能嘉矩在一八九七年時曾拜訪過溝坪，證實大滿亞族人曾在西拉雅人移入前居住此地的口述歷史，同時也發現少數漢人的腳步已經跟進，與西拉雅人混居在一起。

　　世居「平埔」的西拉雅人，轉而偏促地安居在丘陵地帶，其生活型態、聚落結構隨之改變，信仰也有應變措施。一般來說，西拉雅人供奉阿立祖的地方有二，一是公廨，由全社共同奉祀，一是家宅，是私人的信奉。如今在溝坪的西拉雅族裔的阿立祖信仰，已不是以公廨為中心的形式，而多以私人祭拜為主，而太祖也搖身一變，從家族、全社的守護神，成為與土地公同性質的田頭太祖。目前，西

**荷蘭時代
西拉雅族各社分布圖**

拉雅族裔對阿立祖信仰失去解釋能力，但藉著對祖先的敬拜，祀奉阿立祖信仰的形式勉強地維持著。

他曾經鼓勵這次遠征。他再三強調山地原住民極為野蠻，十分熱衷獵取人頭，雖然我們共同的親戚——平埔族人會盡一切所能來款待我們，這段旅程仍是危險重重。但我主意堅定，他只好派一名嚮導，護送我們到下一個目的地——崗仔林（Kong-a-na，即今台南縣左鎮鄉岡林村）。

進入崗仔林、茅蕉腳和荖濃

出了新港，便進入丘陵地區，我們將漢人的魯莽和文明拋在腦後，下午的時候，便到達距離新港十五哩遠的崗仔林。

我們受到該社頭目最熱烈的歡迎。他天性淳樸，為人坦率，完全沒有新港頭目的世故氣息，新港頭目在某種程度上已被漢人的惡習污染了。

崗仔林名義上雖受清廷治理，但人人以身為「野

▶美國博物學家史蒂瑞1874年在崗仔林所取得的新港文書（引自《福爾摩沙及其住民》）

蠻人」和「番仔」自豪。年老的社民仍記得一些母語。由於他們尊敬荷蘭人,所以在愛屋及烏的心態下,對所有的白種人都有好感。經常有一些老太太顫抖地對我們說:「白種人才是我們的親戚。你們不屬於那些邪惡、剃頭留長辮的漢人。但是,你們是這樣認為的嗎?你們已遠離多年,如今,在我們兩眼昏花、面臨死亡之際,竟又讓我們看見『紅毛親戚』,這是何等的幸運啊!」

託荷蘭人和從前在此地區傳過教的宣教士之福,我們受到最高的尊重,和最親切的款待。馬雅各醫師治療了一些患有瘧疾、熱病和眼疾的病人,算是對他們的熱情的微薄回報。

天氣的惡劣,再加上主人親切的挽留,我們只好又在崗仔林多待兩天。第三天早晨,主人率領幾個兒子和一些族人,陪我們到漢人與山地原住民的邊界,探訪另一支平埔族人。

我們經過一大片荒蕪的野地後,到達一座高山西麓下的客家村落南庄(Lam-tsng,即今台南縣南化鄉南化村)。那座山脈的最高峰為四千呎,被漢人稱作「人的領域與野蠻深山的分界點」。在這裡,大家受到一位生意興隆的醫生和藥劑師熱心招待,馬雅各醫師回贈一些奎寧,令他們十分高興。

我們在吃過可口的餐點,又得到充分的休息後,便精神振奮地開始爬山,爬到山頂時,山下的景色真叫人心曠神怡!

所有的丘陵地帶,因屬於漢人管轄範圍,樹木早已砍伐殆盡供做柴火。但此時我們所看到的,卻是一片豐美的山谷,有一條多岩石的急流橫臥其間。不遠處,是層巒疊嶂,一片碧翠的高山,其中最高峰是遠處的莫里遜山(高度將近一萬三千呎)。這座

▲玉山壯麗景象，
必麒麟無緣一
睹。（原書第
118頁）　）

壯偉的山峰頂端，覆蓋有輕柔的白雪，更添加意想不到的美感。白雪在陽光下晶瑩閃耀，無怪漢人雅稱此山爲「玉山」。

當天傍晚，我們終於到達荸蕉腳（Keng-chio-ka，即今高雄縣甲仙鄉大田村的田寮仔），這是平埔族在漢人領域中最偏遠的部落。此地居民的主要工作是自衛，一邊要對付客家人的壓迫，一邊要防範山地原住民來獵取人頭。這些人通曉漢語，但不流利，主要的語言仍是母語。他們因與山地原住民通婚，故對原住民比對客家人友善。

帶領我們前來的崗仔林頭目，在此地受到極大的尊敬，他向大家介紹「紅毛親戚」，於是當地居民宰殺豬隻和雞鴨，極其熱情地款待我們。

吃飯時，我見識到平埔族人的奇特風俗。喝酒前，他們用手指頭沾一些番薯酒，向四個方位噴灑，同樣地，他們吃飯前也會散佈一些食物，據說這是爲了祭祀神靈。晚餐後，這些平埔族人爲我們表演歌舞，馬雅各醫師則被請去醫治病人。

一聽到我們探訪山地原住民的計畫，眾人紛紛勸我們不要冒險，否則後果不堪設想。但崗仔林頭目笑著對他們說，連那些滿清官吏都怕「紅毛番」，所以我們到山地原住民的部落也不會有危險的。因此他們同意翌晨提供一名嚮導和一小批人員，一路護送我們到荖濃（Lau-lung，即今高雄縣六龜鄉荖濃）。這個小村莊，位於林木蓊鬱的中央山脈的丘陵區，莫里遜山的入口處。

芎蕉腳不時遭受芒仔社和萬斗籠社的攻擊。收割時節，這兩社原住民常常潛伏在稻田邊的叢林中，伺機襲擊芎蕉腳人。在幾個星期之前，就有幾名芎蕉腳婦女遭芒仔社人殺害。

但芒仔社和萬斗籠社卻與荖濃南方七哩遠的六龜里（La-ku-li，即今高雄縣六龜鄉六龜）平埔族友好。另外，他們還與排剪社 ❶（Pai-chien）、美壠社 ❷（Bilang）和雁裡社 ❸（Gani）結為聯盟，共同對抗東部大族布農族的施武郡群 ❹（Sibukun），施武郡群勢力強大，擁有一千名左右的戰士。為了得到刀、槍、火藥、鉛和食鹽等，排剪社、美壠社和雁裡社三大社又必須與芎蕉腳和荖濃保持良好的關係，以免斷了供應這些物品的來源。

荖濃桃花源

一大早，下段旅程的嚮導——一位年老的平埔族人和二名助手到達了。那名老平埔族人，一輩子不是在打獵，就是在與山地原住民或客家人作戰中度過。他由於從未見過白種人，對這次把我們介紹給荖濃人的機會，感到十分驕傲，他相信荖濃的「親戚們」一定會歡迎我們的。

此時，我們帶來的那幾名漢人苦力不肯再往前

❶
譯註：屬鄒族四社群之一，位在今高雄縣桃源鄉高中村。

❷
譯註：亦屬鄒族四社群，與排剪社對著荖濃溪相望。

❸
譯註：譯音恐為 Ganri，屬鄒族四社群。

❹
譯註：應是東部鹿野溪上游「內本鹿十四社」的布農族。

走，還好馬上又找到人來替代。至於那些僕人，頗像一般漢人青年，喜歡四處探險，看看新奇事務，倒是蠻高興參加這次的遠征。

來自崗仔林的朋友只送到這裡，臨走之前，頻頻地祝福我們一路平順，最後能安全地回到文明的世界。

當我們橫越廣闊的山谷，渡過半乾涸的河床，到達彼岸山腳下的時候，老嚮導暗示說，此刻已遠離良善的朋友，進入野蠻人的區域了，還提醒大家將武器準備好，而他和他的隨從立刻整理好火繩槍，一副備戰的姿態。

我身上攜帶著科爾特式自動手槍、雙管獵槍和斯賓塞七響來福槍，當老嚮導知道這些槍枝的強大火力，發射時又沒有火光，嘖嘖表示驚訝！

不過他說走在這條路上，攜帶再多的槍枝也沒有多大用處，因為這裡是芒仔社人和萬斗籠社人出沒的地方，他們總是躲藏在樹叢裡，監視行經的路人，而後伺機襲擊。嚮導吩咐大家一定要保持靜

▼旱季時的荖濃溪河床（引自《從地面到天空台灣在飛躍之中》）

默，未經許可，絕對不能抽煙，以免被敵人發現，遭遇不測。

一會兒，我們便進入一個狹窄的河谷。這條溪流已乾涸，到處都是巨大的圓石，河谷兩旁是林木繁茂的小山。當行經一個兩、三百呎高的懸崖時，老嚮導頻頻催促我們快速通過，說此地常有敵人埋伏，不久之前，他的親戚才在這裡遇害。

我們一路辛苦地爬山，幾個小時後，終於到達山頂。老嚮導說我們已度過一切危險，進入安全友好的地界了。他對歐洲人極為好奇，叫大家休息片刻，想聽聽我們的事情。他特別想知道，既然我們大家都是親戚，為什麼容貌和習慣有相當大的差異。另外，還請我將所有的槍枝拿出來試射一下，讓他有些見識。最後，他希望我們能加入消滅漢人和山地原住民的行列。

休息片刻後，我們一行人順著小路往山谷走去。下午三點鐘左右，便看見荖濃的幾間農家。老嚮導得意地大聲嚷叫：「喂！快出來呀！我們的紅毛親戚來了，他們就是老祖先口中提到的人呀。」

部落頭目（T'ong-su, or headman）趕忙出來一探究竟，其他族人尾隨於後。頭目聽完老嚮導說明來意後，便轉向我們，表示歡迎之意，把我們這群精疲力竭的旅人安頓在舒適的房間裡面。我們盥洗之後，主人準備好一頓豐美的食物：有獸肉、豬肉、米飯，以及剛從河裡釣到的鱒魚。在荖濃，我們遇見了三位山地原住民——雁裡社人，他們是在今天抵達的。餐畢，又見施武郡群的布農族酋長，帶著六名戰士，遠從台灣東部來拜訪，這些重要人物已有兩年沒有訪問荖濃了。他們帶來熊皮、獸肉、鹿皮和野獸的腸胃結石 ❺ 來此地交易。這些人全副

❺
譯註：反芻動物腸中的結石，早期的原住民會用作解毒劑。

武裝，火繩槍、刀、矛和弓箭，一應俱全，身上的打扮十分華麗，著紅布、披豹皮衣、配帶野豬牙手鐲，還有許多小珠子、羽毛等配飾。由於雁裡社與施武郡群布農族是世仇，茗濃頭目要求雙方解下武器，暫時由他保管。

一場戶外歡宴即將展開，主人殺了一頭豬，正放在大鍋裡燉煮，另外還有好幾桶的番薯酒。這些貴賓面露微笑，準備享受平埔族人的親切款待。布農族酋長是一位知名的勇士，曾經獵得二、三十個人頭，而雁裡社頭目們也不差，他們全是令人肅然起敬的戰士。

一開始，往昔的宿仇使他們頗爲客氣地閒談著，然而一杯杯酒下肚後，所有人丟開表面的和氣，各自誇耀英勇的事蹟，整個場地的氣氛一會兒熱情奔放，一會兒怒目相視，實在是吵嚷不休，叫我們無法安然入睡。魚肚漸白時，那些人終於有了睡意，環繞在火堆旁，隨意的橫臥，任憑華麗的盛裝散放在灰燼之間。

雁裡社人一早便離開茗濃，而布農族人從宿醉中醒來，個個頭暈目眩，一副迷迷糊糊的模樣。這種狀態對平埔族而言極爲有利，因爲如此一來，便可以在生意談判中，很便宜地取得對方的貨物。顯然地，平埔族人已從漢人身上學會不少教訓，如今，他們用同樣的手法對付山地原住民。

由於昨夜難以安眠，我們今晨未能很早起身，主人爲昨夜的擾亂致歉。還好這天是禮拜天，我決定休息一天，到附近農家看看。馬雅各醫師用漢語向當地人傳教，講一些基督教的基本道理。此外，他不但照顧平埔族人的靈魂，還治療他們身上的疾病。

當天下午，排剪社酋長派來一位使者，請我們過去探望他們。該社酋長曾經是一位知名人物，但因患有風濕症而殘廢，現在只能提供族人一些建議。他一聽說我們在茖濃，便派養子前來邀請。這位青年是漢人，童年時被這位酋長從一場屠殺中救出，目前已經完全是一位野蠻人了。

延伸閱讀　茖濃溪流域

大批漢人移墾台灣後，原始住民的生態產生劇烈變化，必麒麟筆下的茖濃溪流域，生動地記載了這區域眾多的族群和其間的衝突與糾紛。

簡單的說，當福佬人逐客家人和西拉雅人（「四大社番」）進入內陸（溝坪地區）時，大滿亞族（「四社熟番」）被迫移居山區（六龜、茖濃一帶），與南鄒族（「四社生番」）和魯凱族爭奪生存的空間。當然，這些遷移並不是一朝一夕間完成的，其中的細節錯綜複雜，學者也有不同的認定，但就必麒麟實際的觀察來看，當時的情況是這樣的：魯凱族（芒仔社、萬斗籠社、墩仔社等）和南鄒族（美壠社、排剪社、雁裡社……等）與其他社群結盟，共同抵抗「內本鹿十四社」施武郡群布農族。不過，魯凱族只與六龜的「四社熟番」友好，並不時攻擊茖濃和苳蕉腳的西拉雅平埔人，鄒族則仰賴茖濃和苳蕉腳的平埔人，以取得火藥、食鹽的供給。明顯地，平埔人是生活在欲奪其土地的漢人和喜獵人頭的山區原住民之中，反過來看，他們卻也是唯一能聯繫這些族群的人。在本章中，茖濃扮演一

▲茖濃的平埔族小孩（引自《從地面到天空　台灣在飛躍之中》）

個交易中心的角色，布農族和南鄒族前來與當地平埔人交易，平埔人再拿貨物與漢人作買賣。

依照伊能嘉矩的分類，「四社熟番」是指由台南縣大內鄉頭社、玉井鎮、楠西一帶遷至高雄縣甲仙鄉、杉林鄉和六龜鄉的平埔人，至於「四社生番」，是指南鄒族沙阿魯阿群，因其與布農族長期接近的關係，受其影響頗深。而「四大社番」則是指新港社、目加溜灣社、麻豆社和蕭壠社的西拉雅族。

排剪社獵事

第二天早上，正當我們要動身前往排剪社之前，發生一件意外事件，阻礙了我們的旅程。雁裡社人放出風聲，將在路邊埋伏，襲擊正打算返回部落的布農族人。由於荖濃人必須對客人的安全負責，唯恐得罪布農族人，因此立刻組織一批人馬，一路護送布農族人，直到脫離險境為止。等荖濃人完成任務後，我們才能動身探訪排剪社。當時，老酋長正在山上的狩獵場，路途崎嶇，是群山中最難到達的地點。

由於與施武郡群布農族長期不合，使得排剪社的人口迅速減少。現在，這些人只能靠襲擊客家人，來維持古老的勇猛英名。

延伸閱讀　排剪社

排剪社為南鄒族社群之一，位於今高雄縣桃源鄉高中村，部落所在位置與必麒麟當年拜訪的不盡然相同，不過可以證實的是，這部落仍與另一部落美壠社（今稱高中二村美蘭段）隔荖濃溪對望。根據當地人表示，目前高中一村的南鄒族人數較多，是由高中二村美蘭段遷移過來的。

必麒麟曾提及，「由於與施武郡群布農族長期不合，使得排剪社的人口迅速減少」，現今的高中村（行政區上分為高中一村與二村），普遍是南鄒族與布農族混居的情況，走訪的結果，發現村人多有南鄒族與布農族的血統，可以想見兩族通婚頻繁。即使兩族交流密切、通婚頻繁，在某種程度上，這兩族族人仍能清楚地解釋自己與他族不同的血統和族群的屬性。

▲南鄒族排剪社男子
（引自《生蕃行腳》）

▲南鄒族排剪社女子
（引自《生蕃行腳》）

馬雅各醫師爲酋長帶來藥品，讓我們被視爲友好的朋友，受到熱烈的歡迎。排剪社人拿出最好的食物——乾獸肉和白水煮玉蜀黍，來款待我們。老酋長的兒子阿旺（Awang）熟諳漢語，便權充翻譯，並且告訴我們各族的風俗習慣。

夜晚時，馬雅各醫師和我與排剪社人一起睡在獵屋裡。那是一間以岩石爲牆，茅草爲屋頂的屋子，位於海拔六千英呎高的地方，我們縱然用毛毯和鹿皮緊緊地裹住身體，仍覺得寒冷，而原住民朋友隨意在大火堆旁躺臥，僅用一塊布蓋在腰部，矛插在地上，槍也都放在身旁，隨時隨地處於戒備的狀態。

清晨醒來後，馬雅各醫師和我深深爲眼前景色著迷。岩石下，有條山溪瀉入水潭，碧潭清澈深沉，很有誘惑力。當下，我們便躍入水潭，痛痛快快地游泳。正享受清新凜冽的潭水時，忽然傳來一連串的大笑聲，原來有一些婦女、孩童正爲我們的白皮膚驚愕不已，我們只好匆匆上岸。

我們在酋長處用過早飯後，參觀了排剪社部落，部落內的建築物都是圓形茅屋——蘆葦牆和茅草屋頂。護送我們前來的人，還向我們介紹未婚男子的會所。會所內的牆壁，到處裝飾仇人的首級和漢人的辮子。我趨前數了一數，一共有十八條辮子。

老嚮導建議我們順便去探視美壠社。我們爬了二個多小時的山路後，終於到達那個部落。當地的老首領也深受風濕病之苦，他已聽說馬雅各醫師治癒排剪社酋長病痛的消息，所以很高興地接待我們。

老首領有一位漂亮的小女兒，他非常鍾愛她，十分在意她的服飾，還好我有幾件飾物，特別拿出來送給她，結果得到熱烈的感謝。很快地，我們與

美壠社建立起友好的關係。我們在這裡還不到一小時，老嚮導和荖濃人就面色驚慌地跑進屋來，打斷我們的談話，說芒仔社人正在來美壠社的途中，我們必須立刻離開這裡。

雖不情願，我們還是和主人告別，並且送給他一瓶藥。然而，有些事情早已是天命註定的吧！當我們行經濃密的叢林時，迎面碰到一批芒仔社人。那

▶驟雨後，中央山脈土石流景象。（原書第121頁）

批人當中，有四個男人和三個女人，個個裝扮華麗，而且是全副武裝。芒仔社人看到馬雅各醫師和我的那一剎那，癡癡地愕住了，用手指拍打嘴巴，表示驚訝之意。我用漢語友善地叫了一聲：「親人！」（Ch'in-lang!）芒仔社領袖聽得哈哈笑，還跟著重複說了一遍，他看起來面容挺秀，個性坦白。那些婦女由於常常受僱擔任中間人，好與漢人進行交易，所以略懂漢語，她們趨前盤問我們，馬雅各醫師與我便蹲了下來，和新朋友閒談。由於老嚮導那族和這些人是仇敵，便不高興地向後退，保持一段距離。

我點上煙斗，又拿槍枝出來放了幾響，還讓他們檢視我的白皮膚。這樣一來，大家很快地變成了好朋友。

那名叫喬波（Chau-po）的領袖，詢問我和宿敵茗濃人在一起做些什麼事。我告訴他們，茗濃人十分友好，而且，他們也是我們的親戚。我送給喬波一些火藥，和幾件小禮物。他問了好幾次我們的名字，並且重複地背誦：「必麒麟，馬醫生。」（Pukkering, Ma-i-seng）

到了分別的時刻，老嚮導偷偷地靠了過來，低聲說：「最好問問那位首領，他們將在什麼時候回家，走哪一條路，這樣我們才好避開。」我毫不猶疑地問了喬波後，便各奔前程。

當夜，大家住在一間美壠社人的茅屋裡。第二天回茗濃的途中，碰到一場輕微的地震。我們在茗濃和老嚮導道別，並以一些禮物和金錢當做報酬，令他十分高興。我們將要離開的前一夜，發覺茗濃人似乎在秘密進行某種重大的會議。到了早晨，老嚮導才告訴我們，他的大兒子和同族中幾個青年到深

山裡打獵。後來才知道，荖濃人竟利用我的情報，埋伏在芒仔社人回家的路上，並且襲擊他們，聽說殺死不少人。

馬雅各醫師和我循原路平安地回到台灣府。對這一次危險旅行，我感到十分快樂，只是一想到曾經

延伸閱讀　美壠社

美壠社為南鄒族社群之一，位於高雄縣桃源鄉高中二村六鄰美蘭段，目前仍屬純鄒族的部落。因地處偏僻，謀生不易，村民紛紛移出，多數遷入高中一村。一九九六年七月底的賀伯颱風，吹斷了聯繫美蘭段與高中的水泥橋，美蘭段內不少房屋遭損壞，目前正在修復中，許多村人便暫住在高中一村親友家。水泥橋沖毀後，美蘭段主要仰賴吊橋與高中連絡，汽車則必須從寶來繞山進入。現今大約有五到八戶，二、三十人居住在美蘭段。

語言學上將鄒族分為北鄒和南鄒，前者包括南投縣信義鄉到嘉義縣阿里山鄉一帶的久美、Iimucu、特富野和達邦，後者是指高雄縣三民鄉的卡那卡那富（Kanakanavu）和桃源鄉的沙阿魯阿（Saaroa），語言學家李壬癸先生對於南北鄒是否同屬一族群的問題表示存疑的態度，另外，因卡那卡那富和沙阿魯阿的語言結構相當接近，李壬癸先生判斷兩語言分化的時間應該只有數百年的歷史。

南鄒族的研究資料相當少，因此很難描繪出這族群的歷史與變遷，但根據伊能嘉矩的研究和楊南郡的考證，勉強可以勾勒出這族群在一八九七年的圖像：相對於同一區的「四社熟番」，這群南鄒族人被稱為「四社生番」，因施武郡群布農族的移入，被迫由楠梓仙溪下游甲仙一帶，移入桃源鄉荖濃溪中游，當時各社的地理分佈是：美壠社 Vieran（木樨寮庄）；排剪社 Paitsien（甲仙埔庄）；塔蠟裕社 Tararu（四社寮庄）；雁裏社 Ganri（溪東庄）。

由於長期與強勢的布農族交流，這群南鄒族人的族性被認為已有相當程度的布農化了。

▲ 往美蘭部落的指示牌（劉還月攝）

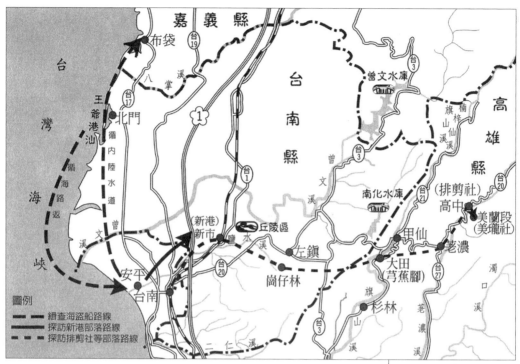

▲必麒麟尋訪荖濃溪上
游平埔族聚落路線圖

在無意之間，造成一些朋友的死亡，不禁有幾分感傷和遺憾。那種行為是可以理解的，山地原住民戰鬥的唯一目標，就是收集人頭，平埔族人為了自保，才不得不採取那種手段。十八世紀時，英國人在美洲也同樣遭受印地安人的侵擾。

我在台灣府海關的日子很忙碌，但一有空，便用旅行來調節單調的生活。馬威廉先生一直很賞識我，要不是他在一八六五年八月在廈門過世的話，我一定能得到升遷。繼任者的作風十分不同，我一直忍耐到聖誕節，終於決定提出辭呈。當然，辭呈立刻被批准了。

位於台灣府的英國商行麥克菲爾公司，過去曾向我提供條件優渥的職位，如今，我欣然接受他們的邀請了。

延伸閱讀 布農族施武郡群

▶ 布農族施武郡群的配飾
（引自《高砂春秋》）

生性強悍的布農族施武郡群人，昔時勢力龐大，戰鬥力旺盛，聞者無不心驚膽戰，令生活在其周圍的族群備受威脅。施武郡群是現今布農族第一大群郡社群之一，居住在高雄、台東山區。施武郡群最初是由郡大溪逐漸南遷，最後來到荖濃溪、新武呂溪一帶，因該地原為南鄒族和魯凱族下三社群的勢力範圍，這些族群間的怨恨與征戰便可想而知了。

布農族現在是台灣原住民中的第四大族，人口約三萬八千人，而郡社群人數占一半以上。語言學家李壬癸將布農族區分成五個方言群，其分類和地理分佈如下：

一、北布農

Takituduh（卓社群）：在南投縣仁愛鄉。

Takibakha（卡社群）：在南投縣信義鄉。

二、中布農

Takibanuaz（巒社群）：在南投縣信義鄉和花蓮縣卓溪鄉。

Takivatan（丹社群）：在南投縣信義鄉地利村，和花蓮縣萬榮鄉馬遠村。

三、南布農

Isbukun（郡社群）：從信義鄉向南至高雄縣（桃源鄉和三民鄉），到台東縣（延平鄉、海端鄉），都有郡社群的部落。

其中南投縣的信義鄉都有這五種方言群的分佈。就語言學上的分析來看，李壬癸推測信義鄉可能是布農族的原始居地。

一九四三年，布農族曾以繁複環繞平行調和弦式的唱法，聞名於世，但在漢文化和現代化強大壓力下，族人一度拋棄族群原有的面貌，所幸今日族群意識抬頭，祖先的歌謠、語言、習俗和文化，正被有心人士一點一滴地復興起來。

11/ 嘉義城奇遇
ADVENTURES IN
THE VICINITY OF TAIWANFOO

【導讀】

　　必麒麟從一個水手、海關職員，到了本章，完完全全地轉為一個處心積慮盤算台灣自然資源的外籍商人，行為上，他和大多數覬覦台灣的外商並沒有太大的差異；本質上，他卻一直不脫冒險家與旅行者的角色，正因為不斷地旅行，累積了豐富的經驗，才能夠寫出這本充滿挑戰與傳奇色彩的鉅著。

　　南南北北的旅行中，顯然北訪嘉義城是他難忘的印記，在這趟往返七、八十哩的旅行中，必麒麟遇到了強盜，也訪問了秀才；最有意思的是，這個自視甚高的旅行者，卻必須向不把他族人視為「人」的大老爺解釋西方的科技文明，而漢人們依舊不認為發明蒸汽機是一項劃時代的智慧，再次說明大漢沙文主義下，耽誤了這個民族多少進步、文明的契機。

　　本章同時也談一些台灣沿海航行船隻常遇到的海盜問題，沿海居民趁火打劫的情況，顯然在清代一直都是個頗為嚴重的問題，必麒麟可以用槍解決一些問題，其他的人可能就僅能任憑海盜們宰割了。

台灣南部的洋商號

在漢人的舊曆年後（一八六六年二月），我進入麥克菲爾公司服務。這個公司有一個漢式字號，叫「天利行」（取自「上天賜予的利益」之意），是歐洲人在台灣南部的主要商號。由於得到香港和廈門一些重要的英美公司支持，因此擁有極佳的信譽。

我們非常幸運，有一位十分能幹的漢人買辦協助。他誠實可靠，模樣討人喜歡，和政府當局的關係極佳，家世又好，使他的老闆十分有面子。

在歐洲人尚未引起中國官員普遍憎恨的時候，麥克菲爾先生（Mr. McPhail）先是擔任幾個月的英國領事，同時又被任命為法國與荷蘭的領事。

老朋友裘（Gue）接任了我在安平海關的職位。每當西南風來襲，所有船隻不敢貿然靠岸的時候，我們倆常利用這段閒暇，一同騎馬到台灣府附近探險。當時道路上常有大膽的強盜出沒，無視清廷的法律，公然掠奪旅人的財物。

這種情形，曾帶給我們一次有趣的歷險。

裘和我安排了一次長征，打算到台灣府往北約三十五哩的嘉義探險。因為嘉義離山區很近，我們希望能在那裡接觸一些野蠻人。隨行前往的，還有幾名僕人和苦力，他們背負被褥、衣服和食物。此外，顧及途中必須經過盜匪出沒的區域，我們各自攜帶手槍，和一把來福槍與雙管獵槍。

我們從北門出台灣府後，經過一片低濕而未開墾的沼地，到達茅港尾（Hm-kang-boé，即今台南縣下營鄉茅港村）的市集。我們聽說北方約七、八哩的兩個村莊，村民集體械鬥，交通因而受阻。

茅港尾和嘉義之間，是一片肥沃的平原，密集耕

植稻米、甘蔗、靛藍、鬱金、花生等植物，也出產不少水果，如橘、柚、芒果、龍眼等等。這裡的景象令人感到愉悅，只有人是壞的——簡直壞透了！村民幾乎都在從事宗族械鬥，或是做強盜。每一個村莊四周都種高大的竹子，形成一座難以攻破的藩籬，僅留兩扇大門，做為出入口。

僕人和苦力很想離開我們，但當我們騎馬走出茅港尾的時候，他們又緊跟在後面，害怕落單會更加危險。另外有幾個村民，帶著貨物，想利用我們的保護通行。

中午時，天氣酷熱，我們穿著一身中國式的寬鬆衣褲。裝戴了一頂大斗笠遮陽，活像個大蘑菇。我纏了一條黑綢頭巾，從遠處看，和當地人並無差異。

我們沿著一條穿越廣大平原，延伸數哩的大路小心行進著。說它是「大路」，不過是客氣的說法，事實上，這只是一條粗糙的花崗石板路，隨意地鋪在稻田中的田埂上。

遠處出現高大的竹叢，必定有村莊聚落，不過田野上不見人影。嚮導和苦力開始抱怨，說前面就是最剽悍的強盜巢穴，身上的衣服一定會被剝光。我並不擔心可能會發生的損失，因為他們身上不過只有一條棉布短褲而已。為了催促他們繼續前進，我只得安慰說，如蒙損失，每個人可獲賠半打褲子。這時候，村落門內湧出一排壯丁，手持火繩槍和長矛，武器在烈日下閃閃發光。這些人，在田地道路二旁擺好陣勢，趴在土堆上，等候我們到來。

▲圖為木柵的竹林
（原書第132頁）

我們興味盎然地看著這種軍事調動。從茅港尾尾隨在後的漢人，放下重擔，不肯再走。僕人和苦力在我們的軟硬兼施下，勉強跟隨，到了距離那些武裝的人不到兩百碼時，他們卻躺在地上，大聲號哭起來。

路遇強盜，夜訪秀才

這群匪盜站了起來，漸次逼進。裘和我，槍枝在手，騎馬前進。快走近這幫惡棍時，我們猛然地摘掉斗笠和頭巾，讓那些受驚的強盜看到我們的淺色頭髮和未剃髮的頭顱。同時，我們用英語大聲吆喝，鳴槍，策馬奔入匪徒群中，高聲喝道：「紅毛番來了！」匪徒一聽，大驚失色，紛紛逃回村子裡頭，一邊大叫：「快逃命啊！噯喲，他們簡直不是人哪！可能是熊，也可能是老虎！快跑！」一會兒工夫，道路通行無礙了。

更可笑的事還在後頭！我們所騎的小馬，性情雖然溫馴和順，但從未接受過軍事訓練，而騎士又剛好是水手，所以一聽到槍響，四周情況又混亂，牠們便發狂亂跳，把我們摔到田裡去。幸好那幫強盜早已驚嚇不已，否則我們早就被捉了起來。最後，小馬終於被控制住，僕人和苦力以及其他同伴又聚在一起，大聲嘲笑我們剛剛的糗模樣。

一路上，我們再也沒有遭遇強盜的騷擾，平安抵達嘉義。我們在那裡待了幾天，雖未能親自走訪野蠻人的區域，總算也在附近的山腰下，看到二、三位野蠻人。

回程途中，我們見識了尊貴漢人紳士家庭的眞實生活，並且接受最殷勤的招待。那日，我們自嘉義動身太遲，沿途盡是單調的平原，天氣又悶熱，苦

力爲了躲避可怕的強盜，並不走正路。落日時分，他們指著一座村莊說：「我們去那裡過夜吧！那是一位秀才（Siutsai）的宅第，他是這個大家族裡最了不起的人物。他會很高興看見外國人的，您可以同他講官話，他會殺一隻乳豬宴請您們，我們都會受到慇勤的招待。」我們只好言聽計從。進入村莊後，我們拖著疲憊饑渴的身體，終於來到這棟華麗氣派的中國宅第門口。

我們騎在馬上，躊躇地看著緊閉的大門。那扇大門有三個出入口，中間那道是供王公貴族專用。街上的行人漸漸地圍聚起來，高聲談論我們的出現。

這時，從側門走出二、三位身穿長袍的士大夫，詢問來意。

我用官話禮貌地對答：「我們可以進來拜訪大老爺嗎？」

片刻之後，中間的大門緩緩開啓，我們走進這座

▼圖爲著名的林家花園來青閣（引自《台灣回想》）

林本源庭園來青閣
（作者翻面光橋板）

大宅院。院裡有艷麗的花朵、綠色的假山和清涼的噴水池，我們也被許多不同位階的侍從好奇地指指點點。這位紳士的確是一位偉大的人物，他的先祖是隨國姓爺來到台灣的。這在漢人的眼裡，就如同我們英國人誇稱「和征服者威廉一世來到英國」一樣。

延伸閱讀 嘉義城興衰

必麒麟和友人安排一次嘉義城之旅，在嘉義待了幾天，卻不見有描述，想必嘉義在他眼中只不過是座尋常的漢人城市，而引不起興趣吧！因此，才會相當失望沒能拜訪到當地的原住民吧！

事實上，嘉義城的興起，在台灣的移民墾拓史上有相當重要的地位。清領初期，大清皇帝不准台灣建城，唯恐城堡為亂民所據，反使官兵無法攻破，但諸羅縣附近叛亂、械鬥時起，

最後在康熙四十三年（1704年）不得不築城防衛，稱諸羅城，先後經歷木柵城、竹城和土城外環加種刺竹（刺竹是當時最常用的防衛圍籬）等，乾隆五十一年（1786年），林爽文叛亂事件起，南北各地城池先後淪陷，唯諸羅城得居民之助，苦撐多時，乾隆皇帝諭旨嘉許士民義氣，因此改「諸羅城」為「嘉義城」。兩年後，嘉義土城改建為磚城，歷年雖有翻修，但光緒三十二年（1906年）台灣南部發生大地震，嘉義城除東門外，全城盡毀，到了一九一一年，東門又遭暴風雨吹倒，歷史古城終於傾頹，如今已難再見昔日的風貌。

嘉義城原是一個官方的行政和軍事中心，在歷史的演變中，它結合嘉義地區的資源和移民的向心力，使嘉義城同時也成為其居民的文化和經濟中心，城池雖然崩塌，嘉義城的生命力並不因此中斷，反而更生生不息，使歷經滄桑的嘉義城，仍然保持為該地區的主導中心。

▲ 嘉義古稱諸羅，因叛亂、械鬥時起，清廷乃破例築城防衛。

大老爺設筵款待蠻子

這位尊貴的官員親自到宅前的台階迎接我們，親切地與我們寒暄。

我們應對些客套話：「敢問尊姓大名？今年貴庚？出生何處？」等。他請我們進入大廳，並留我們在宅內吃飯和休息。

「必麒麟？久仰大名！」（當然囉，由我們的苦力處得知！）這個傢伙竟然會講人話（漢語）！他很高興我們的來訪，請我們盡情地享用一切。

我們客氣地謝絕，並解釋因為長途跋涉，衣冠不整，不便接受招待，只要一些食物、水和一處安靜的角落睡覺，對我們來說就是莫大的榮幸了。

「千萬不可，」他答道：「你們是我的貴客，請務必接受我們的招待。」

這樣一來，令我感到十分為難。我們的服飾雖然獨特、耀眼，但經長途旅行，衣服上沾滿了泥土沙塵。

裘和我私下商量，覺得在這種場合下，精神優於服裝，因此接受了主人的隆情盛意。

謙恭的侍從引領我們到一間寬敞的房間。室內擺設豪華，還有一個雕飾精緻的四柱大床，拖鞋、熱水、毛巾一應俱全。梳洗更衣後，疲勞頓時消除不少。

我們再到大廳，與主人一齊抽煙喝茶，聊天談笑。

這位紳士是個飽學之士，為了表示恭維，我使用中國的官話應答，不過我們漸漸地都說起本地方言來了。我發現，他是個絕頂聰明的人。

歐洲人，或是如他們所用的稱呼——蠻子，所展

現的過人精力，令他困惑不已。我們費好大的麻煩，吃不少苦頭，究竟是爲什麼？在這位保守、斯文的中國紳士眼裡，這是我們的性格當中一項無法理解的特質。什麼事值得如此大費周章？看野蠻人有什麼好處？在遙遠的台灣島上，這位紳士對於這個古老又悲觀的問題，苦於百思不解。

我們無所不談，除女眷外。對於漢人而言，公開談論他們的女眷，是一項很大的侮辱。

所有的女眷都不見客的。但是，從紙糊屏風後面，不時傳來低聲的耳語，我們談到精彩處，還可以感受到她們屏氣凝神的情形，和興奮的時刻出現綢緞沙沙的響聲——那些女眷一定就在附近。我常常感覺到，一些明亮的眼睛在紙窗的縫隙中閃爍。

晚宴安排妥當了。餐室中有好幾張方形桌子，我們被安排在上位，其他士大夫、親屬和地位較高的

▼漢人仕女圖

侍從，依序坐在適當的席次。整個安排，頗有封建時代的氣息。食物方面，有一頭肥美的乳豬——相當於我們宴席中的牛或羊的腰肉。還有魚翅及其他美味珍饈，佐以紹興酒和米酒。這場筵席費時良久。餐畢，大家又回到大廳，舒適地抽著煙、啜口茶，再聊些奇異的風俗。

發明蒸汽機算不上是智慧

這些漢人，對於英國的地理完全一無所知，所以認為我們是蠻子，來自野蠻世界中貧困的鄉村。在漢人心中，唯有天朝皇帝統治的區域才有文明，其他的世界——如果還有剩餘可憐的部分，都是未開化的，屬於「蠻子」的故鄉，而非「人」的家鄉。

他們客氣地質疑：蠻子有智慧嗎？有能力做事嗎？

我向他們解釋水蒸氣做為推進器的奧秘，並談及機器發明。不過，他們完全不當一回事，儘管其中有人看過或乘坐過汽船，但他們認為那不算什麼，難道發明那些東西就算擁有「人」的智慧嗎？這些新奇的東西，不過都是機械性的。

當我談到星辰和西方科學的推論時，才又引起他們的興趣，我還引用中國的四書五經，很得他們的讚賞。

我們最後因疲憊不堪，必須向主人告退。這位官員很禮貌地與我們話別，解釋他次日早晨無法親自送行，但已交待僕人聽候差遣，也安排一名嚮導，帶領我們走較好的道路，並邀請我們日後再來拜訪。

當我躺在床上還沒睡著時，隔著薄紙牆，聽到主人和他的好朋友在談論我們。

「這些蠻子眞是奇怪的動物。」那位官員一邊抽著鴉片煙，低沉地說道。

「噯，可不是。」另一個人附和。

他們抽著鴉片煙，同時陷入沉思。

「那個必麒麟，眞是個奇怪的蠻子。他在哪裡學會說人話呢？」

「嗯，就一個野蠻人來說，他很聰明。他差不多和人一樣了。」

「胡說，他的眼睛就和人的眼睛不一樣！那兩隻眼睛是圓的，和動物一樣，而且眼梢也不像我們人類向上吊起，我肯定他不是人。」

對方發出一聲低沉的喉音。這項爭論便如此成爲定論。

「啊，也許他的母親是一個人！」有人突發奇想。

「或許吧，他畢竟是一個聰明的蠻子。」主人做了最後的結語。

第二天早晨，主人準備了一頓豐盛的餐點，有粥、魚和肉。早餐之後，我們便離開這位好客官員的家，隨同嚮導，打道回台灣府。

由於這位紳士曾經稱讚英國皮鞍精美質優，我決定送他一副精巧的馬鞍，感謝他殷勤的款待。

向海盜解釋財產權

西南季風期間，適逢一場大颱風過境，把三艘正在安平裝糖的德籍船隻吹到岸邊擱淺了。不久，幾隻小艇出現在熱蘭遮城外的小河上，艇上是一艘荷蘭籍三桅船「波摩拿號」（Pomona）的船長及其夫人，和一些職員和水手。那艘船裝載豆餅、棉花等貨物，打算從煙台（Chefoo）駛向汕頭（Swatow）。

不料行經台灣海峽的時候，遇上一場颱風，被吹到台灣府北邊的布袋嘴——一個著名的海盜巢穴。船一擱淺，數以百計的漢人便乘著竹筏來打劫，水手只管逃命，哪有餘力保護船隻。

船長安頓著這些不幸受難的人，安排食物、衣服和住所，又和代理荷蘭領事的麥克菲爾先生商量，打算把船拍賣出去，他表示離開那艘三桅船時，情況尚好。我們的買辦花五百元買下，船長收到錢後，便率領水手、職員，搭第一班船到廈門去了。

買辦雖然花費甚少，就買到這艘船和所有的貨物，但船一旦落入布袋嘴人手中，便很難要得回來。

麥克菲爾先生提出一份譯成中文的佈告，蓋上荷蘭政府的印章。由於我們的買辦和道台的師爺交情不錯，也取得一份蓋了台灣島主管官關防的公文，通知大家，這艘船已歸「天利行」所有，違者將予以嚴懲。

然而，我們如何實踐這項權利呢？

天氣已好轉，我奉命前去布袋嘴，將這兩份公告張貼在那艘擱淺船的前桅上，並警告那些打劫船難的人趕快離開。能有機會打破在台灣的單調生活，正是我求之不得的事情。裘送來海關的竹筏，海關的登船查驗員麥克史溫尼（McSwiney）先生——一位古愛爾蘭克立（Kerry）帝國的王孫，勇敢的阿爾木圖人（Alma）和印喀爾曼人（Inkerman）的後裔，帶著來福槍、漿糊桶和點心等，自願陪同前往。海關竹筏上的掌舵人和他的三個兒子，十分反對這次的冒險，但因我曾經雇用他，並使其工資不被馬威廉先生的滿人秘書侵占，所以他們很喜歡我。

這位客家籍的老水手說：「必麒麟，你真不怕死，總是喜歡冒險犯難。別擔心，我們全都陪你去！不過，那幫布袋嘴的強盜會把我們的衣服全部剝光。」

一等海上風浪稍微平靜，我們一行人便坐上中間綁著木桶的竹筏，啓程前往目的地。我們帶著微渺的希望，前去會晤那些搶劫船難的海盜，向他們說明其作爲是犯法的，並且解釋財產權的神聖性。

由於逆風的關係，我們午後才看到目標。船的後桅杆已被拆掉，前面和主要的桅杆倒完整如初。當我們走近時，主桅杆連同船桁竟倒向一邊，正被拖往陸地去。

我們靠近船身時，才看見船的四周圍滿大批竹筏，其中還有幾隻大船和漁船，裝載了支解這艘倒楣的船所需要的一切工具，並有幾隻專事修理支解工具的駁船。船的兩側及甲板上面擠滿了漢人，像一群忙碌的螞蟻，汲汲地從事破壞工作，並不時地談笑、打手勢或尖聲大叫。

▶清代的台灣沿海，經常發生公然搶劫的情形。

當他們發現我們走近的時候，情緒更加高漲起來。

「你們在這裡做什麼？」我以漢語問道。

「跟你無關，」他們的發言人魯莽地答話，「我們認識你！你是『Teng-lang-oe』（意指「中國話」——我在台灣的綽號）。你是個聰明的蠻子，快回去吧，這裡沒你的事。」

我把道台的公文在他們面前揮了幾下：「看看這份公告，你們不能動這艘船，天利行花五百塊錢買下來了，趕快下來吧。」

爲了助勢，我對空鳴槍。大部分的人驚慌地跳下船，躲到竹筏上避難。情況更加騷亂，他們顯然不喜歡我發表的言論，紛紛拉下了臉。

他們警告說：「你們這些蠻子，放聰明點！最好別多管閒事，要是膽敢射傷我們任何一個，我們會殺死你們倆人的。天快黑了，快回家去吧！別再來干涉我們。」

再花一筆買下拆船貨

我跳上船，把道台的公文亮在這些詭計多端的眼睛前。

「不認識！看不懂！哼，道台又奈何得了我們？」他們頑強地拒絕這份公告。

我拿起漿糊桶，將這份受人輕蔑的文書高高地貼在前桅上。

「聽著，這艘船已經賣給天利行，你們搶劫這船是違法的。」

「好吧，Teng-lang-oe，」語意中帶著和解的意味，「不過，你們還是先回去吧。天色已晚，又這麼冷，你們到哪裡吃飯睡覺？待在竹筏上的滋味

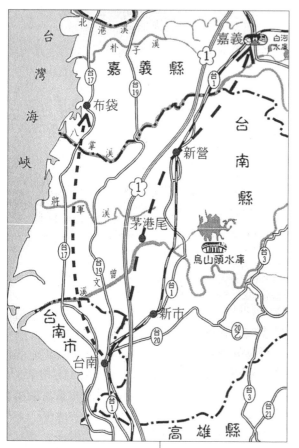

▲ 必麒麟北訪嘉義城及布袋
嘴的路線圖

是不好受的。你知道，我們現在實在不能好好招待你們，請過些時候再到布袋嘴，我們會把這些鐵鏈、帆、經緯儀和五金便宜賣給你，你是聰明的蠻子，差不多像個人了，理應了解我們漢人的規矩和習慣。」

這是個難堪的情況，但我想到謹慎是最佳的勇氣，只得再次誠懇地提醒，請他們停止胡作非爲，不然將來會受到懲罰的，隨後便駕船駛回安平。

我們才離開不遠，就聽到一陣勝利的歡呼和大聲的嘲笑。

「過些日子到村子來，我們會好好招待你！」

當老水手喚起我們注意時，我們剛好轉身看到這一幕：那隻上面貼著公告的前桅左右擺動著，很快地倒了下來，落到水裡不見了。

老水手說：「必麒麟，老天保佑，不然我們早沒命了。」

他說的是事實，只不過我當時未能體會。

幾個星期後，打劫船難的村民派人來台灣府，請我到布袋嘴去。他們虛情假意地招待，我以低價購得那艘荷蘭船上的絞鏈、五金和齒輪裝置等物件，我們的買辦也因此很便宜地買下那條船的船殼。

12/ 歷險六龜

SECOND TRIP INTO THE
INTERIOR

對必麒麟來說，也許台灣的原住民和珍貴的自然資源一樣，都是他最大的興趣所在，只要一有機會，必然不計困難及危險，踏上冒險的旅途。

距離上一次的荖濃溪之旅不過兩年左右的時間，必麒麟在一八六六年底，再次向原住民的社會探索，這次他的目的地是六龜以及茂林，身分則是一位商人，原始的目的卻是考察茶葉和肉桂樹皮生產的情形……，有了成因與目的，旅行者帶著苦力出發了。這一趟的旅行，雖名為公司派他去考察，但在事後的紀錄中，卻僅以幾十字，描寫他在路上看到大量的樟腦、茶樹和肉桂而已，其餘全都在紀錄這次旅行中，他和各社原住民認識、往來的經過，其中最重要的是完整地報導了荖濃溪中、上游地區的平埔族、鄒族以及布農族各部落間的概況和敵對情形。

本章也毫不保留地紀錄了原住民少年軍事訓練、出草以及部落戰爭的情況，今天讀來也許會令人感到殘忍難堪，卻也為原住民族群舊有的風俗，留下一個珍貴的原始記錄。

陣容堅強的考察團

　　一八六六年底，公司會見了幾名漢人，檢視他們帶來的茶葉和肉桂樹皮等樣品。這幾名漢人表示，在六龜里附近的野蠻人區域，這些物資的產量十分豐饒。經公司商議，決定推派我到內地旅行幾個星期，實地考察這消息的眞確性，以利開發貿易資源。

　　公司的漢人收帳員幫我找了一個與六龜里野蠻人相熟的漢人。此外，我的老朋友──崗仔林的頭目，幫我寫了幾封介紹信，並喚來幾名嚮導，帶領我前往位於台灣府和六龜里之間，丘陵以及山谷地帶的平埔族村落。

　　十二月的某日早晨，我們便展開長途跋涉的旅行，同行的還有一名漢人辦事員兼僕人，和背負行李的苦力。至於那些行李，裝的主要是預備送給野蠻人頭目的禮物。

▼關廟至木柵之間的月世界地形（原書第142頁）

▲六龜里風光（引自《從地面到天空 台灣在飛躍之中》）

　　我們半途在一座漢人市鎮關帝廟（Kwan-te-bio，即今台南縣關廟鄉）休息，崗仔林頭目的兩個兒子在當地做生意，他們熱情地招待我們，還派遣幾個手下為我們帶路。

　　我們在傍晚時抵達木柵。這是一個開化番的聚落，當地人慇勤款待我們，雖然他們從未見過白種人，還是把我當做「親戚」看待。當晚我們便留在木柵住宿。

　　第二天早晨，我們正準備出發時，那幾名漢人苦力卻勇氣盡失，不肯再前進踏入野蠻人的區域。幸好，木柵人立刻再找其他人來頂替那些怯懦的漢人，並且派遣一隊人馬專程護送，因為前往六龜里的路途很不安寧，常有成群結隊的野蠻人出沒。

　　六龜里和荖濃位於同個河岸，此時走的路線很像苓蕉腳到荖濃之間的道路。

距六龜里約三哩遠的山脊上，我們巧遇平埔族的打獵隊。在台灣的荒山野外中，竟出現一名歐洲人，難怪他們會大吃一驚。待情緒緩和後，他們自願照顧我們一行人，引導前往目的地。

延伸閱讀　草山月世界

必麒麟前往茬濃和六龜的兩次旅行中，一次從崗仔林到一客家庄，另一次從關廟到木柵，都經過一處童山濯濯的地帶，即俗稱的「惡地」地形。

惡地地形主要分佈在泥岩區。台灣的上新世地層厚度由北向南遞增，在曾文溪以南的台南縣和高雄縣境內，變成青灰泥岩，造山運動的結果，混合粘沙岩等成為厚層泥岩。泥岩顆粒小，顆粒之間粘性差，透水性又低，每到雨季，因雨水沖蝕而鬆動、崩裂，地形隨之變化，造成山坡地出現蝕溝和雨溝。

由於這種流泥和沖蝕現象，使得植物生長不易，交通也十分困難。冬季乾旱期，土地龜裂，山脊成尖銳的鋸齒狀，景觀非常特殊。

月世界的土地無經濟價值，僅能生長刺竹和蘆竹之類，不過，當雨季造成山谷下或湖沼地產生大量淤泥，當地居民則會整地種植農作物。

就景觀而言，月世界深具研究、教育及觀賞價值，若日後開放直昇機觀光旅遊，必定是炙手可熱的遊覽及教學據點。

除草山月世界外，其他在高雄岡山、阿蓮、田寮一帶和台南關廟地區，也有月世界的地形景觀。其中以田寮附近的崇德村、古亭村一帶最負盛名。

◀ 草山月世界今日的形貌（陳逸君攝）

在六龜里，我受到羅立德（Lo-liat）的接待，他是公司收帳員雇用來採集茶葉和肉桂皮樣品的代理人。像羅立德這類人，是野蠻人地區邊界經常可見的一種人，生性魯莽，行為毫無顧忌，吸鴉片煙，周旋在平埔族和野蠻人間做生意，並且借錢給他們，過著很不穩定的生活。

第二天，正好遇見一位萬斗籠社的老太婆前來賣鹿角給羅立德。幾件動人的禮物使我們變成好朋友，她邀請我去拜訪她居住在莫里遜山西麓的族人。她表示，她的兄弟是一位偉大的勇士，一定會熱烈地歡迎我。這個老太婆叫埔麗桑（Pu-li-sang），對於文明世界已是熟門熟路，年輕時嫁給一名漢人，也曾經在芒仔社住過一段時期。

芒仔社、萬斗籠社、排剪社、美壠社和其他的部落結合成聯盟，共同抵抗東部大族施武郡群。不幸的是，萬斗籠社因地理位置距施武郡群布農族最近，首當其衝的結果，使這族的人口逐年減少。

平埔族獵人陪同前往

羅立德向我建議，訪問芒仔社最妥當的辦法，是延請某位著名的平埔族獵人陪同前往。這位戰士有一段傳奇性的歷史。在一場芒仔社人進行的大屠殺中，他失去了父母和家人，傷痛之餘便矢志復仇，不時地侵擾芒仔社，使他們不得不要求講和，還把酋長的女兒嫁給他做太太。

這位勇士，有一座大農莊和許多頭水牛，很歡迎一位歐洲人的造訪。我送了一些火藥當做禮物，並說明來意，他爽快地答應了。當我們決定好啟程的日子後，就請萬斗籠社老太婆埔麗桑先行前往，通知該族酋長我們的造訪。

▶六龜里的平埔族
（引自《從地面
到天空 台灣在飛
躍之中》）

　　我在此遇見二位年輕的漢人，他們最近才從中國
渡海來台，漫無目的地流浪到六龜里，想謀一個生
計。來自安溪（An-K'oe，廈門之北）的肯力（Keng-
le），今年十八歲，較具進取心。另一個叫和仔
（Hoan-a），是那種無害的遊手好閒之輩。這兩名
冒險者，懇求加入我們的行列，自願背負那些行
李。

　　羅立德久居六龜里，從不敢貿然離開，如今也一
鼓作氣，不放棄這個探訪野蠻人的機會。

　　我檢視所準備的禮物：珠子、鏡子、打火石、紅
布和手鐲，一應俱全。埔麗桑回來了，帶來對方善
意的回應，更加令人興奮。

　　我們這一小隊計有：擔任嚮導的平埔族獵人、埔麗桑、辦事員阿山（Ah-san）、羅立德，那兩個志願背行李的小夥子和我。

　　我們在橫渡荖濃溪之後，便開始攀爬陡峭的山嶺。山上是一片茂密的莽林，巨大的樹木和濃密的枝葉遮蔽了陽光，森林內因此顯得徹骨的涼爽。我們沿著幾乎是垂直的山徑，爬了約三個鐘頭，才到達山頂。

　　半路上，羅立德和辦事員阿山躺了下來，脫離隊伍，不肯往前走。平埔族獵人和埔麗桑前來解圍，說了一些恐怖的故事，例如，相傳有一些凶狠的狩獵隊伍，曾在此地做出可怕的謀殺行為，聽得那二個鴉片煙癮發作的人，勇氣雖然一蹶不振，仍不得不跟著我們繼續前進。

　　剛剛才使兩個頹廢的人振作起來，背行李的人卻又背不動了。埔麗桑面露女性特有的輕蔑態度，從那兩人手中拿走大部分的重擔，一聲不響地綁在一起，用頭頂住背帶，行李背在後背上，昂首闊步地走在前面。

▼攜帶弓箭的平埔族漁獵隊（原書第144頁）

途中，我們看到一些巨大的樟樹和土生的茶樹，以及大量的肉桂皮。

當我們終於爬上山頂時，埔麗桑指著一片廣闊山谷對面的高山說：「芒仔社就在那裡，我們必須點燃一個火堆，放一聲槍響，做為來訪的信號。」不久，對山也傳來了一聲槍響，和一縷升煙。這時，埔麗桑鄭重地表示，我們必須在此地等候，由她先行探視，看看是否有任何不祥的徵兆，影響對方歡迎我們的意願。

在這段狹窄的小徑上，密佈被火烤乾的竹枝，可資證明芒仔社人正與某部落作戰。我穿著堅固的皮靴踏在尖竹枝上，不致被刺傷，但這對赤足的當地人而言是十分危險的。

等待期間，阿山和羅立德的士氣又衰頹下來，苦聲悲嘆：要不是出於一時的蠻勇，也不會參加這次旅行，又說：歐洲人是低劣的民族，不然怎會糊塗到不珍惜自己的生命！野蠻人或許會因為「蠻子」是「親戚」，而不會傷害他們，但漢人是「人」，得更加謹慎才好，若依照漢人優秀的文化習慣，就應好好地待在台灣府的家裡，而不該與蠻子冒險，忍受這一路的危險和不安。

所幸埔麗桑終於回來了，徵兆是吉祥的，一切情形都有利於我們的訪問。大家興奮地繼續前進，約兩個小時才到達芒仔社。

這個部落位於陡峭嶙峋的山頂上，可俯瞰四周的風景。房屋以大片石板為牆，小石板為屋瓦，大門約四呎高。

當地居民在好奇心的驅使下，紛紛站在屋外觀看我們的到來，他們除了癡癡地微笑，並用手打擊嘴巴表示驚訝外，沒有其他的情緒反應。

我們來到頭目的小屋時，所有的武器和貴重物品都被取走，不過主人保證，一切東西由他負責。

部落裡的男女老幼齊聚一堂，七嘴八舌地問了許多問題，不讓我有片刻的安寧，直到傍晚時刻才罷休。

由於沒有燈，野蠻人在房屋中央，用乾草火把燃起一個火堆，火舌閃耀著不穩定的光輝。突然，一個高大的身軀從黑暗的屋外闖進，高興地大喊：「必麒麟！必麒麟！馬醫生！」（Puck-a-ring! Puck-a-ring! Ma-i-seng!）

我被這突如其來的招呼嚇了一跳，即使他抓住我，極為興奮地重複叫著我的名字時，我仍憂懼不已。

與喬波巧遇

原來這個精力充沛的野蠻人，竟是那位和藹可親的朋友喬波。我們在一年前傳奇地結識，當時，馬雅各醫師和我去拜訪美壠社，歸途中，在不知情的

狀態下，把他出賣給他的仇敵。喬波在受到重傷的情況下，奮力從荖濃人的手中逃脫，其中唯一沒有受傷的同伴，費了好大的功夫才把他送回家去。

喬波是芒仔社人當中最好的人，並且還是個著名的獵人頭勇士。

延伸閱讀 大滿亞族

根據伊能嘉矩的訪查，「四社熟番」是指由台南縣大內鄉頭社、玉井鄉、楠西鄉一帶遷至高雄縣甲仙鄉、杉林鄉和六龜鄉的平埔人。這些平埔人原是來自各社的大滿亞族人，因漢人的占墾和西拉雅族人的推擠，占領「四社生番」和布農族的居地楠梓仙溪下游流域，建有三十多庄，由不同社人混居在一起。

然而漢人挾其強大勢力，使大滿亞族人無路可退，最後消失在漢族中。以六龜為例，被西拉雅人推擠後，大滿亞族人雖驅走南鄒族，找到另一片生存空間，卻仍敵不過排山倒海而來的漢人移民。必麒麟在一八六六年的旅行中，還曾經驗打獵前卜鳥占的習俗，也目睹尪姨作法。如今，六龜早已成為一個漢人市鎮了。

現在，只能靠著一些蛛絲馬跡，尋找大滿亞族人曾經存在過的痕跡，例如，在道教寺廟神農宮內，雖是以奉祀五穀先帝為主，但在〈高雄縣六龜鄉神農宮公祖廟沿革〉中，透露出這樣的訊息：

▲位於六龜神農宮內的公廨（陳逸君攝）

我擔心他認為我與那次不幸的遭遇有關，還好喬波為再次見面大感欣喜，對我極為殷勤，並用手勢表示我們都是好兄弟，使我大為放心。

那一晚，我們在吟唱一些哀怨的歌曲中度過的。那些歌曲在山地十分流行，是漢人和平埔族人都熟悉的曲調。

有識者僅知六龜公廨，座落於六龜民生路二十四號，往已不可考，根據文獻「公祖」平埔的祖靈數千年前渡海來台，於海上遇到颱風，死傷不少，幸有「公祖」顯現，始引領平埔族人登入台灣落根。據瞭解「公祖」為早期平埔族主要供奉大溪圓形奇石放在竹編籠內神威廣大。旱災時雨下降，有求必應、日據時代，適值慶神之秋此公廨遭厄運被焚燒、光復後民國三十六年公廨地址興建神農宮廟宇。神農大帝出鑾駕降旨做「公祖」靈族供奉北廳，神農宮諸神神威廣大，香火旺盛信徒眾多，而廟宇年久失修，並現址地方狹窄無發展餘地，由管理委員會計畫興建神農宮廟宇。勸募樂捐於民國六十六年乃將遷徙六龜村華北街六十號、公祖隨神農宮諸神遷徙現址，「公祖」神威廣大香火旺盛，神農宮管理委員會諸委員乃計畫重建、勸募樂捐事宜、遂於八十三年甲戌年十一月十八日破土興建，歷時八個月完成、擇於八十四年乙亥年十一月初三日落成並安座（本廟由神農宮管理委員會合併管理）。

六龜神農宮管理委員會
主任委員：劉建鵬謹識
歲次丙子年中華民國八十五年二月吉日置

這種與漢人信仰並存的現象，恐怕是當時「四社熟番」不得已的應變措施吧！

▲六龜平埔族人的祖靈信仰（陳逸君攝）

　　我發現，未婚的男子和少年都住在一間由地面架
起的小棚裡。這算是一座廟宇，裡頭懸掛著一顆顆
的人頭，據說可提升青年們的勇氣，部落的宴會也
在此地舉行。

　　芒仔社人平常的食物相當簡陋，我們卻能吃到白
水煮熟的玉米、番薯和少量的乾獸肉，應該感到滿
足了。

熱情好客的芒仔社人

　　按照當地的習俗，應由每戶人家輪流款待客人。
我很高興地見到每個人以最純眞、殷勤的態度，傾
一切所有來款待我，雖然這種好客方式有時頗令人
困窘。例如，某位主人竟拿出一個蜂巢，請我食用
上面的幼蟲！我的同伴們認爲這是看重我的表示，
基於禮貌，我也只得接受那個蜂巢，和芋泥糊一起
囫圇吞下。

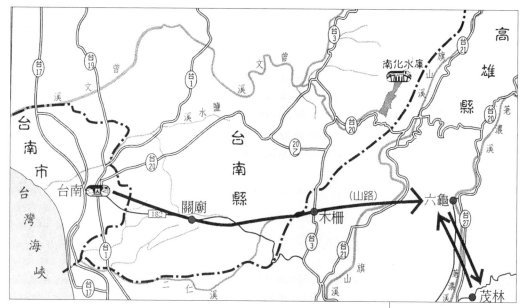

▲必麒麟探訪六龜平埔
族部落路線圖

　　大家就在抽煙和閒聊中度過兩天，部落中的少男
少女，則為我到附近的森林尋找肉桂樹皮。

　　我們要如何分配禮物，才能皆大歡喜，實在是件
困難的事。所幸一件小小的禮物，都能使孩子氣的
野蠻人高興起來，少許火藥或一個漂亮鈕扣，常常
把一張不滿意的表情轉成笑臉。

　　不久，漢人同伴對野蠻人生活感到厭倦，希望重
返文明社會，而小孩們玩的遊戲，更令他們驚恐不
安。

　　野蠻人的男孩手中拿著一隻木刀、槍或一把弓箭
之類的玩具，大玩伏擊和獵人頭的遊戲。在這好玩
的遊戲當中，被害者一出現，攻擊者就從埋伏的地
方衝出來，假裝割下人頭，並且得意地高舉起來，
表示勝利。

　　辦事員阿山看到這種模擬的鬧劇時，當場嚇得面
無人色，因此，幾個較頑皮的孩子喚他過去，指著
他的頭做出砍頭的姿勢，想藉此安慰他恐懼的心

靈。然而這種預言性的戲弄，再加上嚮導平埔族獵人所說的故事，在在使羅立德和阿山急著想回去。

那個故事的內容大概是：芒仔社人找一個「人」（即漢人）教他們建造石板屋，並且答應給他優厚的報酬，如鹿皮等等。可是當工作完成時，那些野蠻人卻割掉那人的頭，做為償還他的報酬。

我認為這不過是編造的故事罷了，但那些漢人卻深信不已，大為驚恐。

延伸閱讀 芒仔社

芒仔社為魯凱族「下三社群」之一，位於高雄縣茂林鄉茂林村，是茂林鄉的行政中心。茂林鄉居民以魯凱族為主，全鄉只有三個村落，即茂林、多納和萬山，人口約一千五百多人，是高雄縣境內人數最少的鄉鎮。

「下三社群」是指茂林鄉的三個部落，這名稱的起源，是相對於位居北邊的南鄒族四社群，又因其分佈在荖濃溪的支流濁口溪流域，因此又被稱為「濁口群」。

據現部落中一位從事建築業、四十多歲的魯凱族男子表示：舊茂林應在美雅谷更往內山的地方進去，正確的所在已不可考。因茂林鄉境內地勢高，是不少溪河的發源地，故附近有不少別具特色的景觀，例如情人谷、美雅谷、龍頭山、茂林谷、多納溫泉……等，夏日裡吸引不少人潮前去露營、烤肉、溯溪、溪釣、健行。目前，茂林是高雄縣境內頗負盛名的風景區。

▲茂林國小繪有魯凱族神話的圍牆（陳逸君攝）

在逗留三日之後，我們向熱誠的芒仔社朋友們告別，帶著一些肉桂皮，在一批野蠻人護送下返回六龜里。

六龜里的尪姨

我為了搜集肉桂皮，在六龜里多待了幾天，也因此見識到此地區平埔族的信仰，我相信鄰近地區野蠻人的信仰與平埔族相差不遠。

某日，我受邀與他們同去打獵。一切準備就緒，就差重要的吉兆。所謂的吉兆，是某些特定鳥類的飛行和叫聲。

一連兩天早晨，我們都在吉兆的鼓勵下出發。我們在山中行走了好幾個小時，越過溪流和叢林，但因在某種狀況下，看見且聽到了某些鳥類的叫聲，使得帶隊的首領不得不下令返回。他很嚴肅地表示，如果忽略這些守護鳥類的警告，不僅得不到獵物，也許還會遭遇野蠻人的襲擊。終於，有一天諸事順利，只不過沒有獵物出現！這些情形令人不悅，讓我再也不願意與平埔族獵人一起打獵了。

此外，我也曾目睹六龜里婦女所舉行的宗教儀式，不過這種儀式已漸漸在漢人附近的平埔族部落式微了。

他們先在光天化日之下，放置一個大刈桶，並在上面擺幾條木板，形成一個簡陋的舞臺。刈桶的兩邊，各插一根筆直的竹竿，而二根竹竿之間再連結一根橫桿。

然後，一位精明的女人登場了。她戴著珠鍊，身穿自製的寬鬆麻布衣，衣邊上還縫著一些鈴鐺。

一群少女和老婦人圍成一個圓圈，手牽著手，包圍著那女人，繞著大木桶，吟唱著一首單調的哀

▲西方人筆下的原住民公廨，可見尪姨在屋頂祭祀。（引自《製作福爾摩沙》）

歌。舞臺上的女人也在跳舞，最初舞步緩慢，然後漸次加快，而歌聲也隨之高昂、加速。

就在眾人迅速的環繞中，她幾乎快瘋狂了，終於不支倒地，失神地躺在木桶上面。大夥就把她抬到鄰近的房屋裡面，屏氣凝神地等待她的甦醒。當她恢復知覺時，將宣佈今年哪個時節最適合耕種。

唯有女性才可以成為平埔族宗教中享有特權的祭師。我相信，年輕的婦女在某個年齡，一定會被教授這種神秘儀式的奧秘。

埔麗桑的邀請

埔麗桑一再表示，她的族人渴望見到白種人，更進一步勸誘說，她的兄弟利蓋（Li-gai）是族中最優秀的勇士，可以帶領我爬上莫里遜山的山頂，那片山頂是東部沿岸各族與萬斗籠社人共用的獵場。

這真是誘人的邀請！雖然遭到多方勸阻，我仍想去看看這個令人敬畏的部落，於是決定接受邀請。這次長征，我只帶了二名苦力——肯力與和仔，埔麗桑也答應在他們挑不動的時候，幫忙背行李。由於所走的路線又要經過芒仔社，我不得不將準備的禮物交給其他人分別攜帶，因為芒仔社人雖親切好客，但是很喜歡糾纏來客硬要東西，什麼東西都要，甚至連褲子上面的鈕扣也不放過。

我們在早晨出發，花了四個小時走完以前需要一天行程的道路，中午時分，我們便大膽地走進芒仔社。他們很慇勤地接待我們，但是我必須躲過不停探索的眼睛，小心翼翼地看管禮物。

芒仔社人對我的拜訪計畫頗不以為然，只說有幾個萬斗籠社人最近被莫里遜山東部大族布農族施武郡群人殺害了，現在正在守喪，也許不會接待我

們，而埔麗桑也認為最好暫時留在這裡，等候進一步的消息。

在三、四天的羈留期間，我們曾四處勘查。野蠻人一家一家地輪流宴請我們，夜裡還舉行餘興音樂會，歡唱到東方肚白為止。

破曉時刻，婦女和孩童在全副武裝勇士的護送下，到一小塊已經開墾的田地上，匆匆地種植番薯。

部落的禁忌

在停留期間，我因想要取得一些芒仔社人的珍奇物品，而發現他們和其他部落都有一種「禁忌」。例如，我希望換取一個精巧的煙斗或皮帶，但物主不願意，便稱這件東西是「向」（hiang），意思是那件東西是「禁忌」的，不能片刻離身。我終於發現這個字很管用，只要芒仔社人糾纏著我要東西時，特別是索取衣服上的鈕扣時，我立刻拿「向」當做擋箭牌。

起初，這個機巧的答覆使他們感到滿意，但不久，他們就從我的表情看出這是一個托辭，瞭解這是「以其人之道還治其人之身」。我們的「紅毛親戚」才沒有這種風俗！

當時芒仔社人不但正和一個叫做新威庄（Sin-ui-tsng，即今六龜鄉新威村）的客家人起衝突，還與荖濃人作戰。某天晚上，我旅遊歸來，全身濕漉漉的，好朋友喬波借給我一套漢人服飾及一個頭巾，待我換好時，他隨口告訴我可怕的消息，說這一身衣物是被他殺死的漢人或平埔族人的。

這似乎是奇異的反常現象——當你親眼目睹那些野蠻人如何寵愛子女，夫妻、兄弟、姊妹間和樂美

（踊タ（パイワン族））

滿的氣氛，以及族人間充滿人情味的表現時，實在
難以想像他們竟以殘害敵人為樂。

　喬波對我說，每當他獵取到敵人的人頭時，太太
和兒女們一定熱烈歡迎他，並大擺盛宴慶祝。

　經過多方探詢、調查之後，我不得不做出這樣的
結論：台灣的野蠻人是某種程度的食人者，他們將
敵人的腦漿混在酒中，並大口喝下這噁心的混合
物。

　部落裡的少女都渴望嫁給一個偉大戰士或優秀的
獵人，但我不認為男子必須在獵取一個人頭後，才
能娶到太太。

　芒仔社的青、少年人最高的志願，不外乎是在部
落戰鬥中有卓越的表現。因此，他們常常把一片樹
葉當做假想敵，放在十四、十五碼外，一連數小時
練習射擊。

▲根據必麒麟的觀
察，原住民之間
相處融洽，充滿
人情味。（引自
《台灣懷舊》）

▶北台灣的原住民
　（原書第148頁）

　　他們從不做遠距離射擊，也極少進行公平的肉搏
戰，除非是在密林裡短兵相接，並遭遇對方突襲
時，才可能展開肉搏戰。在我到達芒仔社前不久，
萬斗籠社和布農族施武郡群之間剛剛發生這樣的衝
突，使得萬斗籠社因此喪失了好幾名戰士。

13/ 夜闖萬斗籠社

MY VISIT TO
THE BAN-TAU-LANG TRIBE

【導讀】

　　台灣墾拓的歷史，事實上一直是在併吞原住民的資產，利用原住民的血汗中寫成的。

　　四百年來，漢人所寫的每一頁歷史，我們都覺得非常正常，彷彿一切都是天經地義似的，假設我們有機會讀到非漢人所寫的故事，許多事情也許就要完全改觀了。必麒麟在本書中，雖然無意為原住民詮釋些什麼，但在不斷的探險旅行中，卻在在表現出原住民特殊的文化與生存哲學，絕非漢人強烈的大漢沙文主義下，粗魯地認知為野蠻或落伍而已。

　　必麒麟採訪過六龜以及芒仔社之後，仍覺得不能滿足，雖在眾人的勸阻之下，他仍毫不猶豫地夜闖萬斗籠社，最後是在感染赤痢且已相當嚴重的情況下，才離開原住民的部落，回到平地。

　　必麒麟也許天生就是個旅行家兼說故事的能手，在他的生花妙筆下，夜闖萬斗籠社的每一個細節，都令人感到緊張卻又十分有趣。此外，旅行者以真誠的心和原住民做朋友，並認真了解他們的文化，這種態度，正是最值得我們學習的！

芒仔社人並不贊成我們的萬斗籠社之旅。為了使旅程順利起見，我慷慨允諾自六龜里返回時，一定會送些禮物給他們。經過四、五天的準備，我們整裝待發了。

意外來訪的墩仔社人

由於墩仔社人 ❶（Tuna）意外造訪，我們的行程又耽擱了一天。墩仔社位居於芒仔社與萬斗籠社之間，急著想認識我們這些遠道而來的「紅毛親戚」。是夜，芒仔社人和墩仔社人大擺盛宴，熱烈慶祝，活動持續到晚上十點鐘才結束。

夜裡，墩仔社人啓程返家——男人、女人，甚至兒童都醉了，有些人幾乎都站不起來。一個可憐的嬰兒，僅僅用一條皮帶吊在母親的背後，我實在不敢想像他的命運，一路上的行程必定是顛躓不安的。

❶ 譯註：今稱多納，屬魯凱族，與芒仔社、萬斗籠社合稱「下三社群」。

▼圖為平埔族婦女背小孩的方式（引自《從地面到天空 台灣在飛躍之中》）

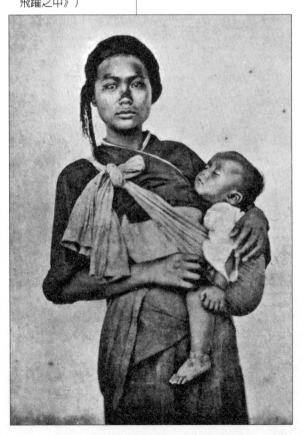

第二天，由於芒仔社人並不喜歡這個冒險計畫，我們在來不及吃早餐的情況下，趕在黎明前出發，為的是不驚擾尚在沉睡中的部落。領隊的埔麗桑一再保證，會在旅途中弄頓飯來吃。一路上不是岩石，就是石板外露的小山，十分崎嶇難行，有時我們還必須利用藤蔓攀爬

上懸崖峭壁。就在一處峭壁下，我發現一大灘鮮血，顯然有一個喝醉酒的墩仔社人，在前一天夜裡從上面掉下來。

我們行經一個寬約半哩的河床時，埔麗桑囑咐大家不要出聲，直到爬過多岩石河岸的豁口——墩仔社的所在地。沿著這條河往前走，兩岸交替出現沙灘和十分陡峭的岩石，每隔十分鐘就要渡河，河水深及胸腹，有些踏腳石正好在激流下邊約一呎遠的地方——這真不是輕鬆的旅程。

途中，一隻魚鷹受到我們的驚嚇，掉下一條肥美的魚。埔麗桑拾起那條魚，再加上一些她在墩仔社附近挖來的番薯，看樣子就要有一頓豐富的餐食了。

下午兩點鐘左右，我們到達一個天然石床構成的圓形廣場，是這趟旅程的中點。平台四周環繞著林木茂密的高山，而那條河的三個支流，正好在此地匯合成一個清澈如水晶般的小湖。

埔麗桑認為這裡已經安全了，所以決定在此略為休息。她用枯樹枝圍起火堆烤番薯和魚，準備延遲已久的早餐，而我和另二名漢人則爬上凸出湖面的岩石頂上。令人驚訝的是，我們可以清清楚楚看見幾隻大魚在水底悠游，看起來似乎河水並不深，事實上這是清澈河水引起的錯覺，我一時技癢，急著想去捉那些魚。

和仔判斷湖水不深，便拿起長矛刺魚，長矛射入水中，魚兒們卻絲毫未受影響，悠然地游走了，而那隻長矛卻直挺挺地立在水底，矛尾距水面有一段相當的距離，這令我們相當為難，因為在旅途中不能沒有這把長矛，但另二名漢人也沒有膽量去取回來。

　　埔麗桑放下手邊的焙烤工作，爬到岩石堆上，正打算潛入水中時，我感到不好意思，先行跳入湖中。那知河水極冷，冰得我皮膚刺痛，難以忍受，只得立即浮出水面，朝岸邊游過去。我凍得牙齒卡吱作響，像是得了瘧疾。

延伸閱讀　墩仔社

　　墩仔社為魯凱族「下三社群」之一，位於今高雄縣茂林鄉多納村。

　　語言學家將魯凱族分為六個方言群：

　　一、霧台（Budai），對自族的稱謂為 Vadai，今位於屏東霧台鄉。

　　二、大武（Labuan），自稱 Laboa，位於屏東縣霧台鄉大武村。

　　三、大南（Tanan），自稱 Taranak，位於台東縣卑南鄉。

　　四、茂林（Maga），自稱 Taldika，位於高雄縣茂林鄉茂林村。

　　五、多納（Tona），自稱 Ko adavan，位於高雄縣多納村。

　　六、萬山（Mantauran），自稱 Poponoho，位於高雄縣萬山村。

　　從語言學的角度來看，萬山與其他魯凱族方言的差異性最大，茂林和多納則非常接近，而霧台、大南、大武也應屬同一支，語言學家李壬癸推測萬山方言應該很早就分裂出來，自成一語言體系，而另一支又再繼續分裂成其他方言群。

　　今日的多納村，街道是棋盤式的排列，大部分的房屋仍保留石板屋式的建築，配以小碎石板圍欄，十分古樸秀雅。據當地幾名年過四十的族人表示，多納也有遷村的經驗，不過他們對舊址已無印象，恐怕只有村中耆老才能解開謎團。只是老年人們一早就上山工作，無緣向他們探究了。

　　近來，濁口溪主支流中的山谷被開發成天然溫泉，夏季時吸引不少遊客前來露營、洗溫泉，為這寧靜的山間小部落帶來一片熱鬧景象。

▲墩仔社人遷居的多納村，仍保留石板屋的建築形式，附近並有新開發的天然溫泉。（陳逸君攝）

埔麗桑縱身一躍，得意洋洋地取出長矛。當我們忙著烤乾濕衣服的時候，仍不忘消遣那二名旱鴨子。我們填飽肚子後，一行人又繼續走上征途。

一路翻山涉水，我開始懷疑是否快到東部海岸了，這時候，正值向晚時刻，埔麗桑高興地指出一個地方，宣佈前方便是她的部落了。

萬斗籠社位於群山萬壑中的峭壁之上，我們費力地沿著一座叢林密佈的小山前去，終於找到一條通往部落的小徑。

天色已昏暗，全身又饑餓又疲倦，潮濕的衣服令人十分不舒服，我整個人幾乎快崩潰了。埔麗桑先行勘查情勢，如果族人正在守齋，則不允許外人進入。

漫長的等待

良久的等待，使當初的熱情因精疲力竭而消逝殆盡，埔麗桑帶回的消息更叫人沮喪：族人正在守默齋，不准與人講話。今晚註定要在外面過夜了！夜露正濃，肚子饑餓，景況一片悽慘。

我決心做一番努力，看能否扭轉情勢。我舉起史賓塞來福槍和手槍，對空鳴了幾響，並靜待結果。不久，幾個人影從朦朧的暮色中湧現。當他們走近時，我趕忙脫下襯衫，露出蒼白的肌膚。他們看了之後，大為吃驚，用手打擊嘴巴，發出驚歎之聲。

我立刻裝上子彈，再次發射。顯然地，這些槍聲破除了符咒，這些野蠻人開始吱吱喳喳地講話，並捉住我，查看這一身奇異的白皮膚。

埔麗桑低聲說道：情勢有了轉機，他們可能會改變主意而招待我們。這時，我穿上襯衫，呼喊同伴，做出轉身折回的動作。

野蠻人著急地阻止，但我不予理會，並對埔麗桑說，我無法忍受這種無禮的對待。這群人匆匆商討一番，然後做出手勢請我們坐下等待，轉身返回部落裡。又過了一段懸宕不安的時間。這漫長的等待，使我的心靈與身體方面都十分焦躁不安，很想就此逃開。

好奇的野蠻人

最後，他們拿著火把回來，引導大家走上通往萬斗籠社入口的岩石小路，並把我們安頓在入口處一間小草房裡。這種小屋，很像漢人花園內看守人所住的小房子。我心想，既然已激起對方的好奇心，他們一定不願意失去我，只要施展外交手腕，一定可以擺佈他們。於是，我用漢語大聲向埔麗桑叫嚷，如果沒有適當的食物與款待，我要馬上離開這裡。

▶前往萬斗籠社
（引自http://
academic.
reed.edu/
formosa/gallery/
image_pages/
other/Pickering-
bantaulang_
s.html）

這番話並沒有馬上產生回應，不過那些野蠻人又聚在一起商討，然後再回去請示族長。我們終於被領進部落內，來到那位年老族長的家裡。這位族長，像大多數台灣部落的首領一樣，早已老邁不堪，只能提供部落內的戰士們一些指示罷了。

屋內的地板上，燃燒著熊熊的大火堆，對已冷到骨子裡的我，不啻是一大福音。我緊緊地圍在旁邊取暖，同時吃著一位老太婆拿來的烤番薯。

村人紛紛湧入，用手打著嘴巴，表示驚奇之意，並再次請我把襯衫脫下，我爽快地照辦，並且接受他們全體驚奇的檢視。

埔麗桑表示我很會唱歌，他們立即請我高歌幾曲，我請求眾人諒解，因為旅途的疲困與饑餓，已經沒有力氣歌唱。他們聽了之後，馬上送鹿肉乾來，稍微猶豫一陣子後，又准許我抽煙。但他們因正處於守齋期，是不能享受這些東西的。

十點鐘左右，一個代表團邀請我到外面的露天聚會。當晚，月亮高懸在天上，月光下聚集了許多人群，準備觀賞我的表演。

這真是一個奇妙又羅曼蒂克的夜晚。月光下，清楚地顯現出野蠻人特殊的石板屋，和一張張黝黑的面孔，正熱切期待一睹有著特異白皮膚的親戚。高大闃黑的群山中，有眾人的談笑聲、混亂的腳步走動聲，而山坡上急流的水聲，成了永不休止的伴奏。這情景，距離英格蘭、漢人的文明社會，一切都好遙遠。

當時我的體力透支，並且播下往後感染瘧疾和熱病的種子。曾有一段時間，我覺得四肢無力，頭暈目眩，不過一想到終於目睹著名的萬斗籠社人，又想到有機會一償攀登遙遠的莫里遜山山頂的夙願，

延伸閱讀　萬斗籠社

▲萬斗籠社人已移居今日的萬山部落（陳逸君攝）

　　必麒麟一心一意想瞻仰玉山，卻誤打誤撞地來到萬山，拜會了那些生性剽悍的魯凱族萬斗籠社人，與他們度過了一個奇妙的歌唱晚會。這趟旅行算是必麒麟在台最後一次內地山區之旅，不僅讓他畢生難忘，還不幸地罹患赤痢，造成身心的煎熬。

　　現在的萬山村並不是必麒麟當時拜訪的部落，舊萬山位於現址往北邊到六龜方向的萬頭蘭山內，一九五七年開始，受國民政府的安排，陸續搬至現址，費了兩年的時間，才完成全部落的遷移。

　　舊萬山有個國家三級古蹟，是一處有神秘岩雕的所在，根據魯凱族的傳說，在很久很久以前，歐布諾伙部落（即萬山舊名）頭目家 Ladulua-u 的兒子，娶了南鄒族（一說是布農族）「塞伊茂」家的女兒荷絲為妻，當家人出去工作時，荷絲則留在家裡煮飯。奇怪的是，除了荷絲之外，頭目全家人日漸消瘦，頭目不禁開始懷疑這位新娶進門的媳婦所做的食物，於是派小兒子躲在家屋附近查看荷絲的行徑。荷絲不疑有他，照常做家事，躲在一旁的小兒子看見荷絲掘土為

窯，將地瓜、芋頭放進去，然後再用被火燒熱的石塊覆蓋，繼續悶煮，另外發出嘘嘘的聲響，招來大批的百步蛇，然後把一條條的蛇圍繞在土窯的石塊上，與地瓜一起烹烤，並在家人返回之前把蛇肉吃完。小兒子看得心驚膽跳，趕緊跑去通知父親，頭目揭露媳婦的行為，指責荷絲褻瀆與魯凱族祖靈有密切關係的百步蛇，荷絲自知觸犯了夫家的禁忌，便帶著百步蛇離開。臨走前，荷絲請求丈夫一起走，但他不予理會，荷絲沿著濁口溪溯溪而上，一邊走一邊吃百步蛇，吐出的骨頭又變回百步蛇。

她停在孤巴察娥處，期待丈夫會回心轉意，跑來與她會合，等待的期間，荷絲哼唱歌曲，還不停地吃著百步蛇，同時在石頭上作畫，這便是為什麼孤巴察娥那兒的蛇特別多的原因。說也奇妙，當她手指一觸碰石頭，石頭就像小米糕一般鬆軟，荷絲畫了許久，還是不見丈夫的影蹤，她黯然神傷地離開孤巴察娥，一路作畫到塞伊茂部落（即桃源鄉高中村）去了。

對於萬山岩雕和這個無奈淒美的神話傳說，研究者有不同的解說和認定，例如，在岩雕的創作者、創作年代和圖形方面，研究者各說各話，莫衷一是。神話真不真實、合不合邏輯並不重要，神話傳說只是一個族群對於自身存在和生活環境所做的解釋，即使傳說神話荒誕無稽或誇張不實，它仍摻有一定程度

的信度，例如，這則孤巴察娥的神話透露出：

一、部落內的社會階級制度；
二、家族的勞力分配和倫理觀念；
三、已有跨族聯婚的事實；
四、對百步蛇的崇敬；
五、與他族有不同習俗的強調；
六、對該地多蛇的解釋……

另外，這神話也表現族群間的距離，所以賦予一名外族的弱女子一股強大的邪惡力量，足以挑戰我族最神聖的圖騰，最後當然是我族取得勝利。

萬山岩雕位於萬頭蘭山山坡，海拔一三五〇公尺處，共有三座岩雕：孤巴察娥、祖布里里和莎娜奇勒娥，岩雕圖案有圓形螺旋紋、人頭、全身人形、雲鉤紋、百步蛇、蝴蝶紋和一些點線曲線凹點等，其中以圓形螺旋紋最多，雲鉤紋被認為是漢文化影響的產物。有多次探勘萬山岩雕經驗的高業榮教授分析，第一座孤巴察娥的圖像表現創世紀的情形，有「誕生」的意味，第二座祖布里里的圖案多記事和敘述性，似乎在解釋自己氏族的來源和生活現象，第三座莎娜奇勒娥表露氏族的分脈和對子孫繁衍的期盼。

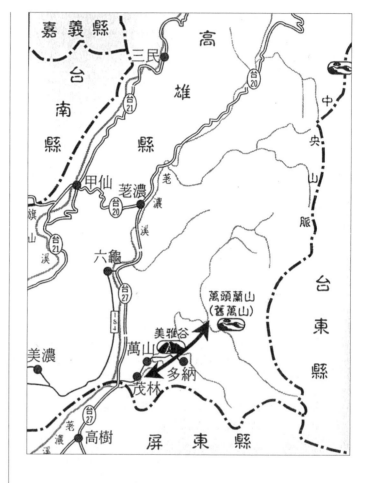

精神才又振奮起來。

　　起初我不肯先唱，請求他們開個頭，但眾人宣稱守齋期間不宜唱歌。我只好先唱一首芒仔社的歌曲，數名男子隨即加入高聲同唱，婦女們也重聲疊唱。在歌聲中，我們立刻成為朋友。

為萬斗籠人高歌一曲

　　我還唱了些我最喜愛的家鄉歌曲，包括蘇格蘭民謠、愛爾蘭歌曲，和一些嬉鬧的水手合唱曲。這些野蠻人聽得如醉如癡，十分欣賞我的歌藝，並說：

白種親戚不愧是眞正的男人，用男子漢的氣概唱歌，不像漢人學女人的聲音，尖聲歌唱。

陸陸續續有人要求看我的白皮膚，我到最後沒有辦法，只好謊稱這是西方人的「向」，以斷後來者的念頭。此時，我發現埔麗桑的兄弟利蓋和他的二個兒子不知去向，聽說次日才會回來。

我入夜返屋後，幾乎花了一整夜在老族長的火堆前烤乾濕衣服。次日早晨，埔麗桑帶著利蓋的女兒和另一名女子，領我們去尋找肉桂樹。我將來福槍背在肩上，因爲布農族施武郡群人常常埋伏在部落附近。

此地景色極爲壯麗，暗色的懸崖峭壁間，常見白色的飛瀑傾瀉而下，還有許多種類的羊齒植物，和雄偉的大樹及優雅地攀爬其上的蔓藤，在萬里晴空的襯托下，這景色絕非筆墨可形容。

我感覺已近莫里遜山的頂端了，但少女們立即提出警告：最近布農族施武郡群人曾經殺害族人，再往前走，恐有危險。

我舒適地徜徉在這片大自然的美景中，不但得知一些奇奇怪怪的植物的名稱，還學會一些萬斗籠社的語言。

我下午返回部落時，利蓋已經回來了。他的面貌平庸，樣子看起來約五十歲左右，身體仍然十分硬朗，至於那兩個兒子，一個二十歲，一個十五歲，都長得英俊挺拔，勇武強健，不過還不曾接受過獵人頭的考驗——野蠻人武士的勇敢證明。

▼肉桂（引自http://zh.wikipedia.org/zh-tw/%E8%82%89%E6%A1%82）

▲ 槍是原住民勇
士不可或缺的
配備

震驚於槍的威力

利蓋熱烈地歡迎我，表示由於我意外的造訪，族
人決定提前結束齋戒，今晚將有一個狩獵隊出外為
我們獵取食物，同時安排我們在第二天早晨去與他
們會合，順便試試我的槍之威力。

次日清晨我們便出發了，埔麗桑和一些男女也陪
同前往。我們差不多疾走三小時左右，行經崎嶇的
山路、陡峭的懸崖，越過湍急的溪水與急流，終於
到達集合地點。

利蓋和十幾個獵人已經打死一隻熊、一隻野豬和
幾隻小鹿，現在正忙著燻肉。

我們休息一會兒後，便繼續往前走，聽到遠處傳
來狗吠與人的吵雜聲。嚮導催促大家快趕過去，原
來另一隊發現一隻野豬，正進行圍捕行動。

利蓋的兒子是這一隊的首領，指派我把守一個地
點，這下子可有機會大顯身手了，只可惜一個鐘頭
過去後，仍不見動物出來送死。其他的人又打死一
隻野豬，獵人們認爲所捕獲的獸肉已經夠吃，便提
議回去。

這時，那些野蠻人全圍聚在我身邊，把玩我的來
福槍和手槍，並且企圖射擊一個目標。對於手槍所
能射擊的距離，和我裝卸子彈的迅速，眾人大感震
驚，並且肯定地表示，只要有一名白人帶這種武器
來協助他們，必可擊潰布農族施武郡群人，成爲本
地的霸主。於是他們便請求我住在這裡，並且打算
從他們認爲全世界最大的軍火區——台灣府，取得
武器和彈藥。

所有的人都想試試我的槍，我費盡心思才使彈藥
不致全部耗盡。

我們回到部落時，獵肉已燒好，平均分給所有的
人家，連那些獵狗也分得一份。

此地人的好客，慇勤得有點教人承受不了。剛在
一家用餐，馬上又被拖到另一家去，如果拒絕，則
對主人大爲不敬。那些漢人同伴顯然十分欣賞這種
歡宴，我只好不顧一切地接受所有的招待，和隨後
而來的消化不良症。

此時萬斗籠社人還是有限度的維持齋戒，不抽
煙、不喝酒，所以沒有發生其他部落常見的爛醉如
泥的情況。

他們招待客人的方式也很奇怪。我被安排坐在女
主人或女兒的身旁，她用一只很大的木湯匙爲我盛
豆子、玉蜀黍或肉湯，而且都會先嚐一口，還用手
替我從公共的盤子裡，選出最好的鹿肉、豬肉、熊
肉或臘腸。吃完飯後，馬上遞來一隻裝滿水的長竹

▲ 正在搬運竹水桶的排灣族婦女（引自《台灣懷舊》）

管，請我喝水。這種竹水桶長約六呎，是用最粗的竹子削製而成的，我因不太習慣使用，灑出去的水比喝進的還多。

婦女們把兩、三隻竹水桶吊在一個支架上，並用懸在前額的皮帶，將架子揹在後背上。這些婦女就這樣揹著水桶，費力地走在崎嶇的山路，可以想像這絕對不是一件輕鬆容易的工作。

水土不服，染患赤痢

最近的天氣晴朗，令人神清氣爽，不過我卻老是覺得需要一條毯子和更換乾淨的衣服。但是，因為懷有登上莫里遜山的希望，和一、兩天內即可返回六龜里的遠景，使我忘記潮濕的衣服所引起的不適。

不幸地，在第四天的夜裡，天氣轉壞了。翌日，不但刮起大風，還下著雨。野蠻人朋友認為我必須等天氣晴朗後才能出行，我不得不遵守這個習慣。這段期間，我發現男人們不是吃就是在睡覺，而女人們則忙著砍木頭、燒飯和汲水。

雨和冰雹落個不停，氣溫一直下降，再加上原始生活和潮濕衣服所帶來的不舒適，更使我感到十分難受，因而患上赤痢。

野蠻人在地上點燃一個大火堆，大家赤裸著身體，圍坐在火堆旁取暖。我則蜷縮在幾張獸皮裡頭，躺在為來客準備的床鋪上——一種類似水手用的吊床。

由於病勢不輕，而且除了乾胡椒和熱水外，又沒有其他的藥物，所以我決定趁著尚有體力之時，設法趕回去醫療。雖然他們懇切地邀我在雨停後再去遊覽莫里遜山，我也不為所動。於是，我與肯力商

量,即使埔麗桑不帶路,我們在第二天早晨仍按照計畫啟程。

當我們宣佈要離開時,所有的野蠻人朋友一致反對,埔麗桑甚至強調不敢回去,可是肯力和我決定不再耽擱。經過多次爭論,我們仍堅持離開。和仔也想一起回去,但他的長矛被野蠻人藏起來了。

埔麗桑說,只要晚一、二天再出發,她就可以找回那隻長矛,並陪同我們回去。然而,我病得太嚴重,不容再拖延,只好告訴她,我必須趕到六龜里去吃藥治療,屆時會準備一些禮物送給他們。

這項安排馬上產生了良好的回應,他們同意我離開,並且送給我一些獸皮、鹿肉和當地的織布做禮物,我則依依不捨地與他們話別。

▼排灣族三地門社頭目(引自《生蕃行腳》)

我們一路上毫無阻礙地到達墩仔社。在經過河旁邊的村口時,我聽到叫喊聲,轉身一看,原來是一名墩仔社男子在追趕我們。

他的喊叫聲反而催促我們加速前進。如果在墩仔社稍作停留,尤其又沒有禮物可以取悅他們時,即使不會危害我的身體,也難保不會招致諸多的不便。

為了躲避那個人,我們卻迷了路,差不多花一個多鐘頭才找回原路。

下午四點鐘左右,我們終於抵達芒仔社,正好遇見山毛孩社(Soa-mohai,即今屏

東縣三地門鄉山毛孩舊社）和拉尼社（Lani）的人盛裝前來作客。他們打扮得十分華麗，身上裝飾著珠子、貝殼、紅布、野豬牙、銅絲、花朵和橘子等等，這兩族人居住在台灣南部，在打狗的對面。這兩族的語言和芒仔社語言不太相同，反倒和南岬的塔嘎拉（Tagala）土語相近。

如前文所提及，我認為台灣的居民來自好幾個國家，如菲律賓、日本，也許還有墨西哥。

這些客人很高興看見我，他們從沒見過白人，而我又熱絡地以他們的方式來表示友誼——彼此用胳臂摟著對方的脖子，用同一個碗喝酒。

山毛孩人和拉尼人熱切地邀請我去他們的部落作客，我不得不回絕了。

我找到好朋友喬波後，向他說明病情，請求他在次日早晨護送我回六龜里。他一口氣答應了。正當我們準備出發之際，埔麗桑和和仔竟然也趕到了。這個老太婆大概擔心我一離開萬斗籠社，就把禮物一事忘掉，或者怕芒仔社人獨占那些禮物。

那隻長矛找到了，埔麗桑和和仔將陪我前去六龜里，大概是為了督促我遵守對他們的許諾吧！

我在眾人的護送之下，平安地抵達六龜里，分贈給芒仔社人和萬斗籠社人一些並不值錢、卻被他們視為寶貝的東西，和一些日用品，以感謝他們的幫助。話別時，我心裡十分難過與不捨。

約三年後，幾位來自打狗的紳士到六龜里旅行，碰巧遇到一群來交易的芒仔社人，喬波也在其中。當他知道那些紳士是我的朋友時，便託他們為我帶了把美麗的長刀，上面有雕飾華麗的刀鞘和毛髮編成的花穗，另外還有一對漂亮的鹿角。他表示，那些禮物是提醒我「早早來」（tsap-tsap-lai）吧！

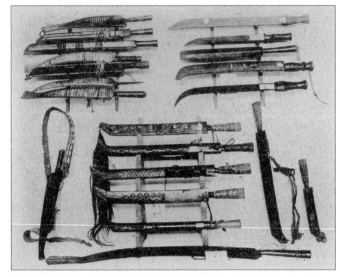

▲台灣原住民諸族群之刀（引自《高砂春秋》）

「可憐」（k'o-lian）我那些親戚，他們是多麼渴望再見到我。

十二年後，我派駐新加坡。某日，有位先生到辦公室來找我，說他曾經住在台灣南岬負責建築一座燈塔❷，居留期間，結識不少當地的野蠻人和漢人。當地人聽說他即將返回英國時，便有一百多位組成的代表團去拜訪他，請他轉告必麒麟務必再回台灣來，履行再次探望他們的諾言。

就在一個月前，我還聽到甘為霖牧師說：即使在最遙遠的地方，我的名字仍然為當地人所念念不忘。我想，對朋友長久的懷念，並不只限於文明社會啊！

❷
譯註：應為英籍技術師George Taylor，豬勝束大頭目卓杞篤的義子潘文杰曾在一八八七年陪Taylor東遊卑南。

14/ 買辦的詭計

AN EXCEPTIONAL CHINESE MERCHANT / GENERAL LE GENDRE TO THE RESCUE

【導讀】

清朝時期的台灣，由於列強的入侵，開啓了台灣的海洋時代，不僅台灣與中國、東南亞、東北亞的往來頻繁，歐洲的貿易商隊更紛紛在台灣設立分公司，以利經商貿易，而這些分公司之份子、總裁大都由母公司直接派來，爲了溝通及交易的順利，則再雇請一些本地人做爲買辦。

買辦的主要任務是買賣貨源，以利商人出口外銷他國；而在買賣的過程中，自然需要接觸或經手許多金錢，也正因此，買辦的品行與廉潔也就成了最受人注目的焦點，否則中飽私囊之事隨時可能發生。

本章描寫的，是必麒麟在任職的公司和買辦鬥智與鬥法的經過，作者一再詳述他如何注意買辦的言行，並向長官檢舉，卻不被採信，最後該買辦終於捲款私逃的精彩過程。其中有許多枝節今天看來也許會覺得很幼稚，但在兩百年前，也許眞是一件驚天動地的大事！

假道學的買辦

我服務的麥克菲爾公司，總店設在打狗，台灣府支店由一位漢人買辦全權處理。雖然由我紀錄店內的進出貨金和現金帳等，但其他帳簿則完全歸那位買辦管理。麥克菲爾兄弟對他極為信任。

這位買辦出身世家，又有一筆龐大私產。當初攜家帶眷由廈門渡海來台時，還帶了一批侍從。他的住宅富麗堂皇，為人慷慨好客，外表看來，文質彬彬，舉止謙恭有禮，做事能力很強。他既不喝酒、賭博，又不抽鴉片煙，道德十分高尚，還常常讚美歐洲傳教士，幫他們說好話。

這真是個集一切美德於一身的完人，而我這個毛頭小子，竟如不畏虎的初生之犢，敢在這位毫無瑕疵的人身上挑毛病！詹姆斯和尼爾兩兄弟對他十分

▼吸鴉片煙是當時富裕人家的奢侈享受

讚賞與信任，認爲他是本公司的驕傲，有上進心，足智多謀，常常提出一些巧妙的計畫，使公司業務大有發展。所以，任何人若想提醒老闆小心提防這個買辦，是絕對不會被採納的。

一八六七年初，我自萬斗籠社歸來後，情況有了變化。當時我住在台灣府西門外唯一的歐洲人商店裡。每天吃過晚飯後，我習慣散步到買辦的住處，瞭解當日公司業務的進展。當時一般漢人商賈的習慣是白天睡覺，在晚上才起來，一邊辦事一邊抽鴉片煙，一直到翌日清晨。

華燈初上，正是買辦最忙的時刻。他帶著溫和的笑容，以響亮的聲音向那些狡詐的漢人解說和我們做生意的好處，我也從與商人的閒談中，得到許多快樂和知識。

偽造「釐金」官印

某日，我在買辦住處，發現一個顯然和天利行扯不上什麼關係的人。那是位優秀的木刻家，作品精巧細緻，我常去觀看他雕刻，心情大爲舒暢。讓我百思不解的是，他正在雕刻一些精緻的圖章，而且竟然是「釐金」（Likim）收據的印樣，這是一種政府的稅印，蓋在繳納過關稅的進口貨物上。究竟公司和釐金有什麼關聯？我找了個機會，私底下問了買辦。

他揚聲一笑，告訴我等著瞧吧！馬上就要產生很大的關係了，他接著坦白地表示，整個計畫他構思已久，與道台取得協議後，由我們徵收「釐金」，屆時當然需要釐金收據的印章，貼在鴉片煙的外箱上，所以才要雇個雕刻師先把印章刻好。我們公司真是了不得！

這個計畫似乎很合理，又能使公司得到利益，但幾星期後發生另一件事，不免又引起我的懷疑。

公司每天派有專差到打狗總店。因為道台與麥克菲爾兄弟極為友好，所以常託我們帶些公文。這些公文隨意放在一只大信封袋內，用米飯、西谷米或其他正好在手邊的黏稠物粘起來，然後在封口蓋上官印，寫上地址，便送出去了。

有一天，我在買辦的辦公室裡，道台衙門剛好送來一封公文，託我們的專差交給打狗的領事。

「我們來看看裡面寫些什麼。」買辦說。

這個公正不阿的人便潤濕封口的黏液，擅自拆開公文封。我驚恐不安，因為漢人做這事是要砍頭的。

延伸閱讀　買辦

買辦是洋行雇用的本地商人。因洋商初到陌生地，人生地不熟，不諳當地語言、風俗習慣和人情世故，買賣交易上不免出現諸多問題，於是外商多雇用一些略通外語的本地商人，替洋行辦理採買物品、開發貨源、放貸農民或處理一些雜務等事。由於是替洋商辦事，買辦的待遇十分優厚，例如曾和必麒麟共事過的天利行及怡記洋行的買辦，不論其良好的出身，兩人私宅均富麗堂皇，錦衣玉食，生活優渥。然而買辦中介人的角色，卻給予一些不肖份子投機的機會，例如本章所描述的天利行買辦，瞞上欺

▲ 19世紀末台灣著名的買辦──李春生（引自《台灣歷史辭典》）

下，中飽私囊，還私刻釐金稅印以逃避關稅，最後竟席捲天利行財物逃離台灣，致使天利行落到拍賣產業的下場。日本時代，隨著洋行的遷移，買辦這行業也因此衰微。

「買辦，難道你不怕死嗎？」我失聲問道。

他從容的微微笑、聳聳肩，不以為意地回答：「這是漢人的作風。」

這也是事實！但如果一個人——不論是白種人或黃種人——若做得出這般卑鄙的事，還有什麼是不敢做的呢？我感覺我對他的不信任感，有一天將可以得到印證。

道德完人的謠言

一些關於這位道德完人的謠言，秘密地傳開來了：他曾在某個下流的場所與商人賭博、生活過於奢華、言論虛而不實等等。我怎麼會知道這些？由誰傳開的？我自己也不清楚。不過，從經常和漢人閒聊的經驗中，我逐漸能分辨漢人的好惡與狡詐，於是開始為台灣府分店的處境擔憂起來，以前種種的疑問，像冰山一角漸漸出現了。

我好不容易鼓起勇氣，向尼爾‧麥克菲爾提出我的懷疑。但話一出口，我立刻警覺到這些話多麼缺乏真憑實據！那些「他們說」、「我聽說」、「謠傳」的話語，讓我的上司很憤怒，任何對買辦不利的話，他都不會相信，也不應該相信。而我，有什麼權利懷疑他？尼爾‧麥克菲爾信任他如同信任自己一樣，認為他竭盡心力謀求公司的繁榮。

我大膽地指出：公司經營那麼多的業務，帳面上卻不見有豐厚的利潤。

「那是買辦的事情，」他回答：「整個業務由買辦負責，並且得到充分的授權。以後別在我面前再提及此事。」

該說的話已經說完，我就像先知一樣，得到預言壞消息的報應。現在，只有等著瞧了。

驚人的安排

五月，正是西南風開始，船隻不靠安平的時候，詹姆斯·麥克菲爾由打狗來到台灣府。某天傍晚，買辦來辦公室報告業務狀況，這時他的名譽已發生微妙的變化，而且奇怪地反映在衣著和舉止上，他不再獨斷獨行，面容、衣飾也不若從前。

他報告說今晚將隨單桅快船，押運一些財物、鴉片和布匹到打狗。那隻快船，是我們用來往返兩港口間的駁船。

這項安排令人訝異。由買辦親自押運貨物，簡直是件紆尊降貴的事情！隨船押運貨物通常是我的任務。

既然安排妥當，我也無話可說。次日早晨，僕人緊張地叫醒我，說外頭出事了，買辦已經逃走，而官兵在倉庫外面，正準備查封天利行。我趕緊穿好衣服，匆匆趕去。

當我撥開喋喋不休、指指點點的群眾進去時，道台的手下正在大門貼大告示和封條，又搜查一口井，並在裡面發現蓋在鴉片外包用的圖印。

這種情況非同小可，必須立刻制止。於是我做出十分震怒的模樣，撕掉所有文件，粗聲粗氣地要求他們解釋原因。他們激動憤怒地回答：「你們的大買辦犯了滔天大罪！要是當場捉到，馬上要砍頭的！這幾個月裡，他假造『釐金』的官印，又私自蓋在貨物上面，騙取大清帝國的稅收！我們恨不能當場逮捕他！」

買辦潛逃

我要他們取得英國領事館的命令再來查封。我轉

身進屋,辦公室空空的,買辦從廈門帶來的人全都不見了,只剩下二名台灣府籍的辦事員,飽受驚嚇,呆立在那裡。他們什麼都不知道!哼!他們會什麼都不知道嗎?

幾經威脅,才有人肯說:「這是真的,買辦已經逃走,不會再回來了,他是一名大罪犯。其餘事情我們實在不知道。」

我跑上二樓的買辦私宅,裡面空無一物──什麼東西都搬得乾乾淨淨的。情勢相當緊張,我大膽走進婦女的廂房,將絲綢窗簾拉開,房間空盪盪的,從前的富麗堂皇全消失無蹤。他的確逃走了,我只好到詹姆斯‧麥克菲爾先生的房間,報告這個消息。

他當場嚇呆,久久不能言語。我帶領他到屋頂上的天棚透透氣,那裡是個小小的瞭望台,每天傍晚,我們經歷一天的酷熱和辛勤工作後,常在此閒坐,抽煙休息。

他深陷在藤椅裡,雙手蒙著臉,嘴裡喃喃地說:「完了!完了!」

此時,我也茫然毫無頭緒,雖已派人到打狗通知尼爾‧麥克菲爾,他最快也要在次日才能抵達。現在最重要的是,如何逃過道台的「熱心」並保護公司。我到底該怎麼辦?

李善德將軍的幫助

當我失意地凝望著海上,正陷於苦思不知所措之際,答案竟在天邊出現了。遠處有一縷黑煙,愈走愈近,最後海面上清楚出現一艘懸掛著美國國旗的軍艦「亞舒羅特號」（Ashuelot）,更湊巧的是,船上載著美國駐廈門和台灣的領事李善德將軍 ❶

▼李善德將軍（引自http://commons.wikimedia.org/wiki/File:Charles_William_LeGendre.jpg）

❶
譯註:李讓禮、李仙得均為其漢名。

（General Le Gendre），我從來沒有像此刻那樣期待歐洲人的到臨。

不出一、兩個小時，軍艦上走出一批人，過來敲喊我們緊閉的大門。李善德將軍看見沮喪的麥克菲爾，又聽到我們的遭遇之後，長長嘆了一口氣。

「還好倉庫裡尚有鴉片，我們還不至於完蛋。」我說。

「我們看看吧！」將軍回答。

底下的倉庫裡存放著二十五至三十多箱鴉片，全堆在一起，用麻布袋裝著，似乎從離開加爾各答（Calcutta）後就不曾開封過。

「把箱子打開瞧瞧！」有人提議。

結果，都是滿滿一箱的磚頭、廢物，卻不見鴉片的蹤影。

爲了避免道台的欺凌，而且李善德將軍又是公司主要債權人的朋友，所以我們立刻決議請他代表那個廈門的美商公司，來處理這樁事情。

第二天，可憐的尼爾‧麥克菲爾從打狗趕來。他十分傷心，不僅因公司境遇，更爲了一個極爲信任的人無情無義地背叛他們。

買辦的快船已不在台灣海峽上，也無從得知他們的下落。不過我們判斷，他們可能先逃到澎湖藏匿一陣子，再伺機潛回中國。

李善德將軍對我們大有助益，他早年做過律師的經驗，給了我們不少明智的建議，並幫我們從道台處取得許可，由我到澎湖搜捕罪犯，同時還有一封致澎湖地方官的公文，命令他盡全力給予協助，此外更有一紙委任狀，授權給我逮捕那位買辦。

儘管我們接獲消息，得悉那買辦曾在一座島上燒香拜佛，追查時卻毫無所獲，如果不是澎湖居民眞

的不知道這個罪犯的下落，就是受到重金賄賂，不肯吐露實情。我在地方官的家住了一個星期左右，便返回台灣。

由於受到這個不誠實的買辦私吞公款的牽累，再加上有一批茶葉在澎湖島遭遇船難等重大損失，在在使公司無力應付。

怡記洋行接管了這家公司。這是我生平第一次也是最後一次擔任拍賣人，賣掉所有存貨，以及買辦

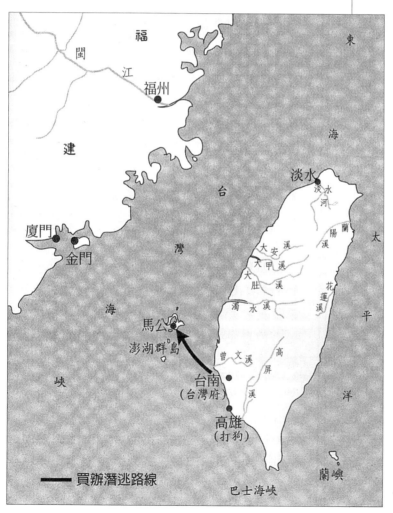

◀買辦潛逃路線圖

所留下的貨品和動產，所賣的價錢還算不錯。之後，我便被聘任主持怡記洋行的台灣府分店。

　　麥克菲爾兄弟不久便離開台灣，現在大概已不在人世。我十分感念他們極為親切的待人，他們在台灣極受敬重，只因為過於信任一名漢人無賴，竟招致嚴重的不幸，實在是令人痛心！

15/ 泣血海岸線
WRECKS AND WRECKERS

【導讀】

　　幾百年前的台灣，向來是冒險家的樂園，往往也會是冒險家的墳場！

　　幾百年前，許多中國沿海的漢人，也一樣拋親離家來到這個海島，冒了九死一生之險，無非是為了開拓另一個新天地，許多人總算尋找到新樂園，然而，更多的人命因而葬身黑水溝或者島上。

　　台灣日漸開發以後，種類繁多的產業與天然資源，吸引了世界各地人民的覬覦。中國簽下天津條約之後，台灣被迫打開門戶，許多英、美商人勤於在台灣活動，他們雖有各國領事的保護，在台灣攫取許多利益；然而，也總有失利的時候，船隻遇到颱風或機械故障，被迫擱淺在台灣沿海的船隻，下場幾乎都是財物被掠奪；際遇更差的，甚至連船員也被殺害，一八六七年的南岬事件，便是典型而又著名的例子。

　　必麒麟這次又要帶我們進入另一個驚心動魄的世界，從海難船隻被沿海居民打劫的慘狀到原住民和外籍入侵者的衝突……，每一頁血跡斑斑的歷史，都反映出那個時代最現實而殘酷的一面。

以打劫船難為業的漁民

台灣漁民對遇難船隻十分殘酷，即使是台灣府和打狗之間海岸線上最守法的漁民也不例外。再往北一點，那些目無王法的殘忍漁民，更將打劫難船當做職業。只要一有難船不幸擱淺，它的命運是可以預料的。

一大早，常有一、二十隻竹筏從安平河出發，打算出海捕魚，然而突如其來的一陣強風，往往使他們陷於淺灘附近的巨浪中。即將溺斃的可憐人，死命抓住圓木頭和漂流物，漂流過親戚朋友居住的漁村，迅速地漂向死亡。而那些「友愛」的親友們，不是群聚在岸邊看熱鬧，就是駕著竹筏停留在巨浪周圍，隔著怒吼的海浪，大聲喊叫或以手勢，與受難者討價還價，以錢的多寡來決定是否要救人。

有時候，主客也會易位。有一位專做這種殘忍交易的漁民到安平購買繩線、魚網，碰巧遇見一個脫險的海難者，迎面便遭受一頓竹竿的毒打。

打狗海關成立以前，那些地區的居民更為野蠻。當時，曾經有一艘德國籍的船隻，被颱風吹到猴山下面港口的外邊，海灘上立即聚集蠢蠢欲動的人群。當那名條頓族船長大膽出面勸告時，卻不幸慘遭殺害。

復仇女神隨之而來。怡和洋行和甸德洋行裡的歐洲人，個個義憤填膺，決定挺身而出，私自執行法律，於是指揮手下馬來籍水手和馬尼拉籍水手，立刻將那些搶劫難船者的村莊燒得精光，藉以示意歐洲人的生命也是有價值的。

颱風來襲

我初抵打狗時，住在「三葉號」上，有一隻由大型民船組成的船隊，從中國駛到打狗港，裝載糖類，準備運往中國北方，它在港口停泊幾個星期，準備在西南風來臨時啓航。

在無所事事的等待期間，水手們自然常常上岸，與台灣的住民們往來。某日天剛亮，風和日麗，海面平靜，看不出一絲絲暴風雨的徵兆，正是開船的好日子。他們趕緊準備，與朋友們道別，匆匆啓航了。那知幾小時後，烏雲頓時籠罩，風雨交

▲旗後山昔稱「撒拉森山頭」，是船隻最害怕的致命岩石。

加，突來的強風一陣一陣地迎面吹擊船帆──颱風來了，那些民船在驚濤駭浪中束手無策，像海扇殼一樣，衝擊到「撒拉森山頭」上崎嶇嶙峋的致命岩石。

黑夜降臨，死神也愈來愈迫近。那些不幸的漢人，悲慘地向岸上的同胞們呼救，但是狂野的波浪正沖來一批又一批的貨物，忙碌的他們哪有時間去救那些難民！

貪婪無情的漁民，是不會糟蹋老朋友船上的好東西的，他們推擠著前進、爭鬥、爬行，甚至涉越淹及頸部的巨浪，去搶奪一些殘留物。

假使看見奄奄一息的受難著被沖到岸上——很好，隨手拿一塊木頭，當頭一擊，什麼事都沒了。

這條危險重重的西部海岸線，每年不知吞沒多少無辜的生命！

年年都有不幸的船隻逆風行駛，最後不敵西南風的強勢撲擊，被吹到台灣府以北的沙岸或淺灘上，船一旦擱淺，立刻被百來隻竹筏圍聚起來。興高采烈的劫船者，蜂擁入船大肆洗掠，把難船上劫來的贓物當做合法的戰利品，至於那些倒楣的水手，則全身被剝得精光趕到岸上。據說，曾有幾名德籍船長沒有立刻將結婚戒指脫下，那些漢人二話不說，就連手指一同切了下來。

著米袋為衣的受難者

某天，有二、三十個幾乎是全身赤裸的歐洲人，被領到我們台灣府的分號來。原來他們被搶劫難船的漁民剝光衣服，夜晚時被迫在海灘上用沙子覆蓋

▼在海盜的村莊登陸
（引自http://
academic.reed.edu/
formosa/gallery/
image_pages/
Other/Anderson-
WereckerVillage
_S.html）

身體來取暖，而後張皇失措地遊盪到某個小鎮，還好當地行政官同情他們的遭遇，施捨每人一些食物、少許旅費，和一個裝米的新麻袋。

他們在米袋底部割一個洞，套在頭上，便成連身的衣服，雖無美感可言，至少可以遮身。

那位仁慈的官員還派一名嚮導，帶他們到台灣府中歐洲人的住所。

不幸地，前往台灣府的途中，他們還必須經過一個強盜村。當然那些居民絕不可能讓寶貴的嶄新米袋白白通過，於是他們身上唯一的遮蔽物又被剝了下來，無怪那些人以原始人的姿態出現在我的面前。

為「遊歷者號」復仇

一八六七年初，兩個落魄的漢籍士兵被帶到打狗的英國領事館，他們原是美國三桅船「遊歷者號」❶（Rover）上的廚師和膳務員，如今是那隻船上僅有的生還者。

「遊歷者號」在台灣的南岬沉沒了，韓特（Hunt）船長、船長夫人、職員和水手們，登上小艇逃生，在台灣的最南端登陸。他們一上岸，就遭野蠻的龜仔律人襲擊，全部罹難，只剩他倆死裡逃生，偷偷地沿著海岸來到一個漢人的村莊。

當消息傳來時，英國皇家海軍軍艦「柯摩輪」（H.M.S. Cormorant）正停泊在打狗港，該船的博德（Broad）船長在英國領事的陪伴下，立刻到南岬實際調查。他們欲上岸與野蠻人接洽，卻受到不友善的火繩槍的熱烈歡迎。小艇上有二名水手受了傷，划槳也被擊壞，他們不得不退回大船上，徒勞無功地返回打狗。

❶
譯註：或音譯為「羅發號」或「羅妹號」。

於是，美國領事李善德將軍率領「亞舒羅特號」戰艦前來台灣，要來為「遊歷者號」的船員們復仇。起先他勸說道台派兵討伐，但道台拒絕干預此事，辯稱瑯瓄──「遊歷者號」失事的地方──不在清廷的管轄範圍內，事實上那裡有許多福佬人和客家人。

李善德將軍便上北京，向美國大使和總理衙門報告此事。另一方面，貝爾上將（Admiral Bell）從日本率領巡洋艦「哈得弗號」（Hartford）和海防艦「沃明號」（Wyoming）前來台灣，準備報復這次屠殺事件。當這兩艘軍艦抵達打狗時，「哈得弗號」上的麥肯奈中校（Commander Mackenzie）邀請我擔任翻譯，我當然十分樂意陪同前往討伐，英國領事也要求跟隨。

▼著漢服的瑯瓄平埔族
（引自《The Island of Formosa: Past and Present》）

我們在當天下午出發，貝爾上將採納了我的意見，停泊在南岬西邊的瑯瓄灣（Liong-kiao bay，即今射寮港）過夜。這裡有一個客家莊，當地居民不但供給武器給野蠻人，並且與之通婚，十分清楚野蠻人的風俗和出沒的區域。

我進一步建議：以優越武力為後盾，再用金錢賄賂，必可使那些貪婪的漢人提供幾名嚮導給我們，如此可分一路人馬，從陸地上自後方偷襲龜仔律人，另一路則從海灘進攻。不過，貝爾上將懷疑那些漢人是否可以守口如瓶。

延伸閱讀 「遊歷者號」事件

　　清同治六年二月七日（1867年3月12日），美國籍三桅帆船「遊歷者號」，從中國汕頭開往東北的途中，行經台東外海時，遇暴風雨在鵝鑾鼻附近觸礁沉沒，韓特船長領其夫人、職員和水手們乘小艇逃生，欲在瑯𤩝附近龜鼻山登陸，不幸遭排灣族龜仔角社人殺死，僅有兩名漢人倖存。

　　這事件一公開，羈留台灣和中國的歐美人士無不義憤填膺，此事件遂成為當時中國與歐美外交上的棘手問題。除了上書北京抗議外，英美曾先後派四艘戰艦前來台灣做實際調查。清廷拒絕洋人要求出兵嚴懲肇事者一事，辯稱「生番不歸地方官管轄」，將台灣南端劃出其勢力範圍，但是，從必麒麟的記載中，我們看出當地已有頗具規模的福佬人和客家人的聚落。

　　根據《台灣省通志》〈外事篇〉第二章第四節「外舶遭難及糾紛之續出」的統計，從道光三十年（1850年）至「遊歷者號」事件發生之前，共計有三十艘外籍船隻在台灣海岸線上遇難。「遊歷者號」事件不過是冰山一角，將過去十七年來的積怒爆發出來。事實上，幾個世紀中，漢人離鄉背井橫越黑水溝、在海上討生活或與洋船起衝突時，遭遇海難失事的人數，應該更為可觀！

　　為了「遊歷者號」事件，被視為「台灣通」的必麒麟曾四度進入恆

▲以「遊歷者號」事件為契機而興建的鵝鑾鼻燈塔（引自http://academic.reed.edu/formosa/gallery/image_pages/Other/SCape-Lighthouse_B.html）

春，擔任翻譯，其過程綜合如下：一是隨兩軍艦（「沃明號」、「哈得弗號」）前來討伐，二是應霍恩之邀尋找韓特夫人遺骸，第三和第四次是隨美籍李善德將軍與原住民談判簽約。

復仇行動開始

第二天清早，我們到達南岬，停泊在屠殺現場的外海。上將派遣一百八十名士兵登陸搜索，由貝克拿上校（Captain Belknap）和麥肯奈中校分別領隊。我被分派在麥肯奈中校那隊。

一路上是濃密的叢林，偶有一片多石的青草地，行走困難，不見人煙。

深入內地不到一哩時，埋伏中的敵人開始朝我們放槍，所幸無人傷亡。陽光苦毒，上坡路又崎嶇難行，士兵們精疲力竭了，不料敵人又開始從四面射擊，我們很難捉摸其行蹤。到目前為止，尚未有死傷事件，只有一名士兵把中校的肩章射掉了。

野蠻人停止射擊，我們實在看不出此地有村莊或道路的跡象。

▼美國海軍為「遊歷者號」事件前來征討原住民（引自 http://academic.reed.edu/formosa/gallery/image_pages/Other/Formosa_Pirates_S.html）

面對叫苦連天的士兵，麥肯奈中校下令全隊隊員停止，在岩石下的陰涼處休息一下，避避暑熱。我們才剛坐下，從附近的叢林裡又發動一陣射擊。

中校決定召集一批志願兵，深入繁茂濃密的叢林裡，將敵人驅逐出來。我們衝向山坡，朝煙霧發出來的地方猛烈地射擊，並全力尋找喧鬧聲源，但到達那個地點時，卻找不到半個人影。

我們這幾名志願兵聚集在巨大的岩石上休息，想找煙抽抽，正好在我身上找到一、兩根火柴，麥肯奈中校和其他同伴手裡握著煙斗，緊緊地圍在我的身旁，等待這根寶貴的火柴所劃出來的火燄。

瞬時又一陣的槍林彈雨，使我們抽口煙的希望幻滅。

「小夥子們，快！讓我們衝鋒陷陣，把這幫惡棍打得落花流水。」中校激昂地大叫。

大夥兒尖聲吶喊，往前齊衝，迎面而來的又是一連串的射擊，惹得大家極為憤怒，卯足全力反攻，我忽然瞥見中校轉過身來，手摸著胸膛，用奇異卻又安詳的音調說：「請找位醫生來。」

然而我被情緒高昂的夥伴推擠前進，大夥不斷地衝奔，直到我們突然聽到召喚我們歸隊的號聲才停止。

我們與主力軍會合時，才發現麥肯奈中校的心臟被子彈擊中，當場身亡。

由於找不到龜仔律人的村莊，貝克拿上校下令撤回，由我們這一隊進行掩護。龜仔律人見我方撤退，變得更加大膽起來，一路尾隨攻擊到海灘，幸而他們的武器不致造成傷害。由於風浪增強，我們費了好大的力氣才回到船上。

我們將整個經過情形報告給貝爾上將後，他決定

先回日本，等旱季時東北季風刮起，再回到台灣，屆時放一把火就可以燒掉這整片叢林。他把英國領事和我送上打狗港，並埋葬了麥肯奈中校的屍體。這位驍勇善戰的軍官，曾經馳騁在南北戰爭的沙場上，絲毫未受一點損傷，如今竟被微不足道的台灣野蠻人之流彈所殺，實在令人扼腕！

不久，一艘軍艦專程駛來打狗，將他的遺骸運往美國。

一回到打狗，有一名叫詹姆士・霍恩（James Horn）的人正等著我。他代表「遊歷者號」失事船長夫人的親友而來，希望能找到船長夫人的遺體，並送往美國安葬。

霍恩到打狗後，曾隻身前往瑯𤩝，費盡大把金錢和時間，卻毫無斬獲，只好轉回來請求我幫忙。當時正好是西南風的季節，鮮少有船隻貿然靠岸，我才有餘閒陪他再回到瑯𤩝調查。

至於搜尋期間的遭遇，以及我們在南岬的歷險，霍恩的日記紀錄得更為詳細，這些日記還在《中國郵報》（China Mail）上刊載過。

〈詹姆士・霍恩日記〉摘錄

我在南岬住了一個多月，由於對所打探的消息和翻譯員都不滿意，只好在七月三十日從射寮（Sialiao，一個位於瑯𤩝灣的村落）回到打狗，去拜訪台灣府的必麒麟先生——公認是台灣島野蠻人的最高權威之一，並且是優秀、年輕的語言學家，承蒙他慷慨相助，陪我前往南岬，去尋找那些遺骸。

我們在八月三日動身前往射寮，次日溯保力溪而上，當晚就住在前次留宿的地方。

【八月五日】——還好我們及時趕到這裡，海面

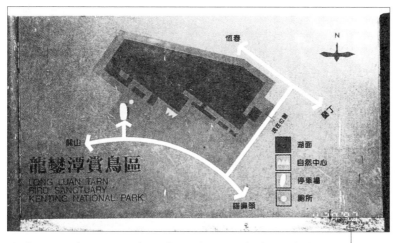

◀龍鑾潭現已成
　為台灣三大最
　佳的觀賞水鳥
　之地（陳逸君
　攝）

上起了一陣颱風，聽說有兩艘民船在南岬外海遇難，三艘民船從瑯嶠被吹到海上。必麒麟發現很難再探聽到那些屍骸的消息，因為口譯員（Atowat）曾經再三威脅當地居民，說美國人一定會來復仇。我們下午到客家莊保力（Poliek），查出骸骨和一些雜物還在龍鑾社❷（Ling-nuan）的野蠻人手中，這個部落位於龜仔律人（就是殺害「遊歷者號」所有船員的兇手）附近。在這裡還看見幾個被鄰近部落當做奴隸的野蠻人。我們為了到海灣中的大樹房❸（Toa-su-pong，距韓特船長一行人登陸之地約兩哩遠），雇請了一名嚮導。

　　【七日】——南下。下午四時我們抵達一個長約兩哩、寬一哩的淡水湖，據當地漢人表示，湖中有很豐富的漁產，冬季時則有滿湖的野禽。差不多在傍晚六點左右，我們到達 Sin-keng 海邊附近的農舍，並在此地過夜。

　　【八日】——下午六點鐘抵達大樹房。

　　【九日】——我們探訪口譯員指示的那間房屋，在那裡會見了三名龍鑾社的野蠻人，他們表示遺骸已經殘破不堪，當初口譯員只肯出價十五塊錢來買

❷
譯註：位於今屏東縣恆春鎮南灣里龍鑾山。

❸
譯註：位於今屏東縣恆春鎮大光里南灣後壁湖漁港附近海邊。

回那些遺骸，又恐嚇他們，說如不趕快交出「遊歷者號」的一切東西，幾天後，馬上會有一隻汽船駛來，毀滅這附近所有的村莊。他們由於萬分驚恐，趕緊把裝骸骨的袋子丟在龜仔律社附近的樹底下，現在，恐怕已遭野豬踩躪了。這些野蠻人都會說漢語，在與必麒麟的長談中，一再表示自己是老實人，沒殺過人，現在每每看到汽船駛來，都嚇得魂飛魄散。他們還說，如果當初韓特船長往西邊走三百碼到他們的部落，族人一定會伸出援手的。龍鑾人每年從龜仔律人手中救出好幾名漢人，在十年前，還曾救出在南岬失事的歐洲水手——吉姆（Jim）、亞歷士（Alex）和比爾（Bill），其餘十八名人員則慘遭龜仔律人的毒手。那三名水手在當地與龍鑾人、漢人生活了一年多，直到一隻往東的船隻出現，將他們載走。一年之後，亞歷士還回來送給他們二百塊錢。

下午我們趕到龍鑾社，龜仔律人就居住在東邊的山上。在這裡我們只遇見三個野蠻人，其他人則上山工作。野蠻人指著海灘上的一棵樹，說是埋葬屍體的地方，距龜仔律社相當近。我們前去察看時，發現頭顱、胸骨和肋骨等都在，但不見大腿骨和胳臂。他們聽口譯員說韓特先生是位官員，又推斷那名婦人必定是貴夫人（不然為什麼派軍艦來尋找她的遺骸），因此開高價出售那些骸骨。必麒麟不厭其煩地向他們分析利害關係，說明若採取友善態度能有多大好處，與白種人做生意可得什麼利益，船隻到臨時將不會傷害他們，如果幫助美國船隻懲罰龜仔律人或救助船難的水手，一定可以得到優渥的報酬。他們答應盡力而為，也同意在次日早晨，將韓特夫人的遺骸送到大樹房附近的某間茅屋裡。

延伸閱讀　龜仔律社

▶圖為龜仔律社附近的香蕉灣（陳逸君攝）

　　龜仔律社是位於恆春南墾丁附近小山上的排灣族部落，今行政區為屏東縣恆春鎮墾丁里社頂。他們因洗劫美籍「遊歷者號」帆船而聞名，由於清政府最初辯稱當地不屬大清版圖，拒絕處理該事件，致使美方出兵自行解決，清廷見事態嚴重，才決定嚴懲肇事者。這決定卻引起當地福佬和客家人的驚慌，唯恐自族成為清方和原住民征戰下的犧牲者，便穿針引線，迫使領有瑯嶠十八社總頭目的卓杞篤與李善德將軍簽訂條約，制定互不報復、十八社幫助遇船難之人等條約，才結束此事件。

　　龜仔律社地點極佳，由部落附近可以遙望東方太平洋、西面南灣的一切動靜，雖然社人能搶奪先機，洗劫難船難民，但他們也可能是洋船登陸補給、修護時砲彈下的受難者。

　　龜仔律人往日的勢力範圍──大尖石以東到鵝鑾鼻一帶，今日成為恆春半島上最受歡迎的墾丁國家公園。社頂附近有社頂自然公園、墾丁森林遊樂公園和墾丁牧場。大尖山附近的青青草原，就是著名的墾丁牧場，是由日本殖民政府建立規模，後由畜產試驗所接手經營，號稱全台最大的牧場，是台灣最大的肉牛繁殖場。占地四百三十五公頃的墾丁森林遊樂公園，據說是世界八大實驗林之一。一九○二年，日人在恆春培育熱帶林，引進五百一十三種熱帶植物，分別種在高士佛、豬朥束、港口、龜子角（龜仔律）等試驗地，二次戰後，範圍最大的龜子角試驗地被開設成墾丁森林遊樂公園。社頂公園是一處充滿熱帶原始風味的自然公園，園內有草原、熱帶灌木叢林、石灰岩洞、峽谷等，占地一百八十公頃，以其珊瑚礁林地形聞名，其他還有不少自然勝景和觀光據點。

　　當我們眺望突立的墾丁標誌大尖山，或湛藍迷茫的太平洋，欣賞秀麗歡愉的風景之際，不妨想像一下當年必麒麟所經歷的詭譎風雲和原住民叱吒一時的赫赫事蹟。

【十日】──聽說這部落有個巴士島（Bashee）人，他們一行十人乘著獨木舟，被吹到台灣島東岸。欲靠岸時，受到牡丹社 ❹（Bootan）野蠻人的猛烈射擊，其中一位同伴遭擊斃，他們繼續南行，終於在豬勝束 ❺（Tilasok）附近登陸，被一位又聾又啞的野蠻人領到自己的家裡。不幸地，族人欲砍下他們的頭顱，還好聾啞人挺身護衛，手持木棍表示，除非先殺了他，否則別想動巴士島人的念頭。由於聾啞人是頭目的內弟，因此得以收留那些人，不過還是有一位巴士島人被抓了出來，取下頭顱──這是漢人告訴我的消息，因爲最近有一名巴士島人被送來會見這些漢人，看看語言是否互通，能否弄一條小船，讓他們返回故鄉。漢人們請我們過去和那個巴士島人說話，不過我們也聽不懂他的語言。正待離去時，必麒麟想起西班牙和巴士島有貿易往來，便試以西班牙語問話，他竟然回答了，說他是基督徒，且背誦主禱文給我們聽。他也證實了漢人的說法無誤。必麒麟答應盡全力解救他們，並請求漢人善待他們，來日必有酬謝。

我們依約前去遺骸所在之處。由於沒有足夠的金錢可以贖回骸骨，必麒麟費盡唇舌，才與龍鑾人達成協議：先繳交訂金，由一名漢人擔任保證人，再找另一名漢人擔保他，而我則必須留在瑯璚，直到把錢付清爲止，同時向他們保證，這樁事件就此了結。我們將所有骸骨裝進一只草箱裡，遵從漢人的建議，放進一些金箔紙，做爲死者在黃泉路上的費用。因爲漢人對骸骨有所忌諱，只好由我背負那口箱子。那些人又要求我們耗盡所攜帶的彈藥，我們於是朝著龜仔律社發射，藉以表示對他們的憤怒。一切作爲均令龍鑾人滿意後，我們便啓程返回射

❹
譯註：位於今屏東縣牡丹鄉牡丹村。

❺
譯註：台灣史著名「十八番社」之一，今屏東縣滿州鄉里德村。

寮，當晚七時才抵達。我們回來途中，受到沿途居民熱心招待，他們屬半開化的野蠻人，擁有少許漢人血統，待人親切和藹。如果遭遇船難的水手在龜仔律岩（Ko-a-lut Rock）以西登陸，必定會受到很好的接待，而不至喪命於野蠻人的手中。

位於岩石之西的龍鑾人，雖比較開化，但也不可以過份仰賴。一旦他們衡量得失，便毫不猶疑地打劫難民。

必麒麟趕回打狗辦理相關事宜。

【十二日】——我由一名嚮導陪同，前往湖邊某個平埔族人的村莊，探尋「遊歷者號」其他遺物。我花了五塊錢買回一口箱子，另外還有計時錶和肖像，野蠻人獅子大開口，索價甚高。

【十七日】——必麒麟回來了。他受英國領事賈祿 ❻（Carrol）的請託，負責交涉釋放那些巴士島人的事宜。

【十八日】——我們前往大樹房，拜訪那名相識的巴士島人，並付清韓特夫人骸骨的款項。聽說野蠻人又送出另一個人。必麒麟設法尋找一名嚮導，帶領我們拜訪豬勝束的頭目，交涉釋放巴士島人事宜。由於此行必須經過龜仔律社，所以沒有漢人膽敢偕同前往，因為他們害怕，一旦我們遭遇任何傷害，責任一定會推到他們頭上來。必麒麟給前來大樹房的龜仔律婦女一些酬金，她們也不願意為我們領路。她們說，自從上次那隻汽船離開後，龜仔律人的農作物就常遭到野豬踐踏，有一名村人被鯊魚咬傷，族人間還發生一場爭鬥，有二個人因此被殺身亡。於是龜仔律人舉行宗教儀式，占卜這些災禍的來源，結果是美國人臨走時留下的一個惡靈在作祟，龜仔律人因此決心報復所有的白種人。我們前

❻
譯註：為當時的英國領事。

往豬勝束的計畫無法實現，只好請一位野蠻人婦女傳話，告訴頭目，我們願意為每個島民付七塊錢的代價。二天以後，帶回的口信是要求更高的代價。據說那些島民曾以手勢表示，如果能送他們回去，將送二斗米多的金錢做為報酬。必麒麟只好出價二百元，表示這已是最高的數額，並向那位婦女解釋，期待那些全身只剩一塊遮羞布的人拿出錢來，是再愚蠢也不過的事。過了二天，回音是索價五百元，並且還說已有幾位從瑯璚來的漢人，出四百元買那些人，準備帶回打狗做鴉片煙，或賣去當奴隸（當地居民對羅馬天主教的傳教士，有許多奇異的聯想，

延伸閱讀　斯卡羅人卓杞篤

卓杞篤是豬勝束頭目，曾統領恆春地區的族群，共組「瑯璚十八社」：草埔後社、巴士墨社、家新路社、牡丹路社、快仔社、加芝來社、牡丹社、中社、竹社、高士佛社、八瑤社、四林格社、蚊蟀山頂社、豬勝束社、射麻裡社、龍鑾社、貓仔社及龜仔律社，就連該地區的漢人也對他十分敬畏。

豬勝束社與龍鑾社、貓仔社和射麻裡社，同是來自台東知本社剽悍的卑南族，同化於排灣族，並被稱為「斯卡羅族」（Suqaro 或 Suqaroqaro）。豬勝束社全盛時期曾領有排灣族、恆春阿美族、平埔族、其他斯卡羅社群和一些移民部落，並徵收番租，其影響力一直持續到日本時代。一八九六年曾在當地設立國語（日語）傳習所，推動兒童教育，部落裡仍有一座石碑，為這段歷史做見證。

▲里德村內豎立有日本語實習紀念碑（陳逸君攝）

例如他們會將教徒製成鴉片煙）。這時，我們看穿那些漢人的伎倆，他們想出四百塊錢買到巴士島人，日後再以五百元轉賣給我們。必麒麟託人轉告那位頭目，說隨他意賣給漢人好了，反正我們出不起那筆錢的。我們回到射寮後，沉默了兩天，放出我們已沮喪地返回打狗的風聲，同時給一名娶了野蠻人女子為妻的漢人兩百元為保證金，只要他能說服野蠻人放人，保證金將歸他所有。我們在等待音訊的期間，受邀拜訪 Labosee 族，到距射寮六哩遠的山上。必麒麟和我不但受到殷切的款待，享受一頓佳筵，次日離開前，還收到熱情的禮物──一袋玉蜀

與美國李善德將軍訂定條約時，卓杞篤是代表瑯璚十八社總頭目的身分，但根據楊南郡的研究，或許是當時的總頭目 Vankim 因故不能赴約，而改派弟弟卓杞篤和其義子潘文杰前往，不過，日後多數資料都視潘文杰為十八社總頭目。

後來因為其他族群進入斯卡羅族領地移墾的關係，斯卡羅族也被鄰近的平埔族和漢人同化，所以不是被認為是排灣族就是平埔族，例如在伊能嘉矩的探查中（1897年），發現豬勝束社總頭目和潘文杰的住處擺設均採漢式，龍鑾社人的漢化也

▲潘文杰（引自《征台紀事》）

頗為嚴重。一九○四年（明治三十七年），豬勝束社被編為平埔族社。物換星移，恆春平原易主後，這群曾在南台灣呼風喚雨、意氣飛揚的斯卡羅族人，竟被歷史遺忘了。因此，一部斯卡羅族起落盛衰史，可以說是原住民與漢人勢力消長的變遷史。

豬勝束社位於現在的屏東縣滿州鄉里德村，它就像許許多多的台灣鄉村一樣，是一座死寂的城鎮，只見部落老人及雞犬悠悠地在巷道間遊移，彷彿在堅持地守護著先人被遺忘的顯赫事蹟。

黍和幾隻雞鴨，並由十幾名全副武裝的勇士護送至山下。我們回去後，收到頭目的口信：金額不能再少，並說有客家人拿告示給他看，滿清官吏即將派兵七千五百名，來消滅龜仔律人及其統治下的野蠻人。

那個野蠻人婦女也說，她看見巴士島人被嚴密地看守著，當她以手勢表示頭目不肯釋放時，他們都失聲大哭起來。由於必麒麟急著要趕回打狗，但又不願半途而廢，便答應支付那筆款項。在嚴密的保護下，那名婦女在三十日把錢帶給豬勝束的頭目。

【三十一日】——在兩名老婦人和那聾啞人的妻子陪伴下，七位島民被釋放出來。那些婦女絮絮聒聒地讚揚頭目的大恩大德，竟以些許的代價就把人放了，她們還答應在次日把最後那名島民從大樹房領來，並會支付收留他的漢人所要求的一切費用。過了兩天，那二名婦人卻說那個漢人不肯放人。次日一早，我們全副武裝南下，硬是把那名巴士島人搶出來，並叫那些漢人自行去和豬勝束頭目算帳。這舉止起初引起一陣大騷動，但經一番解釋後，我們雙方在友善的情況下分手。

我們之後返回射寮。必麒麟本來急著於九月六日晚間十一點鐘上船回打狗，而我則必須暫留在這裡，做我們所借錢之商行的保證人。但是天候極不穩定，並颱起東北風來，必麒麟因此必須留待次日早晨再行離去。原來是颱風來了，強風暴雨不斷，沒有船隻敢駛離港口。

【九月八日】——今天，此地福佬人首領前來拜訪必麒麟。最近聽說清廷將率兵八千人來瑯璚，攻打龜仔律人和野蠻人，福佬人擔心此舉會影響地方安定，因為那些野蠻人早已洞悉官方的意圖（那

些愚蠢的官吏竟公開貼出告示，表明其企圖），並結爲「十八番社」聯盟，由卓杞篤（Tok-e-tok，即囚禁巴士島人的頭目）統領。他們除了有一千一百名攜槍的勇士外，還可指揮一千五百名恆春阿美（Amia）奴隸。這些部落決心對抗滿清，假使打不贏官兵，也會潛逃到北方藏匿，等官兵撤退後再回來。

延伸閱讀　恆春阿美

日本時代，恆春地區的阿美族舊稱「阿眉番」。當卑南族卑南王叱吒台東時，曾奴役阿美族，迫使一些阿美族人循海路，南遷至滿州、恆春一帶，居住在斯卡羅社之間，語言、文化受其影響頗深。伊能嘉矩一八九七年的訪查中，恆春阿美散居在六個聚落：

一、港口庄（今屬屏東縣滿州鄉港口村）

二、老佛山（今屬屏東縣滿州鄉響林村）

三、九間厝（今屬屏東縣滿州鄉玖厝村）

四、萬里得社（今屬屏東縣滿州鄉響林村）

五、麻美望社（今屬屏東縣滿州鄉九棚村）

六、港仔庄（應在今屏東縣滿州鄉八瑤灣北）

其中港口庄和港仔庄是與漢人混居（港口庄是清嘉慶初年客家移民建立）。由於這些都是斯卡羅的領地，恆春阿美向該族繳納番租。以港口庄的人數最多，約有三、四十戶，計

▲清末日初已做漢人打扮的阿美（眉）人
（引自《征台紀事》）

一百多人。日本時代，有部分阿美族人遷回台東。

日本時代的港口熱帶植物試驗地，就在港口溪口，林務局繼續經營，成為恆春林業試驗所港口工作站，是樹苗的培育區，試驗所內有自然生成的白榕樹，是當地的珍貴資產。港口還有一項特產──港口茶，從清光緒二年（1876年）開始栽種，以安溪的烏龍、綠茶、雪梨、紅心尾四種茶籽混合下種，風味特殊。港口茶目前是台灣北迴歸線以南唯一的茶產。

　　福佬首領說，他們和客家人長期向各部落頭目租用土地，對那些頭目頗有影響力，不如由他們來勸說卓杞篤，讓他答應日後不再洗劫遭遇船難的外國人。

　　目前，這些漢人生活安定（每年只需繳租金給頭目），清廷出兵的話，只會糟蹋農作物，並不能真正制裁野蠻人。他們不想反抗清兵，但若官兵沒有完全消滅野蠻人，一旦撤兵後，野蠻人必定會因他們不曾提供協助，而不時地侵擾漢人聚落。

　　客家人的聚落與野蠻人接近，彼此有貿易往來，雖然清廷曾與客家人接觸，而客家人也隨時可停止供應火藥給野蠻人，但是他們久聞清朝官吏——無論是在中國本土或在台灣，對朋友和仇敵都是抱著多一事不如少一事的態度，再加上他們和野蠻人的關係一向友好，又租用對方土地，因此極不願發生戰事。

　　其實，福佬人和客家人之間時有戰事，在此之前，他們並不曾達成協議過，但這次為了避免清兵所帶來的損害，這二族漢人前嫌冰釋，齊心合力處理龜仔律人的問題。客家人首領林阿高（Lin-a-kow）也來拜見必麒麟，表示他將勸豬勝束頭目卓杞篤出面，訂立條約，承諾龜仔律人及其統治下的部落，絕不再殺害漂流到他們領域內的外國人，並盡全力提供協助。客家人和福佬人將保證履行卓杞篤的承諾，如果一有事情發生，任何政府都可以找他們負責。必麒麟認為這樣的協議並無害處，既可節省不少費用，又可保全許多性命，表示樂見其成之意，願將情形呈報給有關當局。

　　【十一日】——客家籍和福佬籍首腦人物與我們在保力舉行會議。這番冗長的討論，主要癥結在

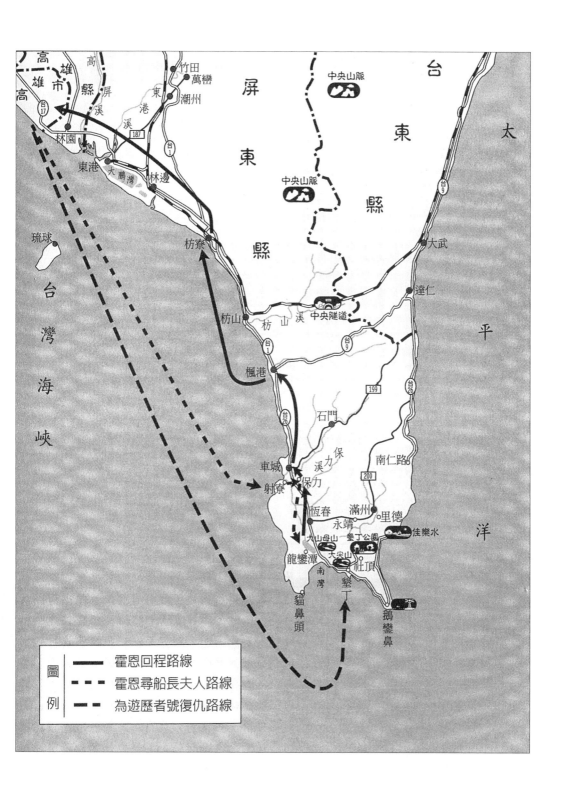

霍恩回程路線

霍恩尋船長夫人路線

為遊歷者號復仇路線

於：客家人擔心外國人非要替「遊歷者號」罹難水手復仇，殺死幾人後，才會同意條約上的條款。必麒麟則說他無法做任何決定，不過以外國人的心情考量，只要是誠懇的協議，他們會願意接受的，畢竟殺人並非解決之道。漢人首腦請求我們儘速與有關當局聯繫，以便阻止清廷出兵。

【十二日】——由於天氣沒有轉晴的跡象，我們已失去繼續等待船期的耐性，乃決定由陸路返回打狗。由於沿途必須經過野蠻人的區域，所以漢人們大力勸阻這個計畫。我們好不容易找來幾名嚮導後，便帶著巴士島人，一行人浩浩蕩蕩地出發了。我們經過車城（Cha-sia）時，有個滿清小吏在那裡，必麒麟聽見他告誡村民不要和我們打交道，於是趨前用官話和他交談，讓他大為吃驚。

我們在滂沱的雨天中，走了十五哩路，通過野蠻人的區域，翻越山嶺，在傍晚六點到達楓港（Hiong Kang）。次日，我們遇到一條湍急的河流，無法涉越，不得不折返，午後找了一隻小船載我們到枋寮（Pangliao）。我們差不多是在下午五點靠岸，因又颳起強風，無法繼續上路。在這裡竟然發現清兵已到達枋寮，據說隨行的還有一些外國人。一名漢人領我們去一間屋子，見到李善德將軍和一名法國人。李善德將軍正打算前往瑯璚，處理「遊歷者號」事宜，當場邀請必麒麟擔任翻譯，陪同前往。必麒麟報告整個經過情形和那項條約的提議。這裡約有四、五百名官兵，一時之間也無法南下。

次日，我由陸路先行返回打狗，那些巴士島人則有專人駕小船送去。

【十六日】——我返抵打狗。賈祿先生派一隻砲艦送巴士島人回故鄉。

延伸閱讀 霍恩的大南澳開墾大夢

▲大南澳灣（劉還月攝）

受託尋找「遊歷者號」韓特船長夫人遺骸的詹姆士·霍恩（James Horn），英國人，娶噶瑪蘭一頭目之女為妻。

一八六九年，與淡水德籍的美利士洋行（James Milisch & Co.）共同計畫台灣內地的開墾，由美利士洋行出資，霍恩負責墾地事宜。美利士洋行負責人美利士自稱是漢堡駐台領事，就職務之便，給予霍恩開墾執照。同年五月，霍恩曾領一群外國人（包括蘇格蘭人、美人、德人、墨西哥人、葡萄牙人等），到噶瑪蘭作實地勘查，最後選擇大南澳來建堡開墾，從事伐木生意，運往基隆出賣，並打算栽植茶葉。

大南澳開墾的規模頗大，引起噶瑪蘭通判丁承禧的抗議，美利士洋行辯稱土著之地不屬清廷管轄，一意孤行，丁承禧只好呈請總理衙門處理。英國公使查明後，派砲艦強行禁止霍恩繼續前往大南澳，而德國公使刻意包庇，不限制美利士洋行的作為，使美利士洋行有恃無恐，更加為所欲為，還多次與淡水地方人士起衝突。

一八七〇初秋，大南澳開墾區遭清方夷平後，霍恩領一葡萄牙人、一馬尼拉人、一馬來人及三十二名平埔男女，乘二桅帆船赴蘇澳（一說基隆）途中，遇東北季風，全船覆沒狂風巨浪中，僅有幾名平埔人生還，淪落台灣東南部原住民手中，經必麒麟交涉贖回。美利士洋行因此破產，洋人的大南澳開墾大夢就此破滅。

　　我在二十六日又回到射寮，李善德將軍和清兵都駐留此地，由於清吏百般阻擾，無法有進一步的行動。於是，整個事件便落在必麒麟的肩上。他在幾個客家人的陪同下，前去與豬勝束人代表談判，並見到了豬勝束頭目，之後還進行了幾次會談。在我看來，如果不是必麒麟先生，李善德將軍將無法與野蠻人達成和平協議。同時，沒有他的鼎力相助，我也無法尋獲韓特夫人的遺骸。

　　必麒麟相當受到漢人與野蠻人的愛戴，能受到橫越南北整座島嶼野蠻人的敬愛，恐怕只有他一人！

　　　　　　　　　　詹姆士・霍恩

　　霍恩與平埔族交往期間，深深為他們質樸率真的性格所吸引，所以，他最終又返回台灣，和德籍朋友定居在台灣的東北部，雇用一群純樸、樂天的平埔族人砍樹木，經營木材生意。

　　霍恩前程似錦，為應付繁忙的事業，乘船前往淡水，去雇用更多的平埔族人。當他率領著百來名平埔族人，乘坐當地一隻大船回來時，誰料海上突然刮起颱風，無情的風浪吞沒整船人的性命。

16/ 南岬之盟

THE TRIUMPH OF DIPLOMACY

【導讀】

　　台灣的歷史上，最南端的恆春半島，一直都是涉外關係最多的地方，最著名的事件首推清同治十年（1871年），琉球國派往日本進貢的商船，遇颱風漂至南岬之灣，被排灣族人殺害五十四人，日本藉機向清廷索賠無效，於同治十三年（1874年）派兵登陸恆春，與排灣族人血戰於石門天險，並分三路圍攻牡丹社，幾至全社覆滅，後經英國調停才結束「牡丹社事件」。

　　牡丹社事件後，南岬灣並沒有因而平靜，許多外國的船隻行經該處，若不幸擱淺，必然被當地的原住民將財物洗劫一空，甚至連生命也不保，這個事實，一直也是英法美等外商頭痛的事，因而，美國領事乃有討伐之議。自認爲台灣通的必麒麟，認爲不必如此勞師動眾，且兩面都會造成傷害，乃自動前往招安，並成功地和當地的原住民訂下和平條約。

　　這本是一個簡單的故事，然而，自認聰明絕頂的必麒麟卻耍了許多手段，威嚇原住民，甚至最後讓李善德將軍掏出假眼珠的那一幕，都充分流露出「洋尊番卑」的一面，值得我們深思。

放棄舊仇，聯手出擊

我在南岬期間，利用機會結識那些移居到瑯嶠野蠻人區域的客家人和福佬人。他們非常慇勤好客，常常請「紅毛蠻子」到家裡作客。另外，我也曾兩度從東海岸的野蠻人手中，救出二、三十名遭遇船難的西班牙水手。

正當我打算返回打狗的時候，當地盛傳清兵元帥和美國領事將率軍南下，討伐龜仔律人的消息。

這項消息使此地的漢人大受驚嚇，央求我幫助他們：「我們不希望受到清朝官員的統治，至於那些清兵，你可知道他們是什麼？那些人比蝗蟲還可怕！如果好好侍候這些清兵，他們會順手拿走我們一切東西；如果不給，清兵便擄掠婦女，或殺死我們。他們絕對沒有對抗野蠻人的能耐，終究會戰敗逃亡，到那時候，野蠻人會反過頭來找我們這些留辮子的人報復，阻斷灌溉水源，侵擾村莊，弄得大家寢食難安。」

▼鵝鑾鼻舊稱南岬，曾經發生過多次涉外事件。（引自http://academic.reed.edu/formosa/gallery/image_pages/Other/SCape-SouthCape_S.html）

福佬人和客家人的首領們決心放棄舊仇，聯手向「十八番社」的大酋長卓杞篤施壓，使他承諾保全所有遭遇船難的水手們性命，並交由漢人轉送到駐打狗的領事館。

由於野蠻人的槍枝、火藥和食鹽全靠漢人供應，因此這些首領們相信，逼使野蠻人答應他們的計畫，應該不是一件難事。

他們請我立刻前往台灣府，向領事和清兵元帥報告這項提議。清兵元帥劉將軍❶是一位英勇而有謀略的軍官，曾在戈登將軍手下服役有功，大清皇帝因此賜予黃馬褂。

我由陸路出發，很幸運地，在中途剛好遇上討伐的軍隊。這支隊伍包括二百名訓練有素的湘軍，肩扛恩非槍（Enfield rifle），曾在戈登將軍指揮下作戰，而且是元帥的族人或同鄉，另外還有大約三百至四百名義勇軍，手持火繩槍、長矛等武器。

優秀的劉元帥和另一位在二十年前平服叛亂有功的將軍❷，共同負責這次討伐，李善德將軍和同知——台灣府的民政官和外交官，也在此行列內。

與漢人元帥協議

原來李善德將軍曾前往北京，要脅清廷若不儘速採取行動，英國將自行占領台灣，因而迫使清廷不得不有所反應。他在回台途中，還特地到廈門，取得我們公司首腦的許可，要我參與此次遠征。這件事使我大為興奮，便大膽地提出瑯璚漢人的意見，結果李善德將軍相當讚賞，認為此項協議若能實施，可減少許多麻煩，於是提議由我隨他去會見漢人元帥，共議此事的可行性。

不幸地，那些漢人將軍並非愛好和平之士，他們

❶
譯註：台灣鎮總兵劉明燈。

❷
譯註：應為兵備道吳大廷。

十分憤慨，說已接獲皇帝御令，務必要將野蠻人趕盡殺絕。不過，天黑之後，元帥卻派軍師邀我到他的帳篷，與另一位將軍（是我的一位舊識）和同知一同會商。他們請求我將那項提議重述一遍，經過一整晚的討論，元帥審慎地表示，如果我能讓那些漢人移民履行諾言，他將命令軍隊不進入瑯嶠，並盡量給予相關的援助。

「我英勇的士兵們，都是從中國北方內陸徵調而來，無法長期忍受台灣島嶼的氣候，有些士兵甚至得熱病身亡，而那些地方義勇軍根本不懂得作戰，我也不希望傷害無辜的漢人。」元帥如是說。

無論如何，漢人辦理外交的迂迴戰術仍值得尊重。次晨，我們一同求見李善德將軍，我將昨夜的商議結果據實呈報，將軍再次請求他們接受我所說的提案。起初，那些官吏為顧及顏面，極力反對，但經審慎思考，也不得不同意了。

於是軍隊繼續南下，在瑯嶠郊外紮營。那些士兵們自然又打劫附近民家，劉元帥盛怒下，命人逮捕兩名士兵，準備處死，經李善德將軍求情，他們最後只捱一、兩百下大板了事。

同知和我進入瑯嶠，被引見給偉大的首領卓杞篤，我與他歃血為盟，結拜為兄弟。我們在和平的氣氛下，談成一項為各方滿意的條約，一切準備就緒，只待最後的簽字。李善德將軍前來瑯嶠檢視交涉的進度，我們一行人又在瑯嶠漢人領袖們陪伴下，浩浩蕩蕩地進入卓杞篤的部落，當地漢人殺豬宰牛，擺設盛宴，大肆慶祝。

簽訂條約

這項條約，由清朝同知、美國領事、我及瑯嶠漢

▲圖為1874年拜訪
西鄉從道的原住
民部落頭目（引
自《The Island
of Formosa: Past
and Present》）

人首領們共同簽字，而那位野蠻人首領則在條約上
用手胡亂塗鴉，以做爲他的標記。

在我繼續居留台灣的三年之中，這項條約一直被
遵守著，它挽救了許多不幸遭遇船難的水手們的生
命，讓他們都能平安地被送到打狗去。

不過，當時要誘勸野蠻人簽訂條約，實在是一件
難事。那些漢人移民爲了慶祝能躲避清兵的蹂躪，
拿來大量的米酒，讓那些野蠻人開懷暢飲。爲此我
們被迫多待一、兩天，等待他們清醒來暸解條約的
內容。

有趣的意外

當時，在交涉過程的緊急關頭，發生一件有趣的
意外，還好我及時處理，不然它可能發生嚴重的後
果，將抹煞我們一切的努力。

我們這些歐洲人進入瑯璚後，都住在我的好朋友
家裡。屋主兄弟三人，都是年輕英俊的漢人，以往
對我極爲慇勤，我們的交情甚篤。

李善德將軍的帳篷就安置在三兄弟射寮房舍的庭院中，他從廈門帶來的漢人廚子，在庭院角落搭起一個木材火堆煮飯，也常常在那裡與當地漢人閒聊。某次，我匆匆走過庭院時，那三位福佬人兄弟們將我拉到旁邊，困擾地說：

「必麒麟，我們一直認為你是蠻子中的大人物，也知道你所講的話深具份量，但是大將軍帶來的廚子，卻說你算哪根蔥？」

延伸閱讀　李善德將軍

李善德將軍（General Le Gendre）是法裔美國人。最早的漢名為李讓禮，一度改為李仙得，因為處理琉球人被牡丹社人殺害之事有功，深得日本明治天皇讚賞，因而賜改為李善德，將軍本人引以為傲，常以李善德自居，故本書用李善德。

李善德曾參與美國南北戰爭，為北軍效命，因功升為少將，卻不幸因傷退役。一八六六年，出任美國駐廈門領事，同時兼辦管理台灣對外通商港

埠（淡水、雞籠、安平、打狗）之事宜。「遊歷者號」事件是他上任後第一件重大的外交事件，因此特別帶領一艘戰艦，從廈門前來台灣處理該事件。

至南岬處理「遊歷者號」事件時，李善德對十八番社頭目卓杞篤印象深刻，三年後曾再次拜訪他，加強前次的協議，並送給他不少禮物，必麒麟也同樣擔任隨行的翻譯。

一八七四年，日本為前來進貢的琉球國人在八瑤灣被牡丹社人殺死五十四人一事大感震怒，向清廷索賠無效後，便自行領兵，與牡丹社與高士佛社人激戰石門天險，李善德將軍受日皇之命參與此事，為日本軍隊的嚮導。一八七一年的牡丹社事件距一八六七年「遊歷者號」事件相隔不過四年，顯見李善德將軍與卓杞篤所簽署的條約，並沒有太大的約束力。

▲圖為1874年日軍與排灣族原住民激戰的石門天險（引自《台灣懷舊》）

恒春城西門
（恒春城ノ夕見ル日西門外ノ）

另一個人馬上插嘴：「他還說在廈門那邊，像你這樣的蠻子，是被人在大街上用腳踢來踢去的。」

「你說，必麒麟，」老三做最後的結論：「我們該怎麼想呢？我們熱心款待你，不只是因為喜歡你，而且認為你是個大人物，也是個講實話的人，但我們現在該怎麼辦？那個人說你什麼都不是，叫我們看看你的衣服，就知道你是那種遭人鄙視的人！」

也難怪這些頭腦簡單的人會產生懷疑。我這身服飾，確實不能衡量出我的重要性，它雖然非常舒適，但無疑十分簡陋。他們以前完全相信我的話，如今聽了那位同胞的話，也覺得似乎很有道理。

如果失掉名望，我們的交涉便難於成功，於是我憤慨地對那三兄弟說：「跟我過來看看！」

我大步跨入火堆旁閒談的人群中，憤怒地乾瞪著那個廚子。

「誰說要用腳踢紅毛蠻子？」我大聲叫。

那名懦夫嚇得在座位上顫抖，恐懼得直往後退縮。

▲必麒麟陪同李善德將軍與卓杞篤簽訂條約的地點瑯瑀，就是現今屏東的恆春，圖為恆春城西門。（引自《台灣懷舊》）

▶斯卡羅族事實上包含了許多不同的族群，包括排灣族、卑南族、恆春阿美族、平埔族等，圖為今卑南族的長老。（陳柔森攝）

「大人，我沒說，什麼話都沒說，絕對沒這事的，怎麼可能有人講這種話？」他用洋涇濱英語回答。

「不要說洋涇濱英語，」我怒聲吼叫：「用漢語回答，好叫在場的人評論一下。誰說紅毛蠻子在中國毫不重要？誰說他們在大街上被人踢著跑！」

「不是我！不是我！」他尖聲哀嚎。

旁觀者紛紛證實那三兄弟的話，我左右舞動胳膊，命令大家：

「圍過來，兄弟們，今天讓你們見識紅毛蠻子如何在廈門被人用腳踢著跑！」

我捉住廚子的髮辮，狠狠地用腳踢著跑，繞場數圈，給他一點教訓，教他尊敬紅毛蠻子。

之後，我氣沖沖地跑到李善德將軍的帳篷，重述剛才的情況，我們笑得不可抑遏。好不容易冷靜下來後，我發覺做完這種有益身心的運動，心情舒暢多了。

由於這樁微小的拂逆事件，更加緊我們訂立條約之事的腳步。

如我所提，簽訂條約的關鍵是在那些野蠻人身上。他們名義上是和我們一起批准那項條約，卻已喝得爛醉如泥，神智不清，根本無法談判。

我於是想出一個計謀——這並不完全是我發明的，但也許可使他們因恐懼而乖乖就範。

李善德將軍曾在美國南北戰爭中衝鋒陷陣，身上佈滿光榮的創傷，尤其是他那隻玻璃眼睛。我秘密地與他商議，設計了一個小小的計謀。

正當那些野蠻人逐漸清醒過來時，我立刻召集所有人到李善德將軍的帳篷，而這位將軍面露凶相，十足不耐煩的表情。

我透過一位瑯璚漢人的翻譯，向那些野蠻人代表發表演說：

「親愛的弟兄們，我們不能再耽擱了，這位大人已經發怒，若不加緊腳步，當心他真的發脾氣，他可不是尋常人，他能做出可怕的舉動！」

我向將軍示意，於是他粗聲粗氣地講英語，猛踩腳，並取下假眼睛，用力甩到前面的桌子上。

那些野蠻人當場嚇呆，二話不說，立即簽訂條約。

賜名「麒麟」，功不可沒

清朝大將軍喜出望外，熱烈地向我道謝，並賜給我一個新名字，要我印在名片上！以前，我僅依英文名字的發音拼出三個中文字，並沒有特別的含意。而這位偉大的黃馬褂將軍所賜予的名字，正是「麒麟」，還解釋麒麟是一種神聖又神秘的靈獸，只有在偉大聖賢誕生時才會出現，其他人也不斷地奉承：「你帶給我們莫大的幸運，一定是真正的麒麟！」

▲鵝鑾鼻燈塔今貌（劉還月攝）

　　他們大肆宣揚，並呈報北京，認為我的功績「值
得用金字刻在石碑上」。後來我返回台灣府，又受
到美國、西班牙和英國政府的感謝。

　　我當然十分得意此次的成功，不過大家也不必嫉
妒，因為這是我最後一次受到滿清官吏的讚美與感
謝，也是我在台灣享受和平與安詳的最後一段美好
時光。

　　由於我曾視滿清軍隊的領導人和同知為好朋友，
使我在日後的憂患歲月中，間接得到一些好處，當
我遭遇危難之際，他們曾善意地給我幾次逃脫的機
會。

17/ 樟腦戰爭

THE BEGINNING OF THE CAMPHOR WAR

【導讀】

　　十九世紀的台灣，對許多人而言，仍是一個充滿各種可能的冒險之島。

　　清朝政府雖是名義上的統治者，領台之初卻以化外之地對待之；中、末葉移民漸多，開發的面積漸廣，卻因天津條約打開了台灣的門戶，英美德法各國商人、傳教士、武官、探險家縱橫南北各地，各盡所能地攫取他們所需的資源，過程中充滿了勾心鬥角、刺激離奇，其中最具代表性的，莫過於必麒麟於擔任怡記洋行台灣府分店負責人期間，到梧棲私自購買樟腦，所引發的樟腦糾紛。

　　樟腦是早年台灣最具經濟價值的產業，清廷列為專賣物品，必麒麟卻仗恃著天津條約與英國人的身分，擅自到梧棲收購樟腦，又為避免繳稅，企圖從台中偷運出口，引發了一場清朝官方與英商間的戰爭，戰火雖然很快就熄滅，但引發的後遺症卻相當可觀，最後必麒麟也因而被迫離台。

　　本章不只紀錄樟腦的價值，還有外商對樟腦的態度，以及必麒麟如何到梧棲收購樟腦的始末，文中雖處處可見他為自己辯白的痕跡，卻也毫不保留地寫下了當時外商如何搜刮台灣資產的真實面目。

公司決定經營樟腦生意

　　我自南岬歷險歸來後，廈門總店來了一道命令，指示台灣府分店經營樟腦生意。

　　美國的樟腦需求量突增，價格因此暴漲。在此之前，樟腦用途甚少，所以道台的專橫壟斷不曾受到干涉，使他藉著向當地富商徵收樟腦外銷稅，大大發了一筆橫財。

　　從前，大量的樟腦被秘密地運往中國，賣給歐洲的投機商，再運到加爾各答，供印度人使用。

　　縱橫台灣南北山區，處處可見生產樟腦的巨大樟樹。過去提煉樟腦的技術十分原始。首先是挑選汁液充足的樹木，過於乾燥的樟樹就不值得花費這道手續。樟樹最好的部分可拿來當木料使用，殘餘的部分則削成碎片，做為熬樟腦的材料。提煉樟腦時，先將樟木碎片倒進大鐵鍋中熬煮，並拿另一個大鐵鍋倒扣在上面，昇華的蒸氣結晶後，便成為樟腦。

▲樟樹（引自http://
zh.wikipedia.org/
wiki/%E6%A8%9
F%E6%A8%B9）

▶煉腦設備（引自
http://academic.
reed.edu/formosa/
gallery/image_
pages/LeGendre/
LeGendre-
FurnaceSect_S.
html）

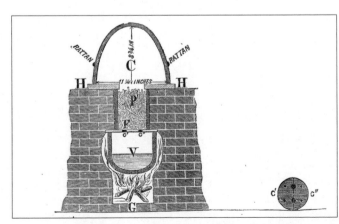

而後，將樟腦倒入大桶裡面，桶底打一些漏孔，油會慢慢地從漏洞滲出去，便是樟腦油。這種東西，被漢醫視爲治療風濕病的珍貴藥材。

提煉出來的樟腦油，被裝入袋子（每袋一擔）或大桶（每桶三擔，約四百磅）裡，再用密封的木箱包裝起來，以方便搬運至台灣府。

當公司決定經營樟腦生意後，便有一位富有的地主，同時也是尊貴的蔡氏（Ch'oa）家族族長，前來與我們洽商，答應供給任何數量的樟腦。於是公司與他訂立合同，並且經過領事正式簽字認可。我們先付大筆訂金後，挑選梧棲──台灣府往北約六十哩的小港口，設置倉庫和漢人代理商。看樣子，英國的新興企業就要在台灣中部大展鴻圖了！

但我們萬萬沒有顧慮到貪慾的道台，他怎麼肯輕易地放棄這項寶貴的獨占事業呢？於是他聯合其他官吏暗中作祟。起先是唆使另一個強有力的家族來攻擊公司代理人的家族，在這場爭鬥中，被洗劫的樟腦價值高達六千餘元。

公司當然不能忍受這件事情，便派我去梧棲調查整個事件的始末。然而那詭計多端的道台居然不肯簽署我的護照，通常在領事的請求下，按照條約規定，是應該簽字的，因此領事不顧道台的反對，允許我前往梧棲，並且表示將派人到廈門，請求派遣一艘砲艦來，讓這些清朝官吏服膺道理。

捏造罪名，逮捕蔡氏

道台的下一個步驟，是派人查閱塵封已久的檔案，以便找出根據，好爲我們的梧棲代理人捏造一些罪名。他們終於發現蔡氏已過世的父親，在少年時曾經牽連一場年代久遠的叛亂活動。

▲必麒麟手繪的梧棲
樟腦倉庫（原書第
205頁）

　　這實在是一件荒唐的事情，不過還是達到干擾公司代理商的效果。那位和藹可親的官吏，馬上派兩百名士兵到梧棲逮捕蔡氏，罪名就是他父親曾經參與那次叛亂。

　　我得到這個消息後，立刻設法弄來一隻由歐洲船改裝，外加中國船帆的大船，循海路出發，幾個小時後便到達梧棲，而走陸路的清兵，則需花費幾天的時間。

　　另外，我還帶著馬來籍店員阿賽（Assai）。阿賽身手矯健，可一夫當關。

　　一抵達梧棲，我就發現我們的倉庫早已被陳氏（Tan）家族團團圍住，但我藉著七響來福槍和船上兩門小鋼砲的威力，總算暫時把敵人擊退。

　　實際上，梧棲是由兩個大家族所組成：蔡氏家族和陳氏家族，每一族都倣照台灣北部的作風，修築一座堅固、有槍眼的堡壘，做為氏族爭鬥中，戰士最後的根據地。

　　情勢平靜不過幾天，然後由於道台的軍隊（鹿港

行政官手下的義勇軍）抵達，又開始熱鬧起來。陳氏家族的勇氣恢復了，蔡氏這一族紛紛將家當搬上手推車，帶著婦孺逃跑，只留下我、老邁的代理人、馬來人阿賽、僕人和一位瘋瘋病人，捍衛這座堡壘。

這個堡壘座落在一片空曠的平原上面，因此可以清楚看見三哩之外的清兵。我們趕快將鐵鏈、釘子、子彈裝進船上的小鋼砲內，希望利用這些東西和來福槍，製造出凶猛聲響，雖無威力，但至少可嚇退走近的清兵。

果然，飽受驚嚇的轎夫竟丟下轎子內的官員，落荒而逃，士兵們也裏足不前，於是清兵的司令官遣人與我們談判，只要我們不管他們的事，清兵將不會傷害我們。接著，他們便開始英勇地對付蔡氏家族所遺留下來的財產。

我們趁清兵尚未進入村莊之前，趕緊完成堡壘的防禦措施。首先，將裝樟腦的大桶擋在門口，然後在小側門的後面放置一門小鋼砲，砲膛裡裝滿釘子、小鐵鏈和鐵塊，並且點好線香，準備等敵人衝進來時，點燃發射，擊退來襲的清兵。

不久，這批雜牌軍聚集在堡壘外圍，擊打四周的大門，喊著求見「蠻子們」！

我在堡壘上面大聲地和他們講道理：如果硬把那扇門推倒，他們必定會被炸得粉身碎骨，並勸說他們去找司令官（那位長官已經住進陳、蔡氏兩族交界處的一棟大房子）。

當我正在講話之際，有一位清兵拿來那位官員的名片，邀我前去商談。代理人和阿賽驚恐地請我別離開這裡，他們認為我這一去必被俘虜，他們也會全都完蛋。

延伸閱讀 梧棲

「梧棲」之名，據說是平埔巴瀑拉族語的譯音，昔日位於牛罵溪口的三角洲，在溪水分歧成五條扇形水流之處，因此梧棲舊稱五汊。

梧棲因瀕臨台灣海峽，遙對中國東南沿海地區，從清乾隆三十五年（1770年）開始，就與對岸中國福建有貿易往來的紀錄，乾隆五十年（1785年）左右，梧棲港的街市漸漸成形，一直到道光年間（1821～1850年），不少從福建、浙江、香港來的船隻在此雲集，主要的商業是將台灣的米、樟腦與對岸的牛皮、桐油、鐵器、布匹、木材、煙草等物品交換。船運同時也引來大批移民，因而形成一個熱鬧的市集，商業鼎盛一時。漢人移民開始拓墾清水沿海平原的荒地，引走大量的溪水，致使牛罵溪乾涸，梧棲港被流沙埋沒，船舶乃改梧棲港之南的塗葛崛（於今台中縣龍井鄉）進出、裝卸，當時也稱塗葛崛為梧棲港。

日本時代，港務一度不振，一到戰後，政府開發此地為中部兼具工、商、漁業多種功能的國際大港，並改名為台中港，才扭轉梧棲港業已衰頹的運勢。

當時商店林立的梧棲老街，位於今日的梧棲路，二十世紀七十年代左右仍然可以見到一些防禦用的隘關、砲樓等遺址，此外，梧棲還有數十間古老的廟宇，大部分創立於清道光年間，不難想見當時港務興隆、商業繁華、市聲鼎沸的繁榮景象。

▲梧棲已被規劃為台中港的一部分（劉還月攝）

於是，我匆匆地用白話文寫了一封回函，大意是：我不敢離開目前尚稱安全的地方，因為你有強而有力的軍隊為後盾，又得陳氏家族勇士全力協助。還提醒他說，我是遵照條約行事，道台不但非法地壓迫歐洲人，並且破壞條約，終究會得到報應的。那名清兵很快地帶來回信，大概內容是說：只要我去晤見他，他保證我的安全無虞。那位官員代表合法當局，故有權利召喚我說明整個事件的始末。因此我欣然地接受他的保證。

晤見清兵，達成協議

我交代僕人掌管那門小鋼砲，帶著阿賽和那位痲瘋病人，準備出發。我攜帶手槍和一支七響斯賓塞來福槍，給阿賽一支來福槍和手槍，叫痲瘋病人背一支多餘的鳥槍。另外，還攜帶一份中文版的天津條約，以支持我的論點。

我們一走出去，堡壘的門馬上閂了起來。大街上，擠滿一群興奮的蔡氏族人和義勇軍。蔡氏族人一看見我們，興奮地大聲歡呼，並且辱罵那些士兵：「當心點！必麒麟來了！看看他怎麼修理你們這些『勇士』和陳氏族人吧！」

這實在令我既恐懼又困窘。此時任何細微的意外，都有可能會立刻了結我們，或引起一場激烈的戰鬥。因此我裝出十分憤怒的樣子，打了幾個最喧鬧者的耳光，並高聲說道：「勇士們！你們是優秀的軍人，但我們之間沒有紛爭，別理會蔡氏家族那些畜生，自己不敢打仗，才想要挑撥我們。」我們沿著大街走，直到那名官員的住處為止，後面跟隨著大批叫囂喧鬧的群眾。

房屋外，站著約二十人的護衛隊，手持十五尺高

的長矛，矛上繫有旗幟。所有陳氏族人都在他們後面。

這時，有幾個蔡氏族人喊道：「攻擊！必麒麟，攻擊他們！」（Hut, Pi-ki-ling! Hut!）

那些持長矛的士兵立即粗暴地揮舞著長矛。一支火繩槍瘋狂地從陳氏族人那邊射過來，而我們的瘋瘋病人也不甘示弱地還擊，所幸這場槍戰沒有人死傷。

在這劍拔弩張的關頭，那位官員身穿全套的官服、長統靴、孔雀翎和其他的官式行頭，手握一根馬鞭，匆匆出來迎接，把我拖進屋內，阿賽等二人尾隨進入。

我一手掏出手槍，一手緊握天津條約，隨那官員上樓，在一張床上坐妥後，開始外交性會談。

首先，我要他對我們的生命安全負責，如果有人圖謀不軌，他會是第一個送掉性命的人。

獲得官員的親口保證後，緊張的氣氛才稍微緩和下來，大家開始安適地抽煙、喝茶。經過長時間的辯論，我保證我的一切作為都受到清朝皇帝簽過字的中文版條約的支持。這位官員雖承認這一點，但表示礙於道台的命令，還是請我儘快離開，回台灣府去。

我嚴厲地拒絕了，並表示將準備抵抗一切可能的攻擊。不過，我可以接受一項折衷的辦法，在未和領事取得聯繫前，不再購買或運輸樟腦，同時我也勸他將一切情形，原原本本地呈報給道台。

清兵攻擊，釀成槍戰

會談期間，這位官員的態度很誠懇，但外頭街上不時傳來喧鬧嘈雜聲。他是位舊識，我初到鹿港

時，他曾檢視過我的護照。最後協議終於達成了，他答應向道台呈報，並且在次日退兵，條件是我必須停止購買樟腦。為了安全起見，我拖著那位官員一起出去，讓他為我們打開一條通路，以安全返回堡壘。

才走不遠，後面的清兵和陳氏族人狂聲怒吼，全體衝了上來，我們忍無可忍，轉過身來，朝大街開了幾槍。最初射在人頭之上，同時也向群眾衝過去，使他們四處亂竄，躲避我們這些「蠻子」。我們將這批人全趕進房屋裡面去，但有一些清兵把兒童當做盾牌，不斷地朝向我們射擊，但因過於惶恐，他們往往不能準確地瞄準。我們終於殺出一條迂迴的路線，安全通過陳氏族人區域，回到堡壘之中。

第二天早晨，幾個婦女來到我們的堡壘外，厚顏無恥地索取一些藥品，來治療她們丈夫在昨日混亂之中所受的輕傷。

我分贈了一些藥，並調侃她們丈夫還能活命，實在是幸運的事。

我們徹夜警戒。第二天，那位官員果真率領軍隊，在咚咚鼓聲的指揮下，飄揚的旗幟中，浩浩蕩蕩地離開梧棲。我也將整個事件經過寫成報告，呈送給公司和領事館，等候進一步的指示。

由於鹿港官員的撤退，使陳氏族人不敢小看我。此時雖已停止公開衝突，但當我們偶爾將頭伸出圍牆之上，站在屋頂的他們，仍會胡亂射擊一番，或在我們的痲瘋病人到市場購買食物時，對他百般騷擾，有一次，他還為了保全性命而割掉髮辮。

不久，陳氏族人對這種單方面的敵視感到厭倦，後來，雙方停止衝突，在堡壘外面的大池塘，舉行

一次划船競賽——只是比賽者都是全副武裝上場。

日子一天一天過去，我們在等待指示期間，每天的食糧只有米飯和水，以及用烤豌豆替代的咖啡。

延伸閱讀　樟腦糾紛

樟，古稱「豫章」，是中國和台灣沿岸的土產，日本南部和越南也有生長。

樟腦過去被使用於內科，有強心、刺激循環、止瀉等療效，後來發現其毒素有害於嬰孩，便不再用於內科，僅做外部塗抹之用，有止癢、安定、溫和等作用。另外，樟腦對於驅蟲、防腐有很好的效果。工業上，樟腦曾被使用於賽璐珞（Celluloid）增塑劑、漆、無煙火藥與其他工業纖維製品上，但在化學產品「新塑材」發現後，取代了樟腦的地位，致使樟腦的重要性大為降低。

台灣的樟腦多產於內地山區。十九世紀中葉起，樟腦之所以變得那麼搶手，主要是因為世界市場的需求量大增（例如美國、德國），另一方面或許是如美國李善德將軍所言，台灣樟腦的品質遠比日本為佳。他曾經在向美國政府提

▲正在刨樟的腦丁（引自《台灣懷舊》）

因海上風浪大，不能循海路回台灣府，而我又不敢走陸路，唯恐落入清兵手中，當時的心情十分沮喪。

出的年度報告（1867～1868年）中，大力讚揚台灣製腦的功效：

樟樹生於內地至「麥庫里」止，噶瑪蘭兼有之。

居台灣中段之下甲人，皆以製造樟腦為業，法極簡妙，不似日本之鈍也。日本皆將樟木入釜煮之；台地則析為細條，每條方圓二寸半，長三寸，叢插於磁罐之內，此器下通湯氣，湯氣上蒸，將逐條樟木之油蒸迫沸湧而出，與松枝之膠燃迫而出者極似。然後愈蒸愈沸，化為樟氣，上竄於冷水櫃，遇冷凝結，乃成樟腦。

因樟腦有利可圖，許多外商紛紛前來設立洋行，例如德商東興洋行特別在台灣南北設置七家洋行，準備大力經營樟腦生意。這種種情形使台灣樟腦變得炙手可熱，不少洋行鋌而走險，私自到非通商口岸購買樟腦，奸商藉此牟利，清廷法令也無法制止。加上鴉片戰爭後，中人仇外情結日深，為樟腦民辦官辦之事惹起風波，後來雖改為民辦，新訂立的購腦章程十分嚴苛，要求入內地採樟商人必須申請護照，還有報關、繳納釐金……等繁雜規定，引起洋商的不滿，認為清廷蓄意刁難，以達到報復洋人的效果。於是雙方多次起衝突，除必麒麟服務的怡記洋行外，另有在後龍有商館的飛錄（J. B. Field）遭官府囚禁，淡水英商寶順洋行也與清廷有糾纏不清的糾紛，就連傳教士也受魚殃之災，被漢人恐嚇或騷擾。又因樟腦廢官辦，「生番」趁機出草滋事，沿山地區治安因此大亂。

樟腦原是台灣的特產，因品質特佳而受到世界的注目，使台灣提早進入世界貿易體系，台灣本身的經濟得以發展，人民生活水準得以改善，然而，洋商和清朝官員只顧自己的利益，互相奪利，兩方相爭的結果，受害的卻是冒著被馘首的危險，在內山日夜熬腦的台灣百姓。

卑鄙的伎倆

差不多在梧棲住了一、兩星期後，領事館秘密地派來一名專差，指示我趕快想辦法逃走，因為最近氣候惡劣，台灣與中國大陸的交通已中斷，而且根據可靠的情報，得知道台決定毒殺我，或以謀殺的罪名控告我，他將利用奸詐的計謀把我弄到手，而後假裝依照條約的規定，用囚犯的轎子，把我送去領事館接受調查。途中，命令轎夫假裝跌倒，使轎子不小心掉進雨後暴漲的河水中，如此一來，藉著這樁令人遺憾的意外事件，就不必再經歷任何麻煩或審查了。讀者還有印象的話，應該不會忘記二年前白齊文（Burgevine）將軍就是被這種卑鄙的伎倆給解決掉的。

我所信賴的馬來人阿賽，是在梧棲艱困期間，一直勇敢地支持我的好夥伴。當他一聽到這消息，原本愉快的面容立刻陰沉下來，完全變了樣，隨後一聲不響地到他的箱子，翻出一個護身符，鄭重地綁在胳膊上，嚴肅地對我說道：

「主人，在這種情形下，讓我們『發殺人狂』❶（amok）吧！在死之前，能多殺死一些中國畜生，就多殺一些吧！」

我雖然曾在書上讀過「發殺人狂」一事，但無意以這種方式了結我的一生，於是回答：「阿賽，我不想『發殺人狂』，只想回台灣府去，如果可以避免的話，最好不要殺死任何一個漢人，也小心不被人殺死。鼓起勇氣來！你若信仰真主阿拉，我也信；你若信亞伯罕、以撒、雅各，我也一樣。別管那些漢人了！讓我們設法上船，將性命交給阿拉，看祂把我們帶到那裡去。未到最後關頭而放棄生

❶ 譯註：馬來語，意指發狂地兜圈子，發殺人狂則是指狂亂地射擊或殺死他人。

命，是沒有什麼好處的。」

我也將這項消息告知公司的代理人。他自然十分贊同我的計畫，同時表示在我們離去後，他和族人將設法與政府官員講和。不久以後，天氣稍見好轉，我馬上派人叫船夫準備，不幸地，那隻船已在當天下午開出港了，據說是我派人叫那些水手開船，到河川上游裝載樟腦。這消息令人絕望，我感到周圍的漢人都不可靠，到處都有叛徒。

代理商不斷地催促我離開，還建議由他掌管所有儲存的鴉片，保證在事後會交代鴉片下落。我無法同意這項安排，只答應由他保留一半鴉片，另一半則放進竹筐裡，找苦力連同我們的行李一起搬運到船上去。

阿賽雖有幾分不悅，但仍默許這計畫。我們天黑後立即出發，半夜時才到達岸邊，這才發現我們的船擱淺在一條狹窄的小河邊。

我憤怒地破口大罵，那些船夫表面上是遵從我的命令，事實上是聽命於清政府官員所設計的詭計。

我只好不耐煩地等待潮水上漲，但潮汐來時，船依舊靜止不動。我拿鴉片賄賂船夫，要他們設法讓船行進。當船上的壓艙物品一一被搬出去，船身終於浮了起來。我要求再把壓艙物放回去的時候，這幫土匪同聲拒絕，還將剩餘的鴉片占為己有。

此時潮汐已慢慢退落，不容我們浪費時間打架或爭辯，於是我們用竹竿撐船，沿著小河進入港口。這時，狂風暴雨不斷地增強，小船因而無法張開船帆，逆風行駛。

阿賽表現出男子氣概，賣力地工作，其他人則設法把廚房用具移至船艙內，使船身稍微平衡一點，然後調整船身，不張船帆，讓小船在強風和洶湧的

波浪間，迅速地乘風北上。

未知的旅程

在濃霧中，我們無法分辨正確的方位，只好在咆哮浪濤的引導下，由三人掌舵，繼續航向未知的旅程。

阿賽絕望地相信命運在玩弄我們，所以跑到艙底睡大覺，等待最後的判決。這些漢人船夫都是優秀的水手，沒有人是吸食鴉片煙的。但我們的前途渺茫，除非出現陸地，否則註定要漂過這座島嶼。後邊的巨浪狂妄地緊緊追隨，時時刻刻都想要吞沒我們。我認識這些水手和他們的家屬，當他們全力掌穩舵時，我為他們裝上煙，點起火，想振奮他們的精神，激勵他們的士氣。

然而，小船像是中了邪，在洶湧的海浪中直直前進，水手們不斷地祈禱和叫喊，為生存努力奮鬥。一直到下午，濃霧中出現高高的山脈，我們才略知所在的方位。五點鐘左右，風勢減弱，波浪也平靜些，天空晴朗起來，水手們指著前方兩座小山，說是淡水港的入口。

▼淡水港的入口（引自 http://academic.reed. edu/formosa/gallery/ image_pages/Other/ Imbault_Tamsui_entr. html）

天氣一晴朗，阿賽的精神又振作起來，興沖沖地跑到甲板上面，但我盡量避免用「命運」之類的話語來刺激他，以免他認為前途無望，又因此頹廢不振。

至於那些船夫的技術、忍耐度和耐心，令我既驚訝又高興。漢人真是一種高深莫測的動物！他們兼具人性中最好和最壞的本質。

夕陽時分，小船平穩地駛入港口。在淡水港，我受到陶德及其公司股東克勞福特（Crawford）、克爾（Kerr）和伯德（Bird）等人的熱情招待，也得知英國領事館曾派遣一艘砲艦到梧棲探尋我的下落，不過由於氣候惡劣，未能與岸上取得聯繫。

於是，我暫住在寶順洋行（Messrs. John Dodd & Co.）一陣子，直到遇到一個好機會，坐船到廈門去了。待我到達廈門時，發現英國剛指派一位新領事，這位新領事吉布森（Gibson）❷ 和史高特勳爵（Lord Charles Scott）即將乘坐英國皇家海軍「伊卡瑞斯號」（H.M.S. Icarus）跨海來台，企圖逼使台灣府道台就範，我也立刻搭上公司的帆船「艾麗沙·瑪麗號」（Eliza Mary）回到打狗。

我隨著史高特勳爵和吉布森領事，在一群護衛隊的陪同之下，欲進入台灣府城，拜見道台。這群護衛人員，是由二十名左右的水兵和海軍陸戰隊組成，指揮官是一位甲板長或砲長。

當我們經過大城門，穿越那些狹窄濕滑的街道時，我突然有一個念頭：在這裡，那些清朝官吏就可輕易地把我們這一行人解決掉。

我們進入衙門的院落後，苦等許久，才被引進會客廳裡。又是一陣冗長的等待，空氣中瀰漫著不祥的預兆，終於，一隊廣東護衛兵出現，手持中古世

❷
譯註：另有譯作吉白箏
和吉必勳。

紀的武器，有戟、三叉戟和長矛等，身穿顏色俗豔的制服，默默地在道台判桌前排成兩列直行，而我們身後的大門砰然地關上，衙門內的佈局彷彿把我們包圍起來。

我們那位忠誠的指揮官馬上站出來，手握短劍，大聲叫道：「夥計們！快準備，我們中計了，我的老天爺！」

雖然情勢十分危急，但我們還是忍不住笑了出來。

頃刻之間，道台在其隨從的簇擁下出現，威嚴地高坐在判桌前。領事據理力爭，道台卻用盡一切方式侮辱領事和海軍官員。他不肯聽我們講的道理，蔑視所有條約的規定，講明除非經由他核准，否則任何歐洲人休想購買樟腦。我心想，那指揮官及護衛人員對於此事慢吞吞的發展，一定大失所望。

由於天氣惡劣，「伊卡瑞斯號」無法繼續停在海岸外邊，而這艘船船身太大，又不能駛進打狗港，我們一籌莫展，看樣子要等東北季風時節再說了。

史高特勳爵最後提出抗議，留下最後的通牒，便匆匆地回到中國大陸，等待進一步的指示。

煽動對抗外國人

這次暫時的撤離，被那些自大的官員視爲一大勝利，而不斷地誇耀，甚至煽動全島居民來對抗外國人。

在這一波對抗中，不論是天主教或基督教教堂，一律被洗劫、焚毀，信徒們則遭迫害或屠殺。在打狗和淡水的外國公司亦遭受破壞，甚至有一名歐洲商人被刺殺，還有人在路旁埋伏，準備截殺領事。怡記洋行的買辦不但被逮捕，他那棟華麗的房屋也

被洗劫一空，連婦女的閨房都不放過。昂貴的皮衣、綢袍和珠寶，全部被道台的軍隊據為己有。

我們這位買辦，出身名家，並享有官階，卻因其叔父不滿分家不均，而向官府提出訴訟，使他以莫須有的罪名被捕入獄。

買辦的叔父是一個聲名狼藉的人，幾年前曾參與一次叛亂，巧計裝死而逃過斬首之刑。據說是一名醫術高超的漢醫，讓他服用一帖奇異的特效藥，使他外表看起來和死人一樣，於是被裝入棺材抬出去埋葬，他靜靜地躺在墳墓裡，直到叛亂平定後才出來，繼續在社會上為非作歹。所謂的平定，通常就是收買領袖，而懲罰底下的嘍囉們。

◀樟腦糾紛期間，台灣首批信徒高長曾被群眾圍毆，並遭官府監禁。（引自《南部台灣基督長老教會設教七十週年紀念寫真帖》）

他為了討好道台，竟控告自己的姪兒，希望藉此機會分得被沒收的家產。

當這些類似迫害事件在日後被重新審判時，清廷組織的委員會和新任道台還給這位買辦清白，控告他的人則被打了二百大板。

如同我所預料的，問題並未就此打住。整座島陷入紊亂不安之中，到處充滿恐怖的氣氛。十二月底，消息傳來：由於史高特勳爵對台灣情勢提出嚴重報告，使柯勃上將（Admiral Keppel）受令指揮中國艦隊，從揚子江開往台灣，他原來在揚子江執行鎮暴的任務。顯然地，清政府已感受到事態的嚴重

性，因此馬上派遣兩名委員（Wei-yuans）從福州趕來。他們擁有至高無上的權利，負責蒐集一切控訴資料，必要時，可以撤換昏庸無能的道台。

嚴厲的裁判

隨後而來的是一場嚴厲的裁判。經歷數次查訊後，委員們承諾對道台或人民所做的迫害和損壞事件，給予充分的賠償，所有犯罪者都要仔細審判定罪，而怡記洋行的買辦，也會得到公正的處理，並將發出佈告：對道台的所作所為表示十二萬分歉意，同時聲明樟腦貿易的合法性，另外保證傳教士的自由及其人身的安全。最後，他們決定撤除那位道台的職位，改換一個較講道理的官員。

但是，那位舊道台根本不理會這些新措施，也不把委員會放在眼裡，認為自己在北京的後台很硬，仍可保住職位。

當那兩位委員在打狗提出這些決定，而我和其他歐洲人正被傳訊時，台灣府傳來消息，說那位道台的軍隊已進駐安平砲台，並向英國皇家海軍軍艦「阿爾及林號」（H.M.S. Algerine）開火。

軍艦上的指揮官茄噹上尉（Lieutenant Gurdon）面對這種公然的侮辱，也不得不採取行動，便在夜間率領一隊水兵，悄悄地登上岸，成功地攻下安平砲台。結果，中國司令官當場自殺身亡，以逃避日後追訴的責任。

茄噹上尉和吉布森領事要求適當的損害賠償金，清政府立即償付那筆款項，並且開始對「蠻子們」另眼相看。

情勢進展得如此迅速，以至於柯勃上將除了在台灣海面誇耀軍艦陣容，發揮示威的作用外，沒有其

他事可做。於是他留下「瑞納度號」（Rinaldo）、「珍珠號」（Pearl）和一艘砲艦後，便率領其餘的軍艦轉往香港，所以他的旗艦不曾停靠在台灣島。

這時，英國正面臨內閣改組，由所謂的「免費早餐」內閣執政。近日，內閣更向駐北京的公使下達命令：將來一切的困難，需經由外交途徑解決，不許再以軍艦做爲脅迫的工具。於是，幾年前因平定滿洲叛亂有功，而被清朝皇帝賜與黃馬褂的吉布森領事被撤掉職位，茄噹上尉也離開了海軍，至於那筆賠款，也悉數退還給清政府。看樣子，新內閣寧可不管大英子民可能遭受的損失，也不願與中國發生任何糾紛事件。

當時，美國公使伯林翰（Burlingham）先生正在歐洲訪問，大力宣揚中國急於進入「友好國際社會」，和「將燦爛的十字架豎立在每一山巔」的意圖。英國政府接受這不實的宣傳，竟宣稱完全信任清政府，不相信任何有損中國的壞話。

我舉一個實例來說明這種反常的現象。福建總督和那位道台聯合向清朝皇帝提呈奏本，指出我在樟腦糾紛期間的惡言惡狀，尤其以我在梧棲抵抗武裝清兵那樁事件爲甚。根據他們的說法，因爲我通曉漢人的語言和風俗習慣，所以對人民具有危險的影響力，不時地鼓勵平民百姓反抗執政當局。現在的我，已不再被比擬爲古典神話中的麒麟，反被貶爲一條浮躁又好管閒事的雜種滿洲小狗。大人物的垂青，眞有如過往雲煙啊！

於是，英國駐中國北京公使館派遣兩名官員——艾德金斯（Adkins）和郇和（Swinhoe）前來台灣，實地調查這件事情。

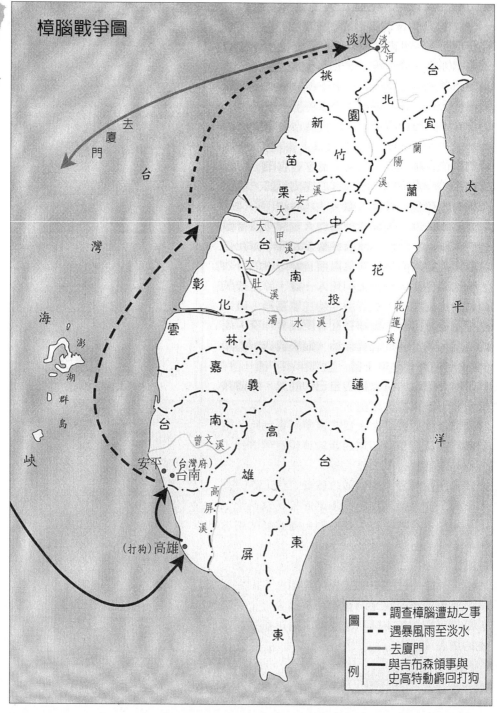

樟腦戰爭圖

去廈門

台

灣

海

峽

澎湖群島

淡水
淡水河

桃園

新竹

苗栗

安溪

大甲溪

大

大肚溪

彰化

雲林

嘉義

曾文溪

台南

安平（台灣府）
台南

高屏溪

（打狗）高雄

屏東

台北

宜蘭

蘭陽溪

蘭

中

南

投

花

蓮

花蓮溪

高

台

雄

台

東

東

太

平

洋

圖

例

－‧－ 調查樟腦遭劫之事

－ － 遇暴風雨至淡水

─── 去廈門

━━━ 與吉布森領事與
史高特勳爵回打狗

真相大白

最後調查的結果，證實我是無辜的，種種糾紛都因那位道台的不法、不義、不仁的作為，而導致那些必然的惡果。英國人民遵守天津條約的規定，同時在該國領事准許之下，守法地經營貿易。

然而那兩位官員在返回中國北京之前，卻召集所有台灣府和打狗的歐洲僑民、商人和傳教士，以遺憾的語氣昭告大家：雖然我們一切作為合理合法，不失為優秀公民的風範，可是千萬不許再發生糾紛！即使是為了保護正當的權利亦然，肇事者必得逐出台灣島！

如此的政策，無怪清政府漠視英國商人和傳教士的利益！

公司的樟腦業務逐漸恢復正常，不過將代理店遷到了大甲（T'ai-kah），而後又移到大甲北方十五哩的後龍（Aulang）。還好，樟腦只占公司小部分的業務。但那位倚仗職權、恣意妄行的道台，不但沒有離開台灣，現在又復職了。我們少了強而有力的艦隊做後盾，他立即故態復萌，看樣子，我又有麻煩了。

這次道台只遷怒於樟腦的貿易，公司的倉庫、船隻經常被搶劫一空，而漢人代理人也屢遭逮捕入獄，但我們所能從領事那裡得到的最大協助，也只是請他把整個事件呈報給駐北京的公使館。

往往在領事尚未收到郵件時，道台早已得知我方政府的決策，而清政府竟要六個月的時間，才能收到由道台答覆英國公使的報告──這奇特的情形，頗值得深入思考！

事實真相是：道台運用特權，不理會福建總督，

而直接呈報皇帝,清政府的外交部卻辯稱,台灣府的行政長官隸屬總督管轄,在沒有接到福建方面的公文前,是無法處理的。中國的官場文化,可說是遠東地區最繁文縟節的了。

18/ 亡命西海岸

FURTHER CAMPHOR TROUBLES / A REAL GHOST STORY / THE ULTIMATE TRIUMPH OF THE TAO-TAI

【導讀】

　　被譽爲老台灣三寶之一的樟腦，不僅是早年台灣最重要的經濟產業之一，台灣更是全世界第三大樟腦產地，自然引起全世界的眼光，台灣海峽往來不停的歐洲商船，總希望能載一些這種重要軍工原料的寶物回去。

　　一直不肯重視台灣的清廷，起初並不在意台灣有些什麼物資，往往都要西方的商船開入安平或打狗港，一船一船的載回歐洲後，才開始正視它的價值，樟腦的情形也完全一樣。最初只任人自由開採，等到發現它可做爲軍工原料後，已經不知道被英國人或西班牙人廉價買走多少了。

　　清廷爲了阻止這種情形發生，於是制定了樟腦專賣制度，如此一來，自然跟西方商人產生直接且鉅大的衝突。一心一意想以樟腦牟利的必麒麟，面對這麼鉅大的轉變，依舊不肯輕易放棄樟腦生意，也才會有一連串的亡命西海岸奔走。

　　本章是〈樟腦戰爭〉的續篇，文中所描繪的事件更多、衝突更大，清廷官吏爲爭奪樟腦利益，甚至説台灣爲「天津條約」不及之地，足堪玩味。另外，必麒麟在面對台灣海盜時，對漢人「説的是一套，做的又是一套」特性的描繪，生動逼眞，漢人這個特質，甚至還一直留存到現在！

指控違約，重金懸賞

如前所述，當公司被逐出梧棲後，我們就轉移至大甲，另設新的樟腦貿易店。起初的進展十分順利，直到西南風季節來臨，確定英國砲艦已無法靠近台灣時，我們的仇敵又開始干擾公司的樟腦交易了。

鹿港的地方官，是我在梧棲紛爭時期的舊識，爾後被派來大甲，調查公司與代理人之間合同的合法性，並查驗我的護照。

他率領大批的人馬，浩浩蕩蕩地抵達大甲。除一般的隨從外，另有五十名武裝的義勇軍——即當地的自衛隊，態度威猛，手持生銹的刀、長矛和火繩槍。待那官員在當地的小衙門安頓妥當，便差人送來名片，客氣地請我念在梧棲的情誼，過去敘敘舊。

我帶著親信馬來人阿賽，依約前往。為預防不測，兩個人都全副武裝，攜帶隨身武器，還帶護照，以及那份珍貴又不可或缺的文件——中文版天津條約。

我受到極尊榮的接待，那位官員愉快地與我閒聊，卻不曾切入此次會見的真正動機——樟腦的交易，還說按照護照上的規定，他極樂意給予我任何方面的協助，最後雙方在友好的氣氛中分別了。

幾天之後，一名手下拿來一張公告，上面蓋有彰化知縣的戳印，據說外頭到處貼滿這份公告。內容是指控我種種違反條約的行為，還懸賞五百銀兩（一百六十鎊）來捉拿我，以便送交英國領事館嚴懲。

這位知縣，曾貴為台灣府的同知，但因為受道台

撤職的牽累，貶降爲彰化知縣。我們的交情頗熟，當李善德將軍征討南岬期間，他曾與我們共事，態度極爲熟絡，如今，他竟然會發出這樣的公告！我決定帶著這份公告，到打狗會見英國領事。

當我正準備離開大甲之際，那位鹿港官員派師爺過來，請我火速到衙門一趟，還叫我不必費心穿戴整齊，而我竟愚蠢地跟去，匆忙間，我忘記攜帶武器，全身上下只有一把刀，藏在襪子裡。

那位官員狀似愉悅地接見我，表示不過想再看看我的護照而已。由於我的護照不在身上，連忙起身欲轉回拿取護照，只見他微笑道：「沒有關係，沒有關係，護照沒帶也不要緊。」接著，他便開始大談樟腦貿易的弊端，並以一個朋友的立場勸告我，儘早放棄從事這種業務，說它只會帶來諸多麻煩，還透露道台決心獨占的消息。

我引述條約內容答辯，而且說我不過是替人做事，必須盡心盡力。接著，我把那份公告拿了出來，他答稱與他無關，說那全是彰化知縣的主意，他娓娓解釋著：天津條約僅適用於中國，而台灣是一個奇特的地方，居民粗野好鬥，如果我執意做下去，必定沒命的。我立刻反駁：一旦我慘遭殺害，清政府必定引來麻煩，致使砲艦前來報復，有關當局將受懲罰，而且馬上有十個比我更好的英國人來接替我的職務。

官員喊人奉煙上茶，企圖舒緩緊張氣氛，不過也無法使我們達成圓滿的結論。當我起身告辭時，他不予理會，仍繼續講話，最後，我忍無可忍，起身要走，他拉高聲音，使勁將我推回座位去。這時，我瞥見一批義勇軍進入衙門的院落。

我察覺情況有異，猛力地將官員往後一推，左手

取刀，右手探入懷中，佯裝在掏槍，從義勇軍中間殺出一條路來，並高聲大喊：「小心！必麒麟來了！有人膽敢靠近，我立刻用七響手槍把他打死！」儒夫們應聲散開，我火速地跑回公司的倉庫。

經歷此次警告，我不敢多作停留，當下決定徒步前往打狗，只帶阿賽和一名苦力兼嚮導同行。天黑時，我們到達有城牆的彰化城。當夜在城郊某個苦力旅舍留宿，我遵照大甲分店代理人的忠告，與苦力們吃同一個碗內的飯和魚，唯恐遭人下毒。

巧遇知縣

我在此地雇了兩個轎子，分別供阿賽和我乘坐，並將簾子拉下，以免被人識破。我們在黎明時動身，沿著城牆外一條迂迴的小路前行。彷彿是上天註定，我們才上路就聽見一陣鑼聲，轎夫喊道：「大人駕到！」只見知縣端坐在官轎上，與我們在狹路相遇，隨後是一小批隨從。

我只好硬著頭皮應付了！這條小路十分狹窄，我

▼轎子是清代中上流人士的代步工具（引自《台灣懷舊》）

們的轎子必須躲進一旁的田地，好讓官轎過去。那些轎夫一定會暴露我們的身分，不如先下手爲強。我便從轎內跳出來，露出一付蠻不在乎的神情，說：「閣下，早安！你瞧，我給你當場抓我的機會！」

知縣大爲吃驚，但隨即恢復鎮定，笑答：「必麒麟先生！很高興再見到你，上那兒去呀？」

我回答：我正在前往打狗領事館，去討論那份公告的問題，並譴責他說：「你打算緝拿的那個人是你的患難之交，曾使你在瑯璠事件中免於丟臉，你怎能懸賞捉拿他呢？」

「我不過奉命行事而已！」他回答說：「我也不想傷害你，你自己多加小心，道台決心嚴辦你，才不管什麼條約，你知道，台灣可不比中國！」

我表示繼續盡忠職守的決心，將服從上司所下達的命令，還開玩笑叫他命令身邊六、七名士兵，立刻捉拿我和阿賽，自己便可立大功一件。這位老紳士開懷大笑，並建議就此分道揚鑣，於是我們互相握手告別。

我無意仰靠這種官場情誼，因此打算趁他尚未差人前往台灣府呈報前，遣走轎子，自行徒步上路。我們艱難地走一整天，避開城鎮或大村莊，終於在黃昏左右抵達茅港尾──一個距台灣府約十至十五哩遠的小村莊。

我決定讓阿賽獨自前往台灣府他太太的住處，而我則趁黑夜的掩護，匆匆經過府城前往安平，再想辦法搭船去打狗。

黑夜的逃亡

明月初升，我獨自走在這條再熟悉不過的小徑

上，一離開茅港尾，便是連綿好幾哩的堤道，中間不時被水閘和圓丘所打斷。這些圓丘本是海上的礁岩或小島，海水往下退後，漢人將水抽乾，加以開墾，耕植農作物。舉目遙望，沒有一處人家，只有一簇簇改為墳墓的圓丘。

夜色寂清，銀色月光照耀下，恍如白晝，若不是沼蛙的嘶鳴聲，這世界彷彿只剩我一個人了。我吹起口哨，振奮自己的精神，並配合節拍，快步邁進。累了，就學漢人的模樣，倚靠在一座墳墓旁邊蹲下，從獾皮袋摸出鐵煙斗，裝一些碎菸絲，用打火石引燃，氣定神閒地抽起煙來，同時想想我的處境。

我沒有十足的把握，是否能安全通過台灣府。這一整天的緊張，已使我的精神體力都不勝負荷，然而橫阻於前的是苦惱與危險，於後的則是麻煩。我已離開古老的英格蘭，同時也遠離家園和安全！我帶著苦笑探望四周景色，一塚塚年代湮遠的漢人墳墓，在銀輝中閃閃發光，清晰可見。啊！種種危難

▼ 必麒麟描繪出讓他
心驚膽顫的墳地
（原書第225頁）

和驚險，已在我的心靈刻畫出莫大的變化！少年時代，無論如何重金賄賂，也無法誘使我在「鬼巫的時刻」、「墓地迸裂、群鬼自墳墓釋放出來」之時，閒坐在墓園裡。我害怕看見不安分的鬼魂，而且愈看不見，心裡愈覺得害怕。

我想起過去聽來的鬼故事，及使人膽寒的景象和聲響。這世界果真有鬼的存在？在我狂野的半生中，從未遇見鬼魂，但聽過不少言之確鑿的鬼故事。最後，我做出一個豁達的結論來安慰自己：這些漢人鬼魂並不比他們活著的子孫勇敢，我何懼之有！

但是，人絕對不可以隨便對鬼魂講出不敬的話，即使是在自己默默反省之際。我才剛剛做出那項英勇的結論，眼前就突然出現爆烈的火燄，閃爍無數星火，煙斗從口中飛旋出去，我整個人嚇得趴在地面，四肢顫抖不休，心臟狂亂地跳動著。待神智稍微清楚時，我在內心自語：「如能脫離險境，日後必將永遠永遠不敢對鬼魂說輕蔑的話語！」

由於心驚肉跳，暫無能力起身，我只好靜靜地坐在一個墳墓上頭，直至神態鎮定，我竟卑鄙地懷疑此事果真與鬼魂有關？然而環顧四周，大自然仍悄無聲息，沒有一絲人影或鬼魂的存在。

突然，我想到一件事，拿起獾皮袋仔細地檢視一番。這袋子有好幾個隔層，底層裝著一些碎菸絲、打火石和鋼棒，上面那層則放置史密斯韋森手槍（Smith & Wesson's revolver）所用的金屬小彈藥。我反覆查看那些菸草，發現有一、兩粒小彈藥是從上格的破洞掉下來的。真相大白後，使我大大鬆了一口氣，原來不知不覺間，我將彈藥和煙草一起裝入煙斗，一直抽到子彈燒得紅熱而爆炸，產生令我驚

駭的神秘事件。

我遍尋煙斗不著，只好拖著浮虛的腳步上路。我一直無法從驚嚇中完全恢復過來，一直到了安平，上了船，平穩地躺下時才回過神來。次日，那隻船平安地將我載到打狗。

在怡記洋行決定將樟腦業務從大甲撤移到後龍前，公司有一位藍道·派（Randall Pye）先生決定親訪樟腦地區，由我擔任嚮導，乘坐公司的大船離開打狗，並帶一些購買樟腦的財物。此外，我們還雇用了兩名馬尼拉人護衛，以防遭遇海盜。

我們剛航經台灣府北部，迎面而來的強風就迫使大船駛近沙岸，傾盆大雨又讓我們看不清沿岸地形，因此陷入極端危險之中。漫漫的長夜，我們束手無策，任憑船在險灘間顛簸，天亮之前，大家開始對前途感到憂戚不已。所幸我們有一位能幹的舵手，能夠嫻熟地操控船身，在錯綜複雜的淺灘間閃來閃去，黎明時分，他趁著一陣高潮，成功地將船駛進一個潟湖內躲避。

停泊布袋嘴

雖然脫離了海上的危險，但未來的處境更為棘手，因為我們正停泊在惡名昭彰的布袋嘴附近。慢慢地，百來名成群結隊搶劫難船的漢人聚集起來。退潮時，我們的船高高地擱淺在沙灘上，他們更是一步步逼近。

這些漢人首先觀察船上有無完備的武裝，又向漢人水手打聽我們的身分，及船上裝有什麼貨物。

水手們謹慎地答話：「我們不過是下人，哪知道那麼多的事，還是去問問紅毛蠻子『頭家』吧！我們是靠他們吃飯的！」

　既然天候阻礙北上後龍的計畫，我們又不願束手返回打狗，而眼前這幫匪盜必定想洗劫我們，於是大夥匆匆商議，決定以一種最明智的辦法，來考驗漢人傳統觀念中的理性與正義感。

　我認為，世界上恐怕沒有一個民族，比漢人各階層（上通顯官，下達僕役）更為透徹體會理性與正義，他們不僅身體力行，更遍及待人接物上。

　天道、理性、正義和真誠，不時掛在漢人嘴邊，特別是在他們想要違反這些原則的時候。通常在這兩項原則下，即使是政府最嚴苛的治理或最嚴厲的處罰，他們都乖乖接受。

　人群愈來愈多，擁擠地圍在船邊，於是我趨前笑問：「兄弟們，請問有何貴事？」

　「沒事！沒事！」他們回答：「那你們到此地有何貴事？」

　「出來逛逛！」

　「閒逛？」他們哄然大笑：「這裡除了鹹水和沙，什麼都沒有！你們蠻子的消遣方式可真奇怪！」

　「好了！沒事了，你們回家去吧！老婆、孩子等著你們呢！這裡很冷，我們不敢打擾你們，也不需要任何東西。」

　「不，我們不走！」他們狡詐地回答：「原來是你呀，必麒麟，你們的船上裝些什麼東西？」

　「為什麼問這個？難道你們想搶劫？」

　「搶劫！」他們大言不慚地回答：「你知道的，我們從不做這種勾當，我們都是品格高尚的人！」大家異口同聲地笑了起來。

　「當然，當然！但我告訴你們，你們搶不到什麼東西的。這隻船並沒有壞，我等漲潮時便離開。」

「天氣已轉壞，你們走不遠的。」這夥人興奮地說。

「父老兄弟們，讓我們講道理。」

「對，講道理，我們當然都是講理的人。」

「很好，這隻船上有不少大洋，準備到後龍買樟腦用的，所以你們大可盡興洗劫，但這裡有兩個紅毛蠻子和兩個黑臉馬尼拉人，擁有三十至四十隻槍，和六、七隻連發手槍，不怕死的放手過來吧！但請先考慮清楚，這將冒極大的生命危險，想想你們的老婆、兒女痛失丈夫、父親後，是多麼傷悲無助！現在，請大家考慮清楚，免得落入悽慘的下場。」

只見他們齊聚會商，然後說：「依你看，我們該怎麼做？」

「假使各位弟兄能將這批財物搬到附近的村莊，讓我們雇轎子和苦力循陸路前進——畢竟折回打狗十分浪費時間——我們將給予適當的工資，外加酒錢。」

「我們能得多少錢呢？」

「這位是我們的買辦，由他決定後，我再照那筆數目加倍付錢。」

「不，還是由你來決定。」他們喊道：「我們漢人善於『人吃人』，不比你們蠻子誠實可靠，說話算話。」

我立即抗議：「蠻子是愚蠢的動物，比不上你們『人』了，當然不能按照愚蠢的原則行事，還是依照漢人的正義規則才對！」

最後達成協議，由買辦規定價錢，我們先付相當數額的訂金。這幫匪盜的首領們，馬上現身出面交涉，並收下訂金。那些大洋隨即區分成若干包袱，

延伸閱讀　布袋嘴──布袋鎮

必麒麟筆下的布袋，是一個惡名昭彰的海盜巢穴，一旦有船擱淺，大批漢人立刻乘著竹筏前來打劫，速度之快，規模之專業，頗令必麒麟哭笑不得。某次為了取回公司被搶走一筆價值不少的樟腦，必麒麟等一行人以幾位布袋居民為人質，帶回台灣府，因而將樟腦糾紛鬧大，還吃上官司。

俗稱的布袋嘴，包括今日布袋鎮的岱江、岑海、九龍、光復、興中等五里，在嘉義縣沿海一帶，是該縣開發最早的地區，不過「冬港」（即今日的布袋港）應該是布袋更早的稱呼。由於該地區土地貧瘠，不適合農耕，故居民以漁、鹽業為生，生產面積占布袋的一半以上。布袋製鹽的歷史，可追溯到清乾隆四十九年（1784年）間，經過日本時代和二次大戰後的拓展，才有今日的規模，是全台灣主要的產鹽地區。

布袋地方盛傳，好美里（古稱魍港，明鄭時改蚊港，之後又更名為虎尾寮）太聖宮供奉的媽祖聖像，是明朝的木雕，而鄭成功在與荷蘭人激戰之際，曾抽空前來魍港巡視，這些穿鑿附會的傳說，無非是居民欲顯示當地古老的歷史和重要性。

▲ 堆積如山的鹽（引自《台灣懷舊》）

由那些人背在肩膀上。

這時我對首領說：「現在，我們人和財物就交給你們了，頭上的神明會注視人間的一切。」

「是的。」大家都喊道：「舉頭三尺有神明，我們不敢欺騙你們的。」

「我相信你們，不過當心那兩個馬尼拉人，他們會開槍打死離開搬運行列的人。」

諸事安排妥當，我便領著雇工，攜帶行李，排成一列在厚沙灘上前進，走了幾哩路，到達大市鎮北港（Pak-kang）的一位漢人商人家裡，那名商人是買辦的朋友。

這些專門劫掠船難的漢人，倒是做了一次誠實的勞工，也為此次奇特的經驗而獲得優厚的報酬及額外的賞錢。他們感到異常的興奮，心滿意足地回家了。同時，我們的船夫也趁他們不在時，悄悄地將船駛回打狗去了。

到達艋舺

我們為躲避沿途好事村民的煩擾，一路夜行，於兩天後抵達後龍。

處理好樟腦業務事宜後，派先生認為已距淡水港很近，不如北上探望寶順洋行諸位好友們，於是我們又費了兩天時間到達艋舺——台灣北部內陸的大城，位於淡水河的上游。

艋舺的居民極端排外，還好我們於凌晨到達，悄然經過這座沉睡的大城市，我們將苦力和轎子留在此地，自己則搭船轉往淡水。我們白天到達時，讓那群朋友們大為吃驚。我們在淡水度過美好的一日後，於黃昏時啓程南下，陶德先生一路陪伴到艋舺，他的合夥股東則跟隨我們一同回打狗。

▲ 由英國領事館看淡水港口
的景象（原書第231頁）

　　沿河前進時，我取出隨身攜帶的蘇格蘭高地軍用
笛子來演奏，為大家消遣解悶，並為一位同情愛爾
蘭獨立運動的紳士，吹奏一曲〈波因河〉❶（Boyne
Water）致意。

　　我因為時常出外遊山玩水，因此多穿舒適的蘇格
蘭裙，一時蔚為流行，一些友人便在淡水臨時訂製
這種衣服。

　　其中有人帶著一把闊面的戰刀，配上這一身衣裙
和風笛，我們笑稱自己是道道地地的蘇格蘭人了。

　　我們午夜時分到達艋舺，本希望如來時那樣，神
不知鬼不覺地到轎子放置的所在，不過適巧碰到特
殊的節慶，所有的人都在大街上慶祝。

　　我們剛剛上岸，興奮的群眾就立即圍了上來，大
聲喊道：「紅毛蠻子來了！」我不敢坐在轎內，怕
陷入雜亂的人海裡，就私下派遣苦力先將轎子抬到
城外某處等待。

　　另一名轎伕引領我們，設法從喧囂的群眾中走出

❶
譯註：這是愛爾蘭
共和國東邊啓耳達
郡（Kildare）的一
條河。

去。我們到達市場時，看到一座燈火輝煌的戲台，正上演一齣冗長的當地戲劇，底下的觀眾紛紛跑走，欲目睹蠻子的眞面目，演員們因而得空休息。

突然地，一種快活的靈感閃過心頭，或可將對方的敵意融化成友誼。於是我們一夥人大膽地跳上舞台，由我演奏一曲活潑熱鬧的蘇格蘭舞曲，另外三個同伴隨著節拍盡情手舞足蹈，燈光下，戰刀和短裙竟產生意外的美妙效果。

演員們受不了風笛尖銳的曲音，紛紛走避，我們卻得到底下摩肩接踵的觀眾的滿堂采，一再要求再來一個，弄得我們筋疲力竭，開始擔心他們過度的熱情。

▼有「台灣烏龍茶之父」稱號的陶德（引自《台灣的茶葉》）

我們最後抓到機會，跳下舞台，匆匆混入人群中，趁大家仍驚訝未定時逃到城外去了。

陶德先生和我們告別，啓程返回淡水。整個淡水地區的人都認識他，不論漢人或野蠻人都喜歡他、尊敬他，甚至敬畏他，所以大可不用擔心他的安危。

我們安全地抵達打狗，這趟幾乎縱貫全島的旅程眞是愉快極了。

道台的迫害

福建總督發出公告，宣佈歐洲人只要遵照領事館的規定，並繳納關稅，都可從事樟腦貿易。然而道台不予理會，一而再地展開迫害行動。

怡記洋行日前與德記洋行（Messrs. Tait & Co.）合夥經營樟腦貿易，並預付了大筆訂金。一八六九年

初，公司安排六隻小民船，共裝載五百擔（一擔等於一百三十三又三分之一磅）樟腦，由後龍港駛往台灣府。

某天晚上，那些民船船長和水手們，衣不蔽體地來到我的眼前，苦著一張臉告訴我們樟腦丟了。原來他們離開後龍不久，為躲避風雨，便駛進布袋嘴，沒想到布袋嘴居民連夜游泳過來，割斷船上的繩纜，使那些船隨著潮汐，漂流到岸上，水手們的衣服全被剝光，價值九千元的樟腦也被搶走，那群匪盜宣稱是奉道台的命令行事。

我對匪盜之村布袋嘴甚為了解，幾年前，我曾到那個村莊，去收回一艘遭當地居民洗劫的荷蘭船的所有貨物。怡記洋行和德記洋行馬上取得領事的許可，派一組遠征隊調查此事，這一隊伍，包括四個歐洲人：派、馬森（Masson）、泰勒（Taylor）和我，另外還有三名馬來和馬尼拉人。到那種地區冒險，必須好好武裝起來，才能保障生命的安全。因此，我們攜帶大量的槍枝和火藥。

出乎那幫惡棍的意料之外，我們在黎明前便抵達布袋嘴。以前他們眼中的歐洲人，都是束手無策的受難人，船已擱淺，只能任由他們擺佈。如今，我們全副武裝，擺好戰鬥姿勢，前來收回所有財產，把他們嚇壞了。

我們搜查漁網、船帆和岸上的廢棄物後，發現了大批樟腦。我溫和地勸說當地首領，為公司所有遺失的樟腦開立一張收據，和一份書面的保證，答應將那些樟腦送往台灣府，搬到公司的船上。

我們為確保他們履行諾言，將三、四名首領帶回台灣府。結果，在我們離開布袋嘴四十八小時內，公司便收回大部分的樟腦。

當我們得意洋洋地到領事館報告此事時，原以為領事會擊掌叫好，不料他卻指責我們犯下滔天大罪：道台已提出抗議，控告我們對布袋嘴進行殘暴的攻擊，還強行擄走那些愛好和平的老百姓，令我們既驚訝又憤慨。

我立即趕回公司，與那些「被擄走的」善良百姓親切地談話，怕他們覺得無聊，每人發了幾塊錢，准許他們四處逛逛，看看台灣府風光，當然也告訴他們，我希望在晚上再看到他們。

他們十分高興，頻頻向我道謝，並保證晚上一定會回來。我確信他們不會再回來為我添麻煩。

出席法庭，提出控訴

因為道台業已正式提出訴訟，英國領事決定鄭重地處理此事，成立一個法庭，我們大家分別接受審問、判決，並且科以從一千元（歐洲人）到一百元（馬來人）不等的罰金。

▼台灣府的英國領事館
（原書第236頁）

這是我第一次出席歐洲式的法庭，整個氣氛令人肅然起敬。領事高高坐在覆有黑布的法官席上，旁邊有特別設置的證人席及犯人席，所有的犯人都坐在犯人席上。經歷一系列的法律程序之後，我不得不說這場審判的進行方式真是奇特。

當時沒有起訴人，僅有道台的書面訴訟，並且召來許多漢籍證人，當然囉，那些人哪敢不應命前來。

實際上，領事不僅是起訴人，同時也是法官。

我是唯一懂得漢語的被告，能夠說明整件事情的始末。派和馬森先生向領事說明，我只不過是奉命行事的部屬，理應被釋放，並擔任被告的證人。這個提議被准許了，但領事卻宣佈由我做他們起訴者的人證。

那些海盜首領們雖應道台之命前來，態度卻很正直，不肯提供遭受虐待的證詞，但是我們將那批人帶來台灣府的事實不容抹煞，因此對我方十分不利。

我陳述了整個事實，並接受嚴厲的審問：是否曾使用暴力和威嚇，才能將那批人帶到府城來。

我是唯一可與那批匪徒溝通的人，雖問心無愧，仍決定扛下一切過失，欲使大家無罪釋放，只可惜事與願違。

我們繼續上訴，最後上海最高法院推翻領事的判決，改判我方勝訴。

我們雖幸運地收回樟腦，但我等與領事關係密切的四名歐洲人，只不過為能從洗劫船難的匪盜手中收回自己的財產，就被領事館的警察押解過街，又被當做罪犯審訊，使漢人大感訝異，更對道台升起敬畏之心。至於那個詭計多端的道台，受到這次成

亡命西海岸相關事件圖

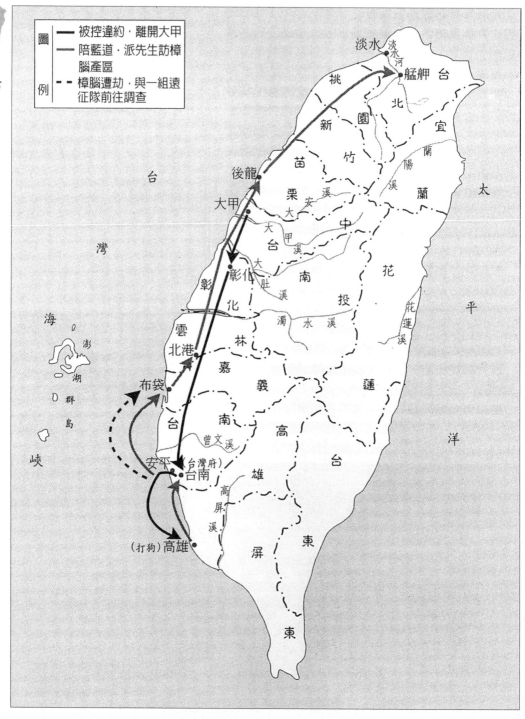

圖例

— 被控違約，離開大甲

— 陪藍道，派先生訪樟腦產區

- - 樟腦遭劫，與一組遠征隊前往調查

淡水　淡水河

艋舺　台

桃　北

新竹　宜

苗栗　蘭

台灣　安溪　陽溪

海峽　中

後龍

大甲

大甲溪

彰化　大肚溪　南

化　投

雲北港　林　濁水溪

布袋　嘉義

台　南

安平（台灣府）曾文溪

台南　高雄

（打狗）高雄　高屏溪

屏東

澎湖群島

太平洋

花蓮

功的鼓勵，日後益加刁難我們。

眞相大白後，我返回後龍擴展樟腦業務，購買大量的樟腦，並訂下合同，但道台變本加厲地阻撓，使樟腦供應商不敢履行契約，也逼得公司的代理商走投無路。

放棄樟腦業務

情勢至此，我不得不向公司說明，建議放棄樟腦業務。

我將倉庫交給一個自詡爲勇士的漢人照應，自己在早晨出發，由陸路前往打狗。那個英勇的漢人曾在美國陸軍擔任中士，並持有正當的退職證件，據說他是在紐約的一家酒店被拐騙到陸軍裡，並參與美國內戰，因爲作戰英勇而升爲士官，無怪他對自己的能力深具信心。

不過幾天後，他和其餘職員竟出現在打狗。原來當天我才離開幾個小時後，地方官就率領幾名士兵出現，那位英勇的戰士怯弱地將他們迎入大門，沒想到地方官下令驅逐所有職員，公然洗劫倉庫，並燒毀我的衣服和書籍。

當時有一位從淡水來的美國商人，正在後龍考察樟腦業務，在好奇心驅使下，圍在我們倉庫外，觀看倉庫被掠奪的情形。

清兵一發現這位美國商人，在他還來不及掏槍前，立刻將之制伏，拖到地方官面前。這位美國商人不諳漢語，又無隨身譯員，地方官便找一名平埔族人來做翻譯。原來，在這名無知的官吏眼中，所有蠻子所操的語言都是一樣的！

最後查明這位美國商人與怡記洋行並無瓜葛後，才將他釋放。

公司終於結束樟腦業務。當我們為此次掠奪事件要求賠償時，領事卻轉呈北京當局。直到一八七六年，公司才收到總理衙門撥下來的賠償金。

19/ 再見，福爾摩沙
MY FAREWELL TO FORMOSA

【導讀】

　　一直以深愛台灣自居的必麒麟，最後卻在樟腦交易接連挫敗，又和官方關係交惡，甚至連赤痢等惡疾都不放過他的情況下，終於被迫離開這個美麗的島嶼。

　　透過老朋友法羅的協助，必麒麟從打狗經中國福州，抵達廈門向任職的怡記洋行報告了身體狀況後，獲得十二個月的假期，並決定借道法國返回故鄉英國養病，沒想到這一去，他再也沒有機會重回福爾摩沙。

　　必麒麟的這趟告別之旅，正好碰上普法戰爭，他卻執意要繞到法國去看看實際的狀況，充分顯露出一個冒險家勇於向危險挑戰的特質，過程中當然是遇到了許多困難，這一次他卻用一把風笛解了圍，為他整個冒險的東方之旅，留下最傳奇的結束。

　　這本書的最後，必麒麟仍念念不忘台灣的「野蠻人」以及漢人，甚至還提及東北季風及海島型的氣候，彷彿一景一物都讓他常生重返福爾摩沙的衝動，可惜，他終生都不再有機會重回寶島的懷抱！

健康情形逐漸惡劣

我住在台灣府，掌理怡記洋行分店的業務，但因染患熱病和赤痢，健康狀況甚差。實際上，一種慢性的赤痢正迅速地殘害我的生命。所幸好朋友萬巴德醫生（Patrick Manson）在台灣住了一、二年之久，他以嫻熟的技巧和親切的照顧，不僅挽回我的生命，也把病根醫好了。

▲熱帶醫學之父——
萬巴德醫生（引自
《征台紀事》）

不過，我總是擔心舊疾復發，雖然未再染患這種惡疾，我仍然時時活在它的夢魘中。欣聞在遙遠的台灣展開其醫療事業的萬巴德醫學博士，經過不斷的研究和實驗，如今已成爲熱帶疾病方面的權威。

一八七〇年八月，正是我健康情形惡劣的時候，在一個極爲偶然的巧合下，我遇見老朋友法羅（Farrow）船長，他正前來打狗主持中國海關汽船的業務。法羅船長在一八五九年，當他還是個男孩時，因搭乘「首領號」（Chieftain）而在派塔斯淺灘（Pratas Shoals）擱淺，他後來改搭乘「老麥唐納夫人號」（Lady Macdonald）回國，而我正好在那艘船當學徒。

當時，我希望到廈門總公司一趟，法羅船長親切地邀請我一同前往，並讓我住在他的船艙裡。途中，我們在福州停留一、兩天，受到舊日夥伴們的熱烈歡迎，他們仍在塔島停泊港的海關舊船「斯巴達號」上服務。

延伸閱讀　台灣早期的航運工具

在劉銘傳的現代化改革運動之前，十九世紀在台灣海峽航行的交通工具，除了西洋人的機動蒸氣帆船、軍艦之外，航運的工具就只有簡陋的帆船、竹筏和舢舨。竹筏和舢舨常見於溪河和魚塭之間，帆船則航行於長途的旅程。

舢舨的形狀很簡單，式樣頗多變化，不過船尾通常有一座篷蓋，船緣和甲板尾端翹起，靠兩根船桅或一長槳來划行。舢舨的重量輕，只適合在風浪較小的內陸水域。

帆船由若干樑木組成，船帆用布料或篾片做摺疊狀編製，以便迅速張帆或收帆，無風或風浪不利航行時，船兩邊各有四、五支櫓，可以人力划行前進，尾端則有舵可調整船的方向。帆船曾經是往返中國和台灣最重要的交通工具，在陸地西風吹起時，從中國東南沿海港口啟程，而後利用夏季的西南風或冬季東北風的力量，經澎湖、橫越黑水溝，到達台灣，航程約需十七到二十四小時。

而竹筏更是不可或缺的交通工具，它不但是出海捕魚的工具，也是陸、海接駁貨物的用具。

台灣雖為島國，海岸線綿長，但良港少，又多淤塞，低潮時，噸位較大的帆船根本不能直接靠岸，必須經由竹筏來運送貨物和乘客，其重要性可想而知。

在必麒麟書中的第三章，描述這種竹筏造型雖古怪，又看似脆弱，卻能抵擋風浪，無怪高雄港內處處有這種類型的竹筏來來往往。另一位英國人湯姆生（John Thomson）則對這種竹筏的製法和載人載物的方式做了詳細描述：

竹筏是用一些火燒烤過的竹子做成的，兩邊微翹，以藤蔓捆綁起來，竹間的空隙正好可讓海水進出。竹筏中央置有滑輪組，以便保護桅杆，另外桅杆後面放有一只未經捆綁的大木盆，供旅客乘坐，很少聽說木盆中的乘客或貨物落入大海的事情，根據我乘坐的經驗，如果沒有這只木盆，乘客的處境將更加危險。

竹筏內可放兩只木盆，桅杆上也可安置風帆，使能順風而行，竹筏上有木槳、長竿等用具。

▶竹筏是台灣早期重要的航運工具，令西方人相當好奇。（引自http://academic.reed.edu/formosa/gallery/image_pages/Other/Bax-Catamaran_S.html）

怡記洋行總公司了解我的健康情形後，慷慨地給我十二個月假期，並讓我免費搭船回國休養。當時，德法戰爭 ❶ 爆發，我因而決定搭乘法國帝國輪船公司（the Messageries Impériales）的船舶，以便轉經法國探看當地的情形。我先從廈門搭乘「椰索號」（Yesso），這艘船仍由那位親切和藹又諳曉中國沿海地形的阿修頓（Ashton）船長領航。當「椰索號」抵達香港的那天上午，帝國公司的郵輪「拉健怡號」（La Guienne）正好在中午開航。

搭船返國

對於此次的返國，我感到異常興奮。我用這些年來攢聚的錢，買了許多奇珍異品，分裝在幾口皮箱裡，準備分贈給親朋好友。

我到帝國輪船公司的辦事處時，職員告訴我，因為是在戰爭期間，我必須取得法國領事核發的護照。當我好不容易備妥一切必要文件，船公司職員卻又說船票已到期，必須另行補票。

我於是帶著幾件行李登上汽船。船上的職員領我到艙底，任我選擇鋪位，因為只有我一位頭等艙的乘客。在台灣度過那種自由、粗野、狂亂的生活後，實在很難適應這間豪華客艙，我只好拜託職員帶我到二等艙看看，但二等艙顯然和頭等艙相差無幾，於是我厚著臉皮求他再領我去三等艙。我這種舉動大大引起他的不快，他沉著臉說：「哦，很好！那裡可是住滿了西班牙士官，還有一位從日本被英國領事館遣返、生著病的英國人。」我十分樂意與西班牙人住在一塊，可藉此機會溫習我的西班牙語。不過這三等艙還是比我以前當水手所住過的船艙高級，我請人將我的行李拿過來，占了一個鋪

❶ 譯註：此戰役應指普魯士帝國所發動的「普法戰爭」（1870-1871 年），原文作 the Franco-German war。

位。

我很滿意這個決定，不僅省下一半的旅費，也跟那些西班牙士官共度了一段快樂的時光，同時我也樂於幫助那位可憐的同胞處理一些雜事。

〈馬賽曲〉的狂歡慶賀

歡樂的時光總是過得特別快，某個週末的晚上，船便到達西貢（Saigon）。領港員帶著一捲東西上船來，並宣佈一項消息，使大家興奮地高談闊論，一會兒，帝國公司的旗幟「M.I.」被拉了下來，換上領港員手上的東西。當那捲東西逐漸升上旗杆，我們清晰地看見「M.M.」（Messageries Maritimes）的旗幟在微風中飄揚。經過此番重大的改變，大家攜手齊聲歡唱〈馬賽曲〉（Marseillaise）慶賀。

船靠西貢後，整個甲板上都擺滿桌子，士官和大家互相擁抱，歡樂的氣氛持續了整個夜晚，偶爾有平靜的時刻，便有人用五音不全的音調，扯著喉嚨高唱〈馬賽曲〉。

第二天上岸後，看見全城居民幾乎都瘋狂了，拚命扯下帝國政府的一切符號，換上共和國的標誌。輪船啓程時，有一隊海軍砲兵也登上船，他們是布列塔尼半島人（Breton），身材魁梧，英俊挺拔，正準備前往巴黎支援。

在前往亞丁港 ❷（Aden）的航行中，我吹奏蘇格蘭風笛取悅布列塔尼士兵，而令人厭惡的普羅旺斯籍（Provencal）和科西嘉島籍（Corsica）的水手們，總是堅持要聽〈馬賽曲〉。

船剛靠亞丁港，就傳來梅斯（Metz）失敗的消息。起初，沒有人相信這項傳聞，「那是英國人的消息」，他們喊道：「罔顧道義的英國

❷ 譯註：南葉門共和國首都，直到一九六七年才脫離英國保護而獨立。

（Albion）活該！」當消息證實時，立即引起可怕的景象。

南方人信誓旦旦地指控，這件事是教士們和「凱撒夫人號」（Madame La Caesare）聯合出賣法國的。布列塔尼士兵也不甘示弱，反譏是因法國人不信仰上帝而遭受的天譴。雙方一言不合，大打出手，士官們費了好大的功夫才把忿怒的雙方拉開。這時，又有一批我所見過最聲名狼藉的人搭上這條船。

根據一位士官表示，這幫人是模里西斯（Mauritius）和波旁（Bourbon）人的雜碎，有紙牌賭棍、賽馬密探和撞球記分員，現在卻以游擊隊員（franc-tireurs）的身分回法國作戰，船公司不但免費載運他們，還供應伙食。

從此以後，船上便不得安寧。這批自願軍每個都興奮若狂，船上又無限制供酒，他們不眠不休地賭博、打架、爭吵不休。

▼1870年普法戰爭期間 法國的國民衛隊、別動隊、消防隊員和志願兵（引自http://zh.wikipedia.org/wiki/File:Franco-Prussian_War-_Illustrated_London_News,_September_3,_1870.PNG）

輪船行經日前甫通航的蘇伊士運河（The Suez
Canal），停靠在伊斯邁爾（Ismailia），當夜我上
岸閒逛一、兩個小時，發現這個地方儼然是地中
海和多瑙河沿岸等國家所有壞蛋的聚集地。當我
抵達馬賽（Marseilles）後，才得知通往巴黎的鐵
路已中斷，看樣子必須等待機會，由直布羅陀
（Gibraltar）繞道回國了。

演奏蘇格蘭風笛

當我帶著行李到達海關時，發生一件有趣的奇
遇。我將所有行李放置妥當，等候查驗，第一個被
打開的箱子是拆卸下來的蘇格蘭風笛。海關查驗員
大大地吃了一驚，直瞪著那隻風笛，又不敢趨前觸
碰，視它為可怕的機器，唯恐發生危險。

「先生，這是什麼東西！」

「是一隻風笛！」我回答。

「風笛！風笛！」他們困惑地說。

「是的，先生！是一隻風笛，布列塔尼人稱之為
Binion。」

他們不知道是真不懂，還是假裝不懂，我只好將
零件裝配起來，吹飽風笛的皮囊，大步走來走去，
吹奏〈馬賽曲〉。這個風笛，除了最高的音階，還
是可以將整首曲調完整地吹奏出來。

不吹則已，一吹奏，馬上鼓動他們的熱情。

「好！好！」聚集的人群連聲稱讚，「安可！再
來一首！先生，你真是個了不起的人！」然而，我
已筋疲力竭，這一幕，讓我聯想起艋舺戲台上吹奏
的情景。掌聲、尖叫聲四起，熱情可感。

最後我不得不停止，風笛的皮囊也發出困頓的呻
吟。

「先生！眞是太好了！」這種迫人的盛情眞令人消受不了。有一個自作聰明的人發表高論，說這種風笛是蘇格蘭的樂器，於是我被冊封爲「勇敢的蘇格蘭人」！事實上我不得不承認自己是個可憐的英格蘭人，雖然我知道，我是在放棄最高榮譽，同時又貶低大家對我的評論。

我還聽見有一、兩個人談論：「你知道嗎？蘇格蘭人是法國的朋友，你難道沒有看到報章上這樣刊登嗎？」

我幾乎開始後悔自己的坦白，直到聽見一個法國人把蘇格蘭人形容爲「山地人，不穿褲子的野蠻人」，才稍感安慰。

一連串友好的擁抱後，「這位先生和行李都通過了！」海關放行。這隻風笛眞是我的福星！

▼必麒麟返國路線圖

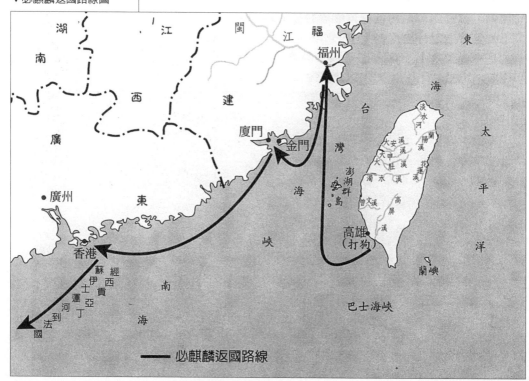

—— 必麒麟返國路線

我的幾位旅伴——一些甫自日本回來的義大利蠶絲商人，邀我一起住在一家便宜又舒適的旅店——多瑙旅館。剛安頓妥當，旅館老闆便跑來告訴我，旅館外面已圍聚一些群眾，懇求我到陽台上，用那隻奇異樂器爲他們吹奏幾曲。

我只好同意，但我發現，只有一支曲子可以滿足他們愛國的熱情，於是停留馬賽的期間，我便不斷地遭受這種友好的虐待。

再度啓程，前往倫敦

在羈留馬賽的二星期間，我常利用機會，四處觀察法國人在此歷史性的危急之秋，所表現的性格和習慣。顯然地，法國人已完全失去理智。去咖啡館是一件極危險的事，我的白皮膚和淺色頭髮，常被誤認爲德國人，有被捉走的危險，所幸我總能說服他們相信我的國籍。還有，浮躁的人民幾乎每天都要市長演說，報告一些勝利的消息，各類報紙上也都宣佈法國勝利的新聞，他們完全不考慮法國也許會有失敗的可能。

我決定前往波爾多（Bordeaux），那個生著病的英國人從那裡寫信給我，說一定可以從那條路線回國。

我在晚上十點啓程，花了二十六小時才到達波爾多。沿途各站，不斷有載運傷兵的火車，使我們的火車耽擱許久。當時，還看不出法國有衰頹的跡象，而波爾多居民正在熱烈地準備迎接凡爾賽下議院的議員。

我們在這個港口停留一星期左右，終於得到機會搭乘一艘做軍火生意的輪船前往倫敦。

一八七〇年十二月六日，我終於抵達倫敦。翻開

《泰晤士報》（Times）時，我才得悉法國早已向德國侵略者屈服的消息。

我在國內約住了九個月左右，接獲海峽殖民地總督哈利·歐得爵士（Sir Harry Ord）的邀請，前往當地政府服務，承怡記洋行的善意協助，我順利地接受這項邀請。我在那裡服務了十六年，期間擔任華語翻譯官及華人護民官，最後在一八九○年，受領年金退休返國。

美麗之島，別來無恙

如果讀者們耐心地讀完我以前的冒險經歷，一定會抱持和我相同的看法：我應該感謝上帝所賜予的保佑與好運！

種種本國同胞的親切照顧，以及台灣野蠻人和各階層漢人的慇勤款待，至今仍讓我感念不已──這

▼原住民的單純與豪邁，正是台灣風土人情的典型代表，令晚年的必麒麟深感懷念。（引自《台灣懷舊》）

（族ウオッ）宴酒

些愉快的記憶，和島上東北季風期間的風景與氣候，常常使我有一股衝動，想重返台灣島。但體力已不允許我成行，只好用眞誠的詞句，來代表我永遠的懷念：

短暫的別離，可使情深彌堅；
美麗之島，別來無恙！

國家圖書館出版品預行編目資料

歷險福爾摩沙 / 必麒麟 (W. A. Pickering) 著；陳逸君 譯述
-- 初版 -- 臺北市：前衛，2010.05
320面：17×23公分
譯自：Pioneering in Formosa: recollections of adventures
among mandarins, wreckers, & head-hunting savages

ISBN 978-957-801-643-9（平裝）

1.臺灣史　2.社會生活　3.風俗　4.清領時期

733.27　　　　　　　　　　　　　　　　99006285

歷險福爾摩沙

著　　　者　W. A. Pickering（必麒麟）

譯 述 者　陳逸君

責任編輯　周俊男

美術編輯　Nico

出 版 者　前衛出版社

　　　　　10468 台北市中山區農安街 153 號 4 樓之 3

　　　　　Tel：02-2586-5708　　Fax：02-2586-3758

　　　　　郵撥帳號：05625551

　　　　　E-mail：a4791@ms15.hinet.net

　　　　　http://www.avanguard.com.tw

出版總監　林文欽

法律顧問　陽光百合律師事務所

出版日期　2010 年 5月初版

　　　　　2021 年 10月初版五刷

總 經 銷　紅螞蟻圖書有限公司

　　　　　11494 台北市內湖區舊宗路二段 121 巷 19 號

　　　　　Tel：02-2795-3656　　Fax：02-2795-4100

定　　　價　新台幣 350 元